I0235360

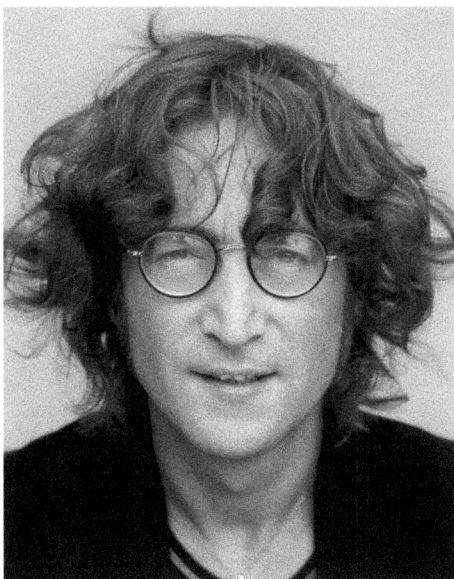

Nicola Bardola

John Lennon
Wendepunkte

Erste Auflage Herbst 2010
Alle Rechte vorbehalten
Copyright © 2010 by Römerhof Verlag, Zürich
info@roemerhof-verlag.ch
www.roemerhof-verlag.ch
Umschlagsfoto: © Bob Gruen / www.bobgruen.com
Die Rechte einiger Abbildungen konnten trotz größter Bemühungen
nicht geklärt werden.

Druck und Bindung: bod

ISBN: 978-3-905894-07-3

If we could just believe in one another
As much as we believed in John.
Jackson Browne, »Off Of Wonderland«

Für Vera, die nolens volens zur Lennonistin wurde.

Vorwort

John Lennon bekommt 1988, acht Jahre nach seinem Tod, den Hollywood-Stern. An Weihnachten 2009 wird diese Auszeichnung vom »Walk of Fame« gestohlen.

»Fame« – Ruhm – lautet der Song, den John Lennon gemeinsam mit David Bowie 1975, kurz vor seinem fast fünf Jahre währenden Rückzug aus dem Showbusiness textet – fünf Jahre als brotbackender Hausmann, als liebevoller Daddy für seinen zweiten Sohn Sean Ono Taro Lennon, der wie sein Vater an einem 9. Oktober auf die Welt kam.

Bowie ist fasziniert von Lennons Charisma und Charme, seinem Witz, seiner Tragik, seinem Talent, die Essenz zu treffen, und nennt ihn, auf seine Fähigkeiten als Songtexter anspielend, den »One-Liner-King«.

Ruhm verleitet einen Mann, Dinge zu erobern. Ruhm lässt ihn abheben, ist schwer zu verdauen. Ruhm führt dich zur Belanglosigkeit. Der Weg dahin – aus der Liverpooler Anonymität zu Weltruhm – ist weit für den Autor jener Zeilen.

Bereits der Grundschüler weiß, dass er berühmt werden will. Tante Mimi, bei der er aufwächst, hat kein Verständnis für seine Zeichnungen und Texte. Sie räumt in seiner Abwesenheit immer wieder gründlich sein Zimmer auf, was ihn zornig macht:»Ich sagte ihr: ›Du hast meine Gedichte weggeschmissen. Das wird dir noch mal leid tun, wenn ich berühmt bin.‹ Ich verzieh es ihr nicht, dass sie mich nicht wie ein verdammtes Genie behandelte.«

Tante Mimis Ordnungssinn hat Millionen vernichtet, immer wieder werden seit John Lennons Tod Devotionalien versteigert: handschriftliche Songtexte, Originalzeichnungen oder von ihm getragene Kleider. Für mehr als 1 Million Dollar ist ein von John Lennon handgeschriebener Text des Songs »A Day In The Life« im Juni 2010 vom Auktionshaus Sotheby's verteigert worden. Das Blatt Papier hat den Rekord nur knapp verfehlt: 2005 waren in London für Lennons Handschrift von »All You Need Is Love« umgerechnet knapp 1.25 Millionen Dollar zu zahlen. »Give Peace A Chance« wurde 2007 für 421 000 Pfund, damals gut 830 000 Dollar ersteigert.

Der Ruhm als Anerkennung für sein Schaffen wächst in den Jahrzehnten nach seinem Tod ins Unvorstellbare und führt zu einer kaum überschaubaren Vielzahl in die Zukunft gerichteter Aktionen und Initiativen. Zum Jahreswechsel 2009/2010 kündigt die 76-jährige Yoko Ono an, sie wolle nun entgegen ihrer bisherigen Beteuerungen eine Autobiographie schreiben. Schwerpunkt solle ihre Beziehung zu ihrer großen Liebe John Lennon bilden. Die zweite Ehefrau des Rockstars rechnet für das Verfassen der Enthüllungen, an die große Erwartungen bezüglich ihrer Rolle bei der Trennung der Beatles geknüpft werden, mit etwa fünf Jahren.

Paul McCartney regt 2009 die Überarbeitung des Drehbuchs zum Kinofilm »Nowhere Boy« an, der in England hochgelobt wurde und im Winter 2009/2010 in den deutschsprachigen Kinos läuft. In der alten Fassung wurde Tante Mimi, eigentlich Mary Elizabeth Stanley Smith, als strenge und herzlose Gouvernante porträtiert. Dank McCartney erscheint sie nun auf der Leinwand – dargestellt von Hollywood-Star Kristin Scott Thomas – mit Zwischentönen. »Tante Mimi war nicht grausam. Sie täuschte Strenge nur vor. Sie hatte aber ein gutes Herz und liebte John über alle Maßen«, sagt McCartney in einem Interview mit dem »Daily Express«.

Die Überlebenden versuchen, das Bild John Lennons immer wieder neu zu gestalten: die Witwe, die Exfrau, die Geschwister, Kinder, entfernteren Verwandten, Freunde oder Kollegen, indem sie in Interviews und Memoiren den Star aus ihrer Sicht beschreiben; die Nachgeborenen, indem sie sich sein Werk neu anverwandeln.

Nicht nur Weggefährten und Experten kommen von diesem Ausnahmekünstler nicht los. Er beschäftigt auch die kreative Jugend von heute. Fatih Akin beispielsweise zitiert 2009 auf seinem Filmplakat zu »Soul-Kitchen« den berühmten Satz aus »Beautiful Boy«: *Leben ist das, was passiert, während du dabei bist, andere Pläne zu machen,* und bemerkt dazu: »John Lennon wusste einfach Bescheid.«

Eine der gelungensten Flashmob-Aktionen (blitzartige Zusammenrottungen) im deutschsprachigen Raum fand am 23. Dezember 2009 statt, als sich mehrere hundert Leute via Internet verabredeten, um in Zwickau in den Arkaden »Give Peace A Chance« zu singen. Die legendäre Schnelligkeit des berühmtesten Beatles ist nicht nur Vorbild, sondern wird in neue Initiativen mit neuen Medien eingebunden.

John Lennon ist auf beeindruckende Weise im 21. Jahrhundert angekommen. In der digitalisierten Welt, in der Jugendliche so lange am PC sitzen, dass sie überzeugt sind, eine Fliege, die auf ihrem Bildschirm gelandet ist, mit der Maus vertreiben zu können, zeigt sich die Pop-Ikone nicht nur als historische Figur, sondern auch als Avatar, als Stellvertreter im Internet. Wo das World Wide Web und die Wirklichkeit verwechselt werden, nutzt der virtuelle Lennon die Globalisierung, spielt seine Rolle in Games oder verbreitet seine Botschaften online noch nachhaltiger als früher.

Im Internet bietet vor allem YouTube eine Plattform für die Präsentation sowohl historischer Dokumentationen als

auch neuer Filme. Da sind wissenschaftlich akribisch auf-
gearbeitete Sounds und Clips ebenso zu finden wie Samp-
lings, Remixe und schöpferische Phantasien, beispielsweise
die von Scott Gairdner, der sich in das Jahr 3000 versetzt und
»rückblickend« den Beatles-Mythos nachzeichnet. Bemerkenswert ist die graphische und musikalische Rekonstruktion von »Sgt. Pepper« alias »Sgt. Petsound« und die Tatsache,
dass im Vierminuten-Film »The Beatles 1000 years later« von
den Fab Four einer noch John Lennon heißt, doch die anderen drei Paul McKenzie, Greg Hutchinson und Scottie Pip-
pen sein sollen. Ein Spaß nur, der aber auf die Bedeutung
Lennons hinweist, dessen Ruhm sich in der virtuellen und in
der Folge auch in der realen Welt vervielfacht. Google-Treffer
(11 500 000) und YouTube-Hits (150 000) führen dazu, dass
John Lennon laut Forbes-Liste kontinuierlich zu den Top-
Verdienern aus dem Jenseits gehört.

Ein interessanter Start in die YouTube-Lennon-Welt erfolgt über die Usernamen BenefitOfMrKite oder Fab4art, die
unter anderem das Demo »Now & Then« zu Gehör bringen
sowie die Dakota-Tapes – jene Tonbänder, die er in seiner
Hausmannszeit aufgenommen hat – und die einige bemerkenswerte Clips zu ihm und den Beatles zusammengestellt
haben, beispielsweise eine sehr seltene Aufnahme von John
und Yoko 1972 bei Proben vor einem Konzert. Von dort aus
führen viele Wege zu einer täglich wachsenden Zahl von Len-
non-YouTube-Treffern.

Zu John Lennons Ruhm tragen Gerüchte, Geheimnisse
und Rätsel aller Art bei. Lennon-Biographen kommen nicht
ohne mythologische Recherchen aus, besonders was die
Numerologie oder mysteriöse Todesfälle betrifft. Ein chi-
lenischer Journalist fand bei seinen Untersuchungen zu
dem bis heute ungeklärten Tod des aus Chile stammenden
Newcastle-Fußballspielers Eduardo »Ted« Robledo ein be-
merkenswertes Foto, das der Musiker gekannt haben muss.
Die von ihm selbst als persönliche Glückszahl definierte

Neun entspricht nämlich nicht nur seinem Geburtstag, sondern taucht erstmals prominent auf einer Kinderzeichnung des elfjährigen Schülers auf. Nachforschungen haben ergeben, dass die Vorlage für die Zeichnung, die 1974 sein Solo-Album »Walls And Bridges« ziert, ein Zeitungsfoto vom Fußball-Cup-Finale zwischen Arsenal und Newcastle United von 1952 im Londoner Wembley Stadion ist. Newcastle gewann vor 100 000 Zuschauern mit 1:0. Die Szene zeigt den Kopfballtreffer des Chilenen George Robledo, dem Bruder von Ted. Rechts außen ist der Mitspieler Jackie Milburn zu sehen, er trägt die vom Ex-Beatle groß gezeichnete Rückennummer 9 und starb an Lennons Geburtstag am 9. Oktober 1988.

Auch um den Tod des Künstlers ranken sich Gerüchte, Legenden und seltsame Zufälle: »Who Killed John Lennon?«, fragt der englische Journalist und Anwalt Fenton Bresler in seinem gleichlautenden Buch. Er glaubt, dass der Attentäter ebenso ein Opfer sei wie der Star selbst. Mark David Chapman sei von den Drahtziehern des Attentats einer Gehirnwäsche unterzogen worden. Die naheliegende psychologische Theorie, Chapman wollte mit der Tat selbst berühmt werden, akzeptiert Bresler nicht, allein schon aufgrund seiner Scheu vor den Medien.

Verstärkt werden Verschwörungstheorien, die George H. W. Bush als letzte Instanz hinter dem Attentat ausmachen, insbesondere durch Lennons Äußerung von 1972: »Sollte jemals Yoko und mir etwas zustoßen, so war das kein Unfall.« Als die amerikanische Journalistin Barbara Walters 1992 Chapman für den Nachrichtensender ABC interviewt, wiederholt er vor laufender Kamera seine Aussage, Stimmen gehört zu haben – »do it, do it« –, woraufhin er fünfmal auf John geschossen habe. Das Motiv: Er wollte John Lennons Ruhm auf sich lenken. Es ist beängstigend, wie ruhig und gefasst der Attentäter mit seiner dünnrandigen und übergroßen Brille – so, als wollte er damit die Brille seines Opfers übertrumpfen – diese absurde Tat schildert.

Je länger man sich mit Lennons Tod beschäftigt, desto eher neigt man zur Suche nach weiteren Erklärungen für dieses Gewaltverbrechen, das – ähnlich wie der Tod Bob Marleys – möglicherweise gesellschaftspolitische Hintergründe hat. Zwischen Reggae-Star Marley und Rockpoet Lennon bestehen viele Verbindungslinien bis zuletzt: die Hauptinspirationsquelle für mehrere der letzten, teilweise posthum veröffentlichten Kompositionen Lennons sind die Songs des Jamaikaners.

Merkwürdig, wie rätselhaft John Lennons Tod bleibt, wo doch offenbar alle Fakten auf dem Tisch liegen, Augenzeugen und sogar der Mörder selbst befragt werden können. Im Jahr 2006 wiederholt Yoko Ono im Rahmen des Films »The U. S. vs. John Lennon« ihre Vermutung, dass *sie* versucht hätten, John zu töten, dass es *ihnen* aber nicht gelungen sei, denn seine Botschaft sei immer noch lebendig. Mit *sie* sind die Behörden, CIA und FBI, sowie die Regierung bis hinauf zum Präsidenten gemeint. »Laurel and Hardy, das sind John und Yoko. Und wir haben so bessere Chancen, denn all die ernsthaften Leute wie Martin Luther King und Kennedy und Gandhi wurden ermordet«, sagt Lennon 1969 in einem BBC-Interview.

Das Attentat auf John Lennon führt nicht nur zu Spekulationen, sondern animiert auch Künstler. Ein beeindruckendes Tondokument stammt von der irischen Rockgruppe The Cranberries, die mit dem Song zum Nordirlandkonflikt »Zombie« 1994 international erfolgreich sind. In »I Just Shot John Lennon« aus demselben Jahr singt Dolores O'Riordan in monoton-zornig-eindringlicher Art über Lennons Tod und zitiert den Attentäter wörtlich: »Do it, do it.« Der Song rekapituliert abwechselnd sachlich und mit poetischem Furor den 8. Dezember und wiederholt immer wieder »John Lennon died«, so, als könne man es immer noch nicht begreifen. Die Obengenannten und viele andere erinnern auf je eigene Weise an ihr Idol: Der Filmer Mark R. Elsis setzt sich unter dem

Motto »Love is our answer« mit vielen Aktionen für die Erhaltung und Verbreitung von Lennons Gedanken ein. Ihm gelingt es, Phil Spector in seine Projekte einzubinden, kurz bevor dieser 2009 wegen Mordes verurteilt und inhaftiert wird. Elsis nennt seinen Film »Strawberry Fields«, der 2009 unter anderem auf dem Philadelphia Independent Film Festival gezeigt wird.

Was bleibt nach Jahren der Recherche und schreibend an diesem Text? Die Gespräche mit Cynthia Lennon und Klaus Voormann, die mir über ihre Bücher hinaus den Menschen John Lennon näherbrachten. Die »Hamburg Days« lassen sich übrigens fabelhaft durch Voormanns Zeichnungen und Texten auch im Internet nachvollziehen: www.voormann.com. Oder die Nachricht meines Freundes DrJazz, dessen Tochter in der vierten Klasse einen Vortrag über einen verstorbenen einflussreichen Menschen halten soll und sich nicht für Einstein, Gandhi, J. F. Kennedy, M. L. King, Mutter Teresa oder Albert Schweitzer entscheidet, sondern für John Lennon.

Oder die BBC-Reporter, die am Ende ihres Interviews mit John und Yoko am 6. Dezember 1980 das Band weiterlaufen lassen, weshalb zu hören ist, wie John gutgelaunt und aufgeräumt sich und Yoko ermahnt, Sohn Julian mitzuteilen, wann dieses Interview gesendet wird, damit Tante Mimi und sein Erstgeborener die Neuigkeiten aus New York und die Grüße, die er seinen Verwandten über den Atlantik ausrichtet, auch hören können. Oder die Verletzlichkeit bei seiner ersten Reaktion auf Brian Epsteins Tod vor laufender Kamera. Obwohl er sich auf das TV-Team kurz vorbereiten kann, zerfällt sein Gesicht für Sekunden zu unermesslichem kindlichen Schmerz. Es scheint, als wiederhole sich die Trauer für die vielen geliebten Frühverstorbenen: Onkel George, Mutter Julia, Stu Sutcliffe und auch seine Idole Buddy Holly und Eddie Cochran. Oder die Metamorphosen: Sein Gesicht als pummeliger Pilzkopf, als gequälter Jesus und zuletzt als zuversichtlicher Asket. Sein Körper mal weich, mal muskulös und zuletzt yogagestählt drahtig. Oder John, der in der Dick-Cavett-Show auf NBC bei der erfolgreichen Verteidigung seiner Wortwahl in »Woman Is The Nigger Of The World« einleitend über Yoko und seine neue Wahlheimat sagt: »Yoko liebt Amerika, und sie hat mich zu einem dieser New-York-Fanatiker konvertiert. Jetzt hasse ich es, wenn ich New York verlassen muss.« Oder der Kontrast zwischen seiner Aussage noch zu Beatles-Zeiten auf die Frage, wie er sterbe, er werde wahrscheinlich von irgendeinem Verrückten ausgeknipst (»I'll probably be popped off by some loony«, erinnert sich Sonny Drane), und seiner Bemerkung im Dialog mit Phil Spector im Studio während der »Rock'n'Roll«-Aufnahmen, Elton John (mit dem er kurz davor den Nr. 1 Hit »Whatever Gets You Thru' The Night« aufgenommen hat) sterbe wohl bald, aber er werde ein 90-jähriger Guru. Oder »Power To The People« live von Mary J. Blige, John Legend und den Black Eyed Peas (»now is the hour for power«) mit Lennons Konterfei im Hintergrund (auch das nachzusehen auf YouTube). Oder Ringo Starr, der 2010 kurz vor seinem 70. Geburtstag nicht nur seine erste selbstproduzierte Solo-CD veröffentlicht, sondern auch mitteilt, er werde keine Memoiren schreiben, weil alle Agenten und Verlage nur von ihm wissen wollten: »Wie war John wirklich?« Oder US-Präsident Obama, dem US-Journalisten eine »Lennonesque heal-the-world«-Haltung attestieren. Oder Olivia und Yoko, die gemeinsam mit Paul und Ringo von einer »extended Family« sprechen. Olivia und Yoko, die nach dem Tod ihrer Ehemänner George und John nicht mehr geheiratet haben und wohl nie mehr heiraten werden und das auf die Persönlichkeiten ihrer Gatten zurückführen, auf ihre Melodien, auf ihre positiven Gedanken. Alle möglichen männlichen Nachfolger verblassen dagegen. Oder George Martins Gesichtsausdruck in den 1990er Jahren, über das Mischpult gelehnt, sich an einen Witz seines Freundes erinnernd und gegen die Tränen kämpfend. Vielleicht auch deshalb, weil niemand den ersten Produzenten der Beatles je gefragt hat, wie verletzend für ihn der Weggang des Bandleaders 1970 zu Phil Spector gewesen ist. Oder Yoko Ono, die mit Hilfe des befreundeten Fotografen Bob Gruen im Frühjahr 1981 Johns blutige Brille fotografiert, was keine Bitterkeit im Betrachter auslöst, sondern zu Yoko und John passt. Es entspricht ihrer beider Art, mit Schmerz umzugehen und dabei den Leidensweg festzuhalten, darzustellen und zu veröffentlichen.

Das alles bleibt und weist in die Zukunft.

John Lennon, ermordet 1980, unvollendet mit 40 Jahren und an einem Punkt, an dem er sich weitgehend gehäutet hat und für sein großes »Starting-Over«-Projekt inklusive Welttournee bereit ist. Heute, mit 70 Jahren, ist John Lennon ruhmreich wie nie. Der Name John Lennon bedeutet Verwandlung auf der Suche nach Vervollkommnung, bedeutet Einsicht und Offenlegung eigener Schwächen, verbunden mit dem Versuch, daraus zu lernen und es anders und besser zu machen – das Scheitern dieser Versuche immer im Blick, immer bereit, auch Missglücktes in Kunst zu verwandeln. Mit John Lennon verbindet sich die kreative Energie eines New Yorker Zynikers mit der destruktiven Seite eines Liverpooler Rockers. John Lennon, ein romantischer Träumer zwischen den Polen Aggression und Zärtlichkeit, zwischen Gewalt und Liebe. Es bleibt das Warten auf seine noch unveröffentlichten Tagebücher.

John Lennon ist lange tot, aber viele Fragen sind offen. Allein das Rätsel um den Verbleib seiner Asche ist Anlass für neue Auseinandersetzungen mit ihm. Es gibt kein Grab, er ist nicht *begraben*. Man findet ihn auf keinem Friedhof. Es ist kein Frieden um den Rockpoeten, der uns Frieden gibt mit seinen Songs.

John Lennon ruht nicht.

Nicola Bardola, München 2010

»Und es gibt keine Zeit, in der ich alleine bin«

Vertrautheit, Innigkeit, Intimität: Die Liebe als Leitmotiv

Letzte Nacht sagte ich diese Worte zu meinem Mädchen:
Ich weiß, du versuchst es nicht einmal.
Nun komm schon.
Bitte, mach mir den Gefallen.
So wie ich ihn dir mache.
Du musst mir nicht zeigen wie, Liebe.
Warum muss ich immer von »Liebe« reden? ...
Ich will mich ja nicht beklagen, aber du weißt, es regnet
immer in meinem Herzen.
Ich tu doch alles für dich.
Es ist so schwierig, vernünftig mit dir zu reden.
Warum machst du mich traurig?
Komm schon, mach mir den Gefallen.
Yeah!
Please please me, whoa yeah!

Es gibt mehrere Möglichkeiten, »Please Please Me« ins Deutsche zu übertragen. So einfach der Text des ersten, von Paul McCartney geschriebenen Beatles-Hits in England »Love Me Do« ist, so vieldeutig sind die Worte seines Partners auf der zweiten und deutlich erfolgreicheren Hit-Single der Band, »Please Please Me«, die im März 1963 erstmals Platz eins im »Melody Maker« erreicht.

Außerhalb Liverpools kennt man die vier Musiker vor diesem Hit kaum. Mit John Lennons mehrdeutiger Bitte erreichen die Beatles ihren ersten nationalen Top-Ten-Erfolg. Produzent George Martin, der ursprünglich die liebliche und harmlose Fremdkomposition »How Do You Do It« statt »Please Please Me« veröffentlichen wollte, ist begeistert, er spürt die beginnende Mersey-Beat-Hysterie (eine Anspielung auf den County Merseyside, in dem Liverpool liegt) und bittet die vier wieder ins Studio. »Please Please Me« gibt auch der ersten LP den Namen, verwirrt und erhitzt die Fans und begründet die Beatlemania.

»Love Me Do« und »Please Please Me«, zwei Songs, zwei Welten: Pauls Opla-Di-Naivität und Johns Yer-Blues-Komplexität (yer = slang für »you«) manifestieren sich auf den A-Seiten dieser beiden ersten, später auch internationalen Beatles-Hits, die den Beginn der Fab-Four-Karriere markieren. Der Gestus ist bei beiden Stücken derselbe: direkte Ansprache der weiblichen Fans. Liebt uns! Aber die Wirkung ist grundverschieden. Hier der brave Paul, der 21-mal »love« wiederholt, da der spitzbübische John, der mit einer Gospel-Stimme Zweideutigkeiten schreit (*You don't need to show me the way, love,* was frei interpretiert bedeutet: »Du brauchst mir nicht zu zeigen, wie man Liebe macht«) und mit seiner Mundharmonika ein Markenzeichen setzt. Vom Einsatz der Mundharmonika auf Platten, dem ersten Instrument, das er als Kind spielt, verabschiedet er sich erst zwei Jahre und insgesamt sieben Beatles-Songs später im August 1964 mit »I'm A Loser«.

John Lennon schreibt »Please Please Me« in Liverpool in der Menlove Avenue mit 22 Jahren. Zwei Lieder beeinflussen ihn dabei: »Only The Lonely« von Roy Orbison – er mag die oft trübsinnigen und grüblerischen Eigenkompositionen voller Melancholie und Weltschmerz und will es dem vier Jahre älteren Texaner gleichtun – sowie »Please« von Bing Crosby. Mutter Julia singt ihrem erstgeborenen Kind, ihrem einzigen Sohn (es folgen drei Töchter) den Crosby-Hit aus dem Jahr 1932 mit der Zeile »Oh please, lend your little ear to my pleas« vor; Sohn John ist schon als Kind begeistert von Wortspielen. Homonyme und Polyseme faszinieren ihn sein Leben lang und werden bei seinen Sprachspielereien immer wieder eingesetzt. Gleich im Auftakt des Liedes klingen Verb (please = bitte) und Substantiv (Pleas = Bitten, Gesuche) gleich, bedeuten aber etwas anderes. 30 Jahre nach Bing Crosby, im Winter 1962, treibt John Lennon das Wortspiel weiter: please, please me – bitte, erfreu mich – bitte, gefalle mir – bitte, mach mir die Freude – bitte, sei mir gefällig – bitte, stell mich zufrieden ... *Bitte, befriedige mich?*

Paul hat in jenen Jahren die Angewohnheit, neue Kompositionen, die John und er eingeübt haben, einer Freundin vorzuspielen. Fast jede Woche ist er bei ihr und spielt ihr etwas auf der akustischen Gitarre vor. Dieses Mal liest er ausnahmsweise nur den Text, denn es sind Johns Worte und Paul ist unsicher, ja ratlos; er legt die Gitarre beiseite, denn er versteht den Text nicht ganz. Und seine Freundin kann auch nichts damit anfangen. Was soll dieses »Please Please Me« genau heißen?

Schon in Lennons erstem Hit öffnet er Spekulationen Tür und Tor und provoziert. Was oberflächlich wie ein unschuldiger Popsong mit einer Eröffnungsfanfare und hohem Wiedererkennungswert klingt, wird später von der New Yorker Zeitung »Village Voice« als erotisch, ja als Aufforderung zum Sex – präziser noch – zum oralen Sex verstanden.

Viermal wird das sich steigernde »C'mon« jeweils wiederholt. Im Gospel-Stil mit Crisp singt John es vor, Paul und George echoen ihn. Ein elektrisierendes Crescendo. Eine seltsame Kombination aus aufpeitschender Musik und gut singbaren, aber nicht ganz klaren Wortspielereien. Ein neuer Sound, eine neue Mischung. Liverpool als Ursprungsort eines neuen Lebensgefühls. Das Phänomen Liverpop ist geboren. Das Ergebnis von »Please Please Me«: starke Emotionen – Freude, Glück, Sex, ein Hauch Trauer – und der Wunsch nach mehr.

John Lennon fordert nicht nur das weibliche Publikum auf, er stachelt auch seine Kumpels an. »C'mon!« Mit diesem Song wollen wir an die Spitze: »C'mon!« Mädchen, gebt es mir. Ich will es machen wie Elvis, Gene, Buddy und Roy, und ihr helft mir dabei. Denn es gibt keine schönere Art, sein Geld zu verdienen, als sich Songs auszudenken, sie auf der Bühne zu spielen und euch damit zur Raserei zu bringen.

C'mon! Yeah!

George Martin spürt, dass etwas Außerordentliches in der Luft liegt, etwas Unerhörtes, ein britischer Rock'n'Roll besonderer Güte, und er prophezeit es den vier Jungen nach dem letzten Take in den Abbey Road Studios am 11. Februar 1963: »Please Please Me‹ wird ein Nr. 1 Hit«, sagt er, und er behält recht. Der gebürtige Londoner ist gelernter Oboist, ein Musiker mit fundierter Kenntnis der Klassik und Produzent mit abgeschlossener Ausbildung an der Guildhall School of Music. Er ist 14 Jahre älter als John, arbeitet seit 1950 für das Plattenlabel Parlophone, das zu EMI gehört, und sorgt dafür, dass die Beatles den Song schneller spielen, als von Lennon ursprünglich vorgesehen.

Allein in seinem Zimmer, auf dem Bett, dessen Decke ein rotes Lochmuster ziert, denkt Lennon beim Komponieren von »Please Please Me« an einen schwermütigen Song voller unerfüllter Sehnsucht. An einen Schmachtfetzen à la Roy Orbison, eine Klage ähnlich wie »Only The Lonely«, die er übertreffen will. Aber er will seinem Einsamkeitsgefühl authentischer Ausdruck verleihen als Orbison.

Doch die Stimmung im Studio bei den Kumpels und beim Produzenten ist eine andere: Klar kann man versuchen, die schöne Ballade auf Touren zu bringen. Offen für Neues und geübt im Variieren der Tempi – schon das Intro zu ihrer allerersten, in Deutschland aufgenommenen Single »My Bonnie« beginnt pathetisch langsam; um dann aufzudrehen –, greifen die Rock'n'Roller George Martins Beschleunigungsvorschlag für »Please Please Me« auf. Beschleunigte Schwermut. Highspeed-Melancholie.

Die späteren Filmaufnahmen zeigen Ringo Starr, wie er wie in Ekstase im Rücken seiner drei Freunde wirbelt, immer wieder von seinem Hocker abhebt und kraftvoll jedes »C'mon!« befeuert, so dass man all die Anfangsdiskussionen um seine Qualitäten als Drummer nur noch schwer nachvollziehen kann. Wer drischt denn schon derart dramatisch wie Ringo Starr auf der Anthology-Fassung von »Strawberry Fields« auf sein Schlaginstrument? Wer trommelt schon so ein Solo auf Bassdrum, Standtom und Snares ohne High-Hats und ohne Becken wie er in »Carry That Weight«? Stilbildend! Virtuoseste Jazz-Drummer kommen in Verlegenheit, wenn sie ringoesk spielen sollen. Schade, dass der Mann mit dem markanten Schnauzer nicht öfter »Starr-Times« bei den Beatles bekommt, so wie früher als »Ringo the Hurricane« bei Rory Storm, als die »Starr-Time« Höhepunkt bei Live-Auftritten in Liverpool war.

Nach dem vierten durchgetrommelten »C'mon!« kulminiert der Ruf im kollektiven Falsettgeschrei *Whoa yeah!*

In allen Live-Auftritten steht John bei diesem Song allein am Mikro, etwas entfernt von ihm teilen sich Paul und George den anderen Schallwandler. Lennon, breitbeinig, allein und kurzsichtig in das Publikum blickend, in diese unbekannte Menschenmenge, die es zu erobern gilt, die etwas

Lockendes, aber auch etwas Bedrohliches hat. Ein schwer fassbares Wesen, von dem so viel abhängt – Erfolg, Geld, Macht, Ruhm –, das er mit seinen Songs umwirbt und das er von Anfang an auch verachtet. Ein Wesen, dem John Lennon Grimassen schneidet, dem er Rätsel mit seinen Texten aufgibt, dem er sich ganz und gar öffnen wird – bis auf die Haut (»Lennon Naked« heißt ein Dokumentarfilm der BBC von 2010), um es zu verführen und vor dem er sich dann aber auch vollkommen zurückziehen wird, um seinen eigenen kleinen Familienschonraum zu gründen. Anziehung und Abstoßung, Nähe und Ferne: Das Publikum – die Summe aller Menschen, die John Lennon erreicht – bleibt bis zuletzt, bis zum 8. Dezember 1980 seine größte Leidenschaft und Bedrohung – in der Masse ebenso wie in der Vereinzelung, in der kollektiven Verehrung wie in der individuellen Ausprägung des einsamen und verrückten Fans.

Das erste Album »Please Please Me« profitiert von der Erfahrung der vier als Live-Band in Hamburg und in Liverpool. Es bleibt bis zuletzt Lennons Lieblingsalbum der Beatles, da es ein wenig von der Reeperbahn-Live-Atmosphäre wiedergebe. Nach einer ersten Nr. 1 Single ist es für Musiker üblich, ein Album folgen zu lassen. George Martins ursprüngliche Idee besteht darin, einen Auftritt der Band im Cavern aufzuzeichnen, ein Club, der 1957 in Anlehnung an die Pariser Jazzkeller gegründet worden war und 1960 mit Rory Storm & The Hurricanes mit Ringo Starr am Schlagzeug seine erste Beatnacht erlebte. Die Beatles füllen schon Stadien, als Bands wie The Kinks, The Rolling Stones oder The Yardbirds im Cavern auftreten. Gefilmt werden die Beatles zwar im Cavern, aber die fehlenden zehn Songs nimmt man nicht in diesem Club, sondern in den Abbey Road Studios an nur einem Tag auf. George Martin besteht darauf, dass John Lennon »Twist And Shout« zuletzt singt, um seine Stimme für die anderen Stücke zu schonen, für die Komposition »There's A

Place« beispielsweise, für jenen Platz, wohin der Musiker gehen kann, wenn er schlecht drauf ist, wenn er traurig ist.

Schon in diesen harmlos poppigen Anfangszeiten setzt Lennon einen nicht nur im Sinnzusammenhang schrägen Vers in den Song, der für die Oberflächlichkeit der Unterhaltungsindustrie ungewöhnlich ist. Unvermittelt heißt es: *And it's my mind, and there's no time when I'm alone.* Zwischen den Polen Einsamkeit und Bühnenpräsenz, Zurückgezogenheit und dem Bad in der Menge, zwischen stiller Reflexion und medialer Selbstdarstellung, zwischen introvertiert und extrovertiert, Selbstzweifeln und Größenwahn, Meditation und Kabarett, Verstummen und Großmäuligkeit, zwischen Ekstase und Depression, Zärtlichkeit und Aggression schwankt der grüblerische Songwriter mit außerordentlich starken Ausschlägen nach oben und unten, die er für seine Kreativität nutzt, indem er sie thematisiert, indem er sie in Musik gießt.

Und es ist mein Kopf, mein Geist, mein Denken. Und es gibt keine Zeit, in der ich alleine bin, klagt er in »There's A Place«.

Der Kontrast: »Twist And Shout«.

C'mon, c'mon, c'mon, c'mon and twist a little closer!

Nähe und Ferne im raschen Wechsel.

And let me know you're mine! Wuuuu!

Kopfschütteln.

Shake it up baby!

Kopfschütteln.

Kopfschütteln als Aufforderung.

Kopfschütteln als Bekräftigung.

Kopfschütteln im Takt mit Ringos Drums.

Kopfschütteln als Zeichen der Ekstase.

Gemeinsames Kopfschütteln als Zeichen der Zugehörigkeit zu etwas Größerem.

Kopfschütteln und wehende Haare.

Kopfschütteln auf der Bühne und im Publikum.

Kopfschüttelnde Männer und Frauen.

Gleichzeitiges Kopfschütteln und Kreischen als Gemeinschaftserlebnis.

John Lennon beginnt schon bei »Twist And Shout« und den »Please-Please-Me«-Live-Auftritten den Kopf zu schütteln und sein markantes Schreien verschmilzt mit massentauglicher Popmusik. Der Song steigt selbst Jahrzehnte später immer wieder in die Hitparaden, beispielsweise 1986 aufgrund des Kinofilms »Ferris Bueller's Day Off« von John Hughes mit Matthew Broderick in der Hauptrolle, worin »Twist And Shout« den Höhepunkt darstellt: Die Melodie führt zu einem gewaltigen kollektiven Rausch in Chicagos Straßen; zudem wird in dieser Performance dem Kopfschütteln noch das passende Stampfen zugefügt. Lennons Stimmgewalt aber, 1962 auf Vinyl gebannt, von ihm selbst später selbstkritisch als überspannt beschrieben, prägt sich in das universelle musikalische Gedächtnis – sein Timbre ist unverwechselbar.

Mit seinem Gesang verschafft sich der 22-jährige Liverpooler nicht nur beim Publikum Respekt, sondern vor allem auch bei den Kollegen und insbesondere bei seinen Idolen von Chuck Berry über Elvis Presley und Jerry Lee Lewis bis Gene Vincent. Ab jetzt ist alles möglich – auch gemeinsame Auftritte und gegenseitige Anerkennung. Mit diesem Polster an Selbstvertrauen, mit dem danach stetig wachsenden Erfolg, mit der zunehmenden Bestätigung von außen und dem Auslaufen sämtlicher vertraglicher Verpflichtungen, Schallplatten zu produzieren, kann Lennon 13 Jahre später dem Showbusiness adieu sagen, um bei seinem zweiten Sohn Sean seine Pflichten als Vater auf eine intensive und seiner Zeit weit vorauseilenden Weise wahrzunehmen; Vaterpflichten, die er bei seinem ersten Sohn Julian vernachlässigen muss, weil das allgemeine Lob, die steigenden Plattenumsätze und die damit verbundene steile Karriere der Beatles und der hohe Erwartungsdruck eines weltweiten Publikums kaum Zeit für ein Privatleben lassen.

Schon die Kritiken zur Single »Please Please Me« sind durchwegs positiv: »Eine wirklich erfreuliche Platte voller Kraft und Vitalität«, schreibt der »New Musical Express«. »Twist And Shout« ist die emotionale Steigerung. 1963 touren die Beatles als »supporting act« mit Roy Orbison durch England. Der amerikanische Brillenfetischist gibt den englischen Jungs wertvolle Tipps, wie sie mit ihrer Musik in den USA erfolgreich sein könnten. Brian Epstein und die Beatles halten sich daran und bleiben ihrem Mentor verbunden. 1980 nennt Lennon »Starting Over« einen »Elvis Orbison« und 1988 formt George Harrison mit Bob Dylan, Tom Petty und Jeff Lynne eine Supergroup rund um Roy Orbison: die Traveling Wilburys.

Die »Please-Please-Me«-Magie wirkt auch noch im 21. Jahrhundert. Es klingt nur seltsam, wenn Paul McCartney das Lied auf seinen Konzerten zunehmend oft live spielt. Seine Stimme passt nicht zu den Versen: *I know you never even try, girl. You don't need me to show the way, love. Why do I always have to say »love«?* Das sind John Lennons Worte, und sie zeigen sein Dilemma.

Warum muss ich immer »Liebe« sagen?
Mutterliebe.
Vaterliebe.
Tantenliebe.
Onkelliebe.
Frauenliebe.
Männerliebe.
Blinde Liebe.
Verlorene Liebe.
Verborgene Liebe.
Alles, was du brauchst, ist Liebe.
Die Antwort ist Liebe.
Das Wort ist Liebe.
Liebe. Liebe. Liebe.

Vielleicht, weil die Sehnsucht nach Liebe stärker ist als alles andere. Sie überdauert Gewalt und Kriege und findet in Lennons Ausprägung immer wieder Eingang in das künstlerische Werk seiner Verehrer bis in die Gegenwart. Der amerikanische Singer-Songwriter Jackson Browne covert 2007 »Oh My Love« von der »Imagine«-Platte und würdigt auf seinem Album »Time The Conqueror« 2008 John Lennon als Vorbild: »If we could just believe in one another as much as we believed in John.«

Browne ist am selben Tag wie sein Idol, am 9. Oktober, in Heidelberg geboren, acht Jahre nach John und 27 Jahre vor Sean Lennon (was Astrologen zu ausführlichen Vergleichen zwischen den dreien animiert). Jackson Browne hat bei John Lennon gelernt und engagiert sich wie dieser unermüdlich gegen Krieg und für die Umwelt. Ende der 1970er Jahre ist Browne Mitinitiator der Initiative »MUSE« (Musicians United For Safe Energy) und tritt bei den »No-Nukes«-Konzerten auf. Sein Einsatz geht so weit, dass er während eines nicht genehmigten Auftritts festgenommen und kurzfristig inhaftiert wird. Noch 2010 engagiert er sich unter anderem mit Quincy Jones für den »John Lennon Educational Tour Bus«. Bei Präsidentschaftswahlen setzt er sich für die Demokraten ein, tritt auf Benefizveranstaltungen auf und unterstützt Charity-Aktionen.

Wie Lennons musikalisches Werk pendelt auch Brownes Arbeit zwischen Liebe und Politik, zwischen Privatleben und öffentlichem Protest. Dabei scheut er selbst juristische Auseinandersetzungen mit Regierungskreisen nicht. Als der republikanische Präsidentschaftskandidat John McCain 2008 seinen Song »Running On Empty« als Eigenwerbung in seiner Wahlkampagne einsetzt, prozessiert er dagegen mit Erfolg.

Die Zeitschrift »Rolling Stone« interviewt im Jahr 2008 im Rahmen einer Umfrage Experten und erstellt daraufhin eine Liste der »100 besten Sängerinnen und Sänger aller Zeiten«. John Lennon nimmt hinter Aretha Franklin, Ray Charles,

Elvis Presley und Sam Cooke Platz fünf ein – vor Marvin Gaye, Bob Dylan, Otis Redding, Stevie Wonder, James Brown, Paul, Little Richard, Roy Orbison, Al Green, Robert Plant, Mick Jagger, Tina Turner, Freddie Mercury, Bob Marley, Smokey Robinson, Johnny Cash, Etta James, David Bowie, Van Morrison, Michael Jackson in dieser Reihenfolge und 75 weiteren Stars. Die Laudationes verfassen aktuelle Künstler von Rang und Namen, für John Lennon ist es Jackson Browne. Er betont die Vertrautheit, Innigkeit, Intimität, verbunden mit einem herausragenden Intellekt, die Lennons gesamtes Werk kennzeichnen, das mache ihn zu einem so großen Sänger. Und Browne erinnert sich an das erste Mal, als er 1966 »Girl« hört, an die hohe und stählern klingende Stimme – *Is there anybody going to listen to my story ...?* –, an das Gefühl, jemand trete aus dem Schatten in den Raum zu den Hörern. Aber dann spricht Lennon nicht etwa zum Publikum, sondern direkt zum Mädchen.

Als Teenager ist Jackson Browne wie vom Donner gerührt, John Lennons Musik verkörpert, was der Jugendliche fühlt. Aggression, Liebe, Hass bis hin zum Hilferuf »Help!«, oder gar das Eingeständnis eigener Schüchternheit, eigener Unsicherheit. Das ist es, was Jackson am meisten an John bewundert und in seiner Würdigung schildert. Aber auch auf das Politisch-Soziale geht er ein: Durch den Erfolg erhält der Musiker aus einer der ärmeren Gegenden Großbritanniens zwar Zugang zu hohen gesellschaftlichen Schichten, aber er bleibt seinen Wurzeln treu, ist stolz auf seine Herkunft, verschleiert nicht die Geschichte seiner Kindheit in Liverpool. Er hat den Mut, sich nicht anzupassen. Die Kraft seines Gesangs gründe in Lennons Nähe zu sich selbst, so Browne. Wenn er nicht schreit, singt er nicht laut. Als er seine Cover-Version von »Oh My Love« einstudiert, merkt Jackson, wie ruhig der Gesang ist und welchen Kraftaufwand er doch erfordert. Es scheint ein Widerspruch, aber so hoch und offenbar gelassen zu singen ist enorm anstrengend. Lennon klingt in »I'm Only Sleeping« schläfrig, als sänge er vom Bett aus. Ähnlich irritierend wirkt »I'm So Tired« auf die Hörer.

Jackson Browne spricht in seiner Laudatio von der »thrilling aloneness«, um zu illustrieren, wie sein Idol »A Day In The Life« interpretiert. Die Reduktion auf das Wesentliche, den Ausdruck von Schmerz auf dem Solo-Album »John Lennon/Plastic Ono Band« könne man nie wieder vergessen. Dagegen das Glück in »Double Fantasy« – die neue und gereifte Schönheit in Lennons Stimme, beeinflusst von seinem Gesang zu Hause für seinen Sohn Sean. In Jackson Browne hat John Lennon einen aufmerksamen, feinfühligen und gleichzeitig rebellischen und politisch engagierten Fürsprecher, der seine Botschaft weiterträgt.

Und der charismatische Musiker hat viele Fürsprecher, aber auch Kritiker: John Lennon, der die Wahrheit singen will, der immer glaubt, das Recht zu haben, über die Themen zu sprechen, die ihn fesseln, der sagt, was er sagen muss, und dabei seine Liebsten, seine Verwandten, seine Freunde, seine Angestellten und seine sonstigen Bekannten und auch Fremde irritiert, die auch noch nach seinem Tod versuchen, sein Wesen zu erfassen – von seiner Halbschwester Julia Baird bis zum Musikjournalisten Ray Coleman, vom offiziellen Beatles-Biographen Hunter Davies bis zum misanthropischen Faktenhuber Albert Goldman (die beiden streiten sich während eines sehenswerten Fernsehduells 1990 darüber, wer dank welcher Quellen näher an der Wahrheit über Johns Leben ist); vom vorläufig letzten Verfasser sogenannter definitiver Lennon-Biographien Philip Norman über die Geliebte May Pang bis hin zum depressiven und überforderten Assistenten Frederic Seaman oder dem Bildhauer Gary Tillery, der 2009 im theosophischen Verlag Quest Books »The Cynical Idealist: A Spiritual Biography of John Lennon« veröffentlicht und sie auf ein zweifelhaftes religiöses Erlebnis des Stars zurückführt, das der Beatle 1966 gehabt haben soll, das

Lennon selbst jedoch bei all seiner Selbstauskunftsfreude nie erwähnt hat.

Eine Besonderheit des Rockrebellen besteht in der explosiven Mischung seines Charakters. John Lennon begeistert die Massen, aber je näher die Menschen ihm sind, desto heftiger stößt er sie vor den Kopf, provoziert auch im engsten Kreis bis an den Rand des Erträglichen. Und wenn ein Journalist darunter ist, dann kann der private Affront als Welle öffentlicher Empörung wiederkehren. Weil aber die Liebe sein Leitmotiv ist, befriedet John Lennon selbst immer wieder seinen Zorn.

»Oh My Love« – das Wort ist Liebe. Alles, was du brauchst ist Liebe. Auf jedem Album entdeckt Lennon die Liebe neu. Auf »Imagine« textet er das Unmögliche, da kann zum ersten Mal sein Verstand dank der Liebe fühlen: *Oh my love, for the first time in my life my mind is wide open ... my mind can feel.* Und auf seinem letzten Album »Starting Over« bleibt die Liebe etwas Besonderes: *Our life together is so precious together. We have grown – we have grown. Although our love is still special.*

»Ich hatte immer eine Bande«

Die Anfänge in Liverpool

Das Rätsel der Liebe bildet den Mittelpunkt in John Lennons Leben. Immer wieder umkreist er rational und emotional, verbal, musikalisch, filmisch oder graphisch das Geheimnis der Zuneigung, der Zweisamkeit, der Erotik.

Das Rätsel beginnt, als der Matrose Alfred Lennon 1928 einen Spaziergang durch den Sefton Park in Liverpool unternimmt. Ein hübsches Mädchen mit rötlichen Haaren sitzt auf einer Bank am Ufer des Sees, und er spricht es an. Die junge Frau lacht, weil der Hut des Seemanns zu groß ist. Er nimmt ihn vom Kopf und wirft ihn in den Teich. Das Mädchen mit den roten Haaren heißt Julia Stanley, und dieser gewitzte junge Mann hat sie beeindruckt.

John Lennons 1947 geborene Halbschwester Julia Baird beschreibt diese Szene eindrucksvoll in ihrer Biographie »John Lennon. My Brother«. Sie zählt zu den vertrauenswürdigsten und zuverlässigsten Quellen, wenn es um Kindheit und Jugend des Musikers geht. Es ist faszinierend, ihre Ausdrucksweise, Gestik und Mimik zu erleben. Nicht nur äußerlich ist sie ihrem Bruder sehr ähnlich, auch ihr Esprit, ihre freie und wilde Lebenseinstellung, die sie sich bis heute bewahrt hat, erinnern sehr an ihn. Sie arbeitete bis 2004 als Lehrerin. Seither ist sie Leiterin der empfehlenswerten Cavern City Tours in Liverpool. Mit etwas Glück kann man sich die historischen Beatles-Schauplätze von ihr persönlich zeigen lassen.

So wie diese Begegnung geschildert wird, könnte der Auftakt einer schönen Liebesgeschichte aussehen, doch die Beziehung zwischen Julia Stanley und Alf Lennon ist von Anfang an schwierig. Eigentlich passen sie gut zueinander: Sie sind talentierte Tänzer, musizieren beide und ergänzen sich in vielerlei Hinsicht, aber Julias Vater mag Alf, den Schiffssteward, nicht. »Unsere Mutter Julia stammte aus dem wohlsituierten Mittelstand. Sie und ihre vier Schwestern wuchsen in einem Viertel auf, das zu den gepflegtesten Wohngegenden von Liverpool gehörte, im Schatten der großen anglikanischen Kathedrale aus rotem Sandstein«, erinnert sich Tochter Julia. Ihre Mutter ist ungemein attraktiv, ja, genau betrachtet viel zu hübsch für den ungehobelten und etwas kurzbeinigen Matrosen. Sie spielt Banjo und Klavier und liegt mit den steifen Regeln ihres Elternhauses immer im Krieg. Sie will sich amüsieren, und weil sie sich gerne mit Filmen in andere Welten träumt, jobbt sie als Platzanweiserin im Kino, wo sie viele Verehrer bis hin zum Kinobesitzer selbst hat. Vielleicht wäre die Romanze nach einigen Monaten zu Ende gegangen, aber die Ablehnung des Vaters weckt Julias Trotz, und sie mag Alfs trockenen Witz, mit dem er das feine Gehabe ihres Vaters karikiert. Mit seiner Hilfe kann sie gegen die Hochnäsigkeit in ihrem Elternhaus rebellieren, was sie auch gründlich tut: 1938 heiratet Julia heimlich, und knallt triumphierend die Hochzeitsurkunde, die sie als Mrs Lennon ausweist, auf den Wohnzimmertisch des vornehmen georgianischen Familienhauses in der Huskisson Street.

Der Katalysator für ihre Liebe ist ästhetischer und sozialer Natur. Mit Alf, dem Konterpart zu ihrem Vater, grenzt sich Julia von diesem ab, verstärkt ihre eigene Identität und Unabhängigkeit. Dabei tut sie ihrem autoritären Vater weh, zahlt Rechnungen heim, irritiert auch ihre Mutter und ihre Schwestern, denen es allen gelingt, standesgemäße Verehrer zu finden. Julia entwickelt sich mit Alf an ihrer Seite in eine Richtung, die nicht den Vorstellungen und Wünschen ihrer Eltern entspricht.

Das Verhalten ihres einzigen Sohnes weist später Ähnlichkeiten zu dem der Mutter auf: Bei aller künstlerisch-geistigen Seelenverwandtschaft zu Yoko braucht John die fremdländische und angeblich hässliche Japanerin auch, um sich von der zwanghaft heilen Beatles-Welt zu verabschieden. Je stärker die Ablehnung durch sein Umfeld, durch die Fans und durch die Medien ist, desto größer werden sein Trotz und sein Wille, an der Geliebten und späteren Ehefrau festzuhalten. Mit Yoko Ono befreit sich John Lennon endgültig von der Pilzkopf-Vergangenheit.

Die vor und mit Yoko Ono oft von Lennon besungene romantische, vom Himmel fallende und alles überstrahlende Liebe wird bei seinen Eltern und später bei ihm selbst von vielen Umständen begleitet, die nichts mit erotischer oder geistiger Anziehung zu tun haben. Die jeweiligen Partner übernehmen für ihn bestimmte Funktionen innerhalb der Beziehungen abseits amouröser Empfindungen. Der Radio-Journalist und spätere Lennon-Vertraute Elliot Mintz formuliert treffend: »Als John Yoko traf, fand er den fehlenden Teil seiner Stimme.«

Nach den Blitzhochzeiten von Alf und Julia in Liverpool 1938 und von John und Yoko in Gibraltar 1968 – auch das eine Parallele – ist zunächst die Bestürzung allenthalben groß. Aber sowohl die erstaunte und mit Bed-ins und Bagism konfrontierte Weltöffentlichkeit als auch das Haus Stanley 30 Jahre zuvor gewöhnen sich an die neuen Umstände und versuchen, das Beste daraus zu machen. Alf und Julia dürfen aufgrund ihrer Geldknappheit und nach einer zögerlichen

Versöhnung mit ihren Eltern in das neuerworbene Terrassenhaus Newcastle Road Nr. 9 ziehen.

»Ich war kein Wunschkind. 90 Prozent der Menschen in meinem Alter sind die Konsequenz von zu viel Whiskey«, sagt Lennon im Hinblick auf Liverpool in den 1940er Jahren. Andererseits ist es nur natürlich, dass sich nach fast zwei Jahren Ehe Nachwuchs einstellt. Akribische Untersuchungen haben ergeben, dass am Abend vor und am Abend nach John Lennons Geburt, am 9. Oktober 1940, Angriffe der deutschen Luftwaffe über Liverpool stattfanden. Nicht jedoch – wie so oft kolportiert – in der Nacht der Niederkunft. Der Musiker selbst nährt fälschlicherweise im Buch »In His Own Write« die Legende von der Bomben- und Geburtsnacht am 9. Oktober. Vor allem seine Tante Mimi erinnert in Interviews wiederholt an den vermeintlichen Bombenangriff in den Geburtsstunden. Die Eltern einigen sich rasch auf den Namen John, und als patriotische Geste wählen sie Winston als zweiten Vornamen nach dem Premierminister Winston Leonard Spencer-Churchill.

Weil immer wieder deutsche Bomben auch auf das Zentrum Liverpools fallen, zieht Mutter Julia mit Sohn John in den Vorort Woolton, wo sie sich während Vater Alfs Abwesenheit – er arbeitet als Schiffssteward für die Marine – abends amüsiert, nachdem sie den Jungen in die Obhut ihrer älteren Schwester Mimi gegeben hat. Als Alf davon erfährt und Julia später auch noch von einem Soldaten schwanger wird, führt dies zu stärker werdenden Spannungen und bald darauf zum Ende ihrer Beziehung.

Julias Vater besteht darauf, dass seine unerwünschte Enkelin Victoria nach der Geburt 1945 zur Adoption freigegeben wird. Sie kommt zu norwegischen Pflegeeltern und wandert bald mit ihnen nach Skandinavien aus. Erst 1998 meldet sich Ingrid Pedersen aus Norwegen bei der BBC und belegt mit mehreren Urkunden, die verschollene Halbschwester zu sein. Offenbar ist sie das Baby, das 1940 von Julia und dem

Soldaten Taffy Williams gezeugt und wenig später vom norwegischen Ehepaar Margaret und Peder Pedersen adoptiert und von Victoria in Ingrid umbenannt wurde. Entgegen Pedersens Aussage hat der Musiker aber offenbar nie etwas von ihrer Existenz erfahren. Auch Julia Baird kannte bis 1998 die Identität ihrer Halbschwester nicht.

Als Julia Lennon den Oberkellner Bobby Dykins kennenlernt, lässt ihre Abenteuerlust nach; sie nehmen gemeinsam eine Wohnung unweit der Menlove Avenue und gründen eine Familie: 1947 kommt Julia, 1949 Jacqueline zur Welt. Nur heiraten können Julia und Bobby nie, denn Alf verweigert die Scheidung, weshalb Julia bis zu ihrem viel zu frühen Tod im Juli 1958 mit Bobby in wilder Ehe lebt.

»Penny Lane ist nicht nur eine Straße, sondern auch das Viertel, in dem ich bis zu meinem fünften Lebensjahr mit Mutter und Vater gewohnt habe. Nur bekam meine Mutter ihr Leben nicht in den Griff. Der Mann brannte durch und fuhr zur See, außerdem war Krieg. Sie wurde nicht mit mir fertig, und schließlich kam ich zu ihrer älteren Schwester«, so John Lennon.

Leidtragender des unsteten Lebenswandels und Liebeshungers der Mutter ist der kleine Sohn. Mitte der 1940er Jahre ist die Situation im Hause Lennon äußerst komplex: Alfred Lennon kommt und geht nach Belieben. Er ist häufig auf Schiffsreise und ein unzuverlässiger Vater. Im Ausland wie in England landet er immer mal wieder wegen Randale und Trunkenheit im Gefängnis, beruflich geht es abwärts. Andererseits ist er sensibel und hoch emotional und möchte sich ernsthaft um seinen Sohn kümmern, doch um den streitet sich schon der Stanley-Schwestern-Clan, in dem männlicher Nachwuchs eine Seltenheit ist.

Wie Julia lebt Alf in einer neuen Partnerschaft und in einer neuen Wohnung. Der kleine John ist mal da, mal dort, mal bei Tante Mimi, mal bei anderen Schwestern Julias und seinen vielen Cousins und Cousinen in ländlicher Umgebung. Es kommt gar zu dramatischen Szenen, in denen der Junge vom Vater entführt und anschließend eine Woche lang über alle Maßen von ihm verwöhnt wird. »Ich verständigte Julia«, erinnert sich Mimi, »und sagte: ›Alf hat John mitgenommen.‹ Sie antwortete: ›Ich werde ihn finden.‹ Was ihr dann auch gelang.«

Am Ende dieser turbulenten Zeiten wird John im Juli 1946 von seinen Eltern aufgefordert, sich zwischen seinem Vater und seiner Mutter zu entscheiden. Natürlich will er beide, aber er bekommt weder Alf noch Julia, sondern geht definitiv und für mehr als zehn Jahre zur kinderlosen Tante Mimi und ihrem Mann George.

»Man stelle sich vor, sie hat den Fünfjährigen gefragt: ›Bei wem willst du bleiben?‹ Er wusste es nicht. Er hatte seine Mutter eine Weile nicht gesehen, und deshalb antwortete er: ›Bei Daddy.‹ Als er dann aber sah, dass sie gehen wollte, sagte er: ›Nein, nein, bei Mami.‹ Julia brachte ihn schließlich zu mir zurück«, erzählt Mimi dem Regisseur Andrew Solt bei seinen Recherchen für den Film »Imagine«.

Tante Mimi und Onkel George adoptieren schließlich gefühlsmäßig, aber nie amtlich den reizenden, fast sechsjährigen Buben, den »Nowhere Boy«, wie er im gleichnamigen britischen Kinofilm 2009 bezeichnet wird. Auf dem Papier bleiben Vater Alf sowie Julia, die in der Nachbarschaft lebt und mit ihrem gewissenhaften Bobby und den zwei gemeinsamen Töchtern zur familiären Ruhe kommt, bis zur Volljährigkeit des Jungen die Erziehungsberechtigten.

Obwohl beide Elternteile in seiner unmittelbaren Umgebung leben, verbringt der Junge die Grundschulzeit so, als wäre er Vollwaise. Aus der Familie, die seine sein sollte, sind zwei andere geworden, er lebt in einer dritten, und er muss das Beste daraus machen. Doch die Zerrüttung, die Zerbrechlichkeit von Familienstrukturen, der Egoismus von Vätern und Müttern, die Kinder zeugen, ohne zusammenzubleiben, ohne ein Familiennest zu bauen, und dann doch um diese

Kinder kämpfen und sie irgendwann frustriert verlassen, wird ihn sein Leben lang begleiten. Sei es bei der Scheidung von Cynthia und der Entfremdung von seinem ersten Sohn Julian, sei es bei der Suche nach Yokos Tochter Kyoko, sei es beim Versuch, in seinen letzten fünf Lebensjahren mit Yoko und seinem Sohn Sean zu Hause präsent zu sein, mit seinem Kind zu spielen, für ihn zu kochen, ja, er wechselt sogar Baby Seans Windeln, was für (Promi-)Väter damals einer Sensation gleichkommt. Wie fast immer in seinem Leben macht John Lennon auch in diesem Fall keine halben Sachen, sondern tauscht konsequent und radikal das Berufs- gegen das Privatleben ein.

Tante Mimi, eine ausgebildete Krankenschwester, versucht dreißig Jahre davor auch alles richtig zu machen, obwohl – oder gerade weil – sie die ständige Sorge begleitet, dass sowohl Alf als auch Julia Lennon jederzeit Anspruch auf ihren Sohn erheben könnten. Mimi Smith hat keine eigenen Kinder, aber Übung als Babysitter und Mutterverstärkung für ihre vier jüngeren Geschwister. Streng, ordentlich, pünktlich und hygienebewusst versucht sie nun ihrem Neffen einen festen Rahmen, ein Fundament, Sicherheit und Familienglück zu geben. Dazu gehört, dass der Kleine wie ein guterzogenes Kind aus der Mittelschicht spricht und sich den harten Akzent der städtischen Arbeiterklasse abgewöhnt. Zum Haushalt gehören auch zwei Katzen und die Hündin Sally. Hinzu kommt später eine weitere Katze, die dem achtjährigen John hinterherläuft und die er nach langem Betteln behalten darf, weil sich kein Besitzer meldet. Der Junge tauft sie Tim und fragt Mimi bis zum Tod der Perserkatze 20 Jahre später bei jedem Telefonat nach ihrem Befinden. Katzen begleiten den Musiker ein Leben lang, auch im Dakota Building in New York tummeln sich immer mehrere, um die er sich persönlich kümmert.

John Lennon kommt zwar aus zerrütteten Verhältnissen, aber die neuen äußeren Umstände erweisen sich ab 1946 als günstig für ihn. Die Doppelhaushälfte in Liverpools Vorort Woolton an der Menlove Avenue 251 gehört seit 1942 Mimi und George Smith, sie sind keine Mieter, sondern Hausbesitzer, was im Nachkriegsengland, wo gesellschaftliche Unterschiede viel feiner wahrgenommen werden als in Kontinentaleuropa, den Beatle einmal zu dem Kommentar verleitet: »Mein Tantchen besaß eine Doppelhaushälfte mit einem kleinen Garten. In der Nachbarschaft wohnten Ärzte, Anwälte und so ähnliche Leute – es war also keine arme Slumgegend, wie immer wieder behauptet wurde. Ich war ein netter, adretter Vorstadtjunge. In der gesellschaftlichen Hierarchie stand ich eine Sprosse über Paul, George und Ringo, die in staatlichen Sozialwohnungen aufwuchsen. Wir besaßen ein eigenes Haus und einen eigenen Garten. So etwas hatten sie nicht. Verglichen mit ihnen war ich geradezu ein feiner Pinkel.«

Ganz in der Nähe dieses nach dem Berg Mendips benannten Hauses liegt das Kinderheim der Heilsarmee von Woolton namens Strawberry Field, ein großes viktorianisches Gebäude mit einem ausgedehnten Park und Waldstück. Dort finden regelmäßig Sommerfeste statt, die Tante Mimi mit ihrem Neffen besucht. Strawberry Field befindet sich in der Beaconsfield Road, nur fünf Minuten zu Fuß von ihrem Zuhause in der Menlove Avenue. Als der Junge eine Abkürzung dahin findet, spielt er in Grundschultagen oft und gerne mit Freunden in der Anlage, sieht echte Waisenkinder, deren Schicksal er mit dem eigenen vergleicht, findet Trost in der Erkenntnis, dass es anderen viel schlimmer geht als ihm, und liebt es, sich auch alleine dorthin zurückzuziehen, um nachzudenken, zu träumen. Leider steht das im gotischen Stil erbaute Gebäude nicht mehr. Nur auf alten Schwarzweißfotos ist das Haus noch zu sehen und erinnert entfernt an das Dakota in New York: Einer Kathedrale nicht unähnlich, überragen über ein halbes Dutzend spitze Giebeldächer die mächtige Fassade mit säulenbestandenem Haupteingang.

1966 nimmt John Lennon die Erinnerung an das Strawberry-Field-Waisenhaus zum Anlass, einen seiner bekanntesten Songs über Einsamkeit und das Alleinsein-Wollen zu schreiben. Er setzt den Namen in die Mehrzahl, notiert in einer frühen Version, niemand liege auf seiner Wellenlänge und romantisiert es für die definitive Fassung, niemand sei auf seinem Baum. Melancholisch und verträumt, metaphorisch und surreal fordert er seine Hörer auf, ihm in seine unwirkliche Welt zu folgen.

Heute stehen Bäume, gestiftet von vielen Nationen, im von Yoko Ono initiierten Gedenkpark Strawberry Fields im Central Park. Millionen Besucher aus aller Welt erinnern sich jedes Jahr dort besonders intensiv an den Ausnahmekünstler. Und immer noch ist sein Baum entweder zu hoch oder zu niedrig.

> *Mit geschlossenen Augen zu leben ist leicht,*
> *alles misszuverstehen, was man sieht.*
> *Es wird schwierig, jemand zu sein. Aber das wird schon.*
> *Mir ist das nicht so wichtig.*
> *Lass mich dich mitnehmen.*
> *Denn ich gehe zu den Erdbeerfeldern.*

In »Strawberry Fields Forever« verstärkt John seine Wortakrobatik, denn *nichts ist wirklich. Always, no sometimes, think it's me, but, you know, I know when it's a dream.* Der Text und seine aufwändige musikalische Umsetzung bilden das erste und – wie manche Kritiker meinen – unübertroffene Beispiel psychedelischer Popmusik, begleitet von einem kongenialen Video mit Farbenspielen, rückwärtslaufenden Passagen (wie am Ende auch die Instrumente), mit Nahaufnahmen von Augenblicken (auch im wahrsten Sinne des Wortes) der sich in Wandlung befindlichen Fab Four, und im Mittelpunkt ein Upright-Piano, das nicht nur gespielt, sondern bemalt und bis zum Umfallen traktiert wird.

Die ersten Jahre bei Tante Mimi und Onkel George sind von Verlustängsten geprägt. Die Sorge, auch dieses Zuhause zu verlieren, ist groß, denn Erwachsene – so hat der Junge gelernt – sind unberechenbar. Verlustängste gepaart mit Eifersucht und Besitzansprüchen werden ihn sein ganzes Leben lang begleiten – später auch seinen Ehefrauen Cynthia und Yoko gegenüber. Das beginnt schon in den ersten Jahren bei Tante Mimi: »John benahm sich nie ungehobelt. Er hat mit jedem geredet. Wenn wir mit dem Bus in die Stadt fuhren, setzte er sich nie neben mich. Er saß immer oben. Ich setzte mich an die Tür, für den Fall, dass er rausrannte. Oft sah er zu mir runter und sagte: ›Hast du mich vergessen?‹ – ›Nein, ich hab dich nicht vergessen‹, antwortete ich dann immer«, erzählt Tante Mimi im Film »Imagine«, der 1989 in den Kinos zu sehen ist.

Tante Mimi erinnert sich an den aufgeweckten und begabten Grundschüler, der Kinderreime rasch auswendig kann und über seine eigenen Witze lacht. Er variiert Kinderlieder, erfindet neue und blüht sprachlich auf, als er zum ersten Mal Lewis Carrolls Nonsense-Sprache »Jabberwocky« hört. Von da an treibt er sein Leben lang Schabernack mit Redewendungen, einzelnen Wörtern und eigenen Neologismen. »John war ständig mit irgendetwas beschäftigt. Wenn er nicht malte, dann schrieb er Gedichte oder las. Er war eine Leseratte. Immer nur Bücher, Bücher, Bücher. (...)«

Solt filmt die über 80-jährige Mimi Smith in Nahaufnahme: eine vitale, gepflegte und entschlossene Frau, die mit viel Humor und einem rauchigen Lachen vom jungen John erzählt, der offenbar nie wusste, woher es kam, dass seine Tante meistens frühzeitig ahnte, wann er wieder eine Dummheit begehen wollte. Ohne einen Hauch von Scouse, dem Liverpudlian Akzent, den sie ihm ihr Leben lang vergeblich auszutreiben versuchte, berichtet sie, wie sich ihr Ziehsohn selbst in den Schlaf sang und eigene kleine Geschichten schrieb und illustrierte. Einige dieser Kladden sind noch erhalten und erzielen bei Versteigerungen immer wieder schwindelerregende Preise, die bei keinen anderen Auktionsobjekten ähnlicher Art erreicht werden.

Kein Output ohne Input: Zur Lieblingslektüre des Heranwachsenden gehören neben Lewis Carroll auch Richmal Cromptons 37-bändiger Zyklus um den elfjährigen Helden William Brown sowie zahlreiche Comics. Inspiration kommt zudem von verschiedenen Rundfunksendungen. All diese Erfahrungen bringt der Junge auch in den Alltag mit seinen Schulkameraden ein. Er führt mehrere Freunde an und entwickelt sich zunehmend vom braven, fleißigen und gewissenhaften Kind zum kleinen Rowdy, der kaum noch Hausaufgaben und Schule, dafür Streiche gegen alle Arten der Obrigkeit im Sinn hat. Es hagelt Schläge im Lehrerzimmer, denn damals ist körperliche Bestrafung noch an der Tagesordnung, was teilweise auch seine Neigung zu (Gegen-)Gewalt erklärt. Zudem übt er sich mit Erfolg bei kleineren Ladendiebstählen und wird nie erwischt.

Tante Mimi weiß nichts von diesen Eskapaden und kämpft unverzagt für eine perfekte Erziehung. Sie sorgt für absolute Verlässlichkeit in den zehn Jahren, in denen der Junge ständig bei ihr lebt. Sie verlässt nie das Haus, nachdem der kleine John – in den Anfangsjahren meistens mit einem Teddy unter dem einen und einem Panda unter dem anderen Arm – eingeschlafen ist. Im Flur lässt sie das Licht brennen, damit ihr Neffe weiß, dass sie jederzeit da ist. »Wenn ich böse mit ihm war, sagte John immer: ›Eines Tages bin ich berühmt, dann wird es dir leidtun.‹ Er war damals gerade dreizehn, und ich sagte: ›Ja, sicher, aber bis es so weit ist, marsch ins Bett.‹«

Mimi tut alles, um die Fehler ihrer jüngeren Schwester Julia auszugleichen. Zudem ist John gleichsam ihr Wunschkind, das sie nie hatte und das Julia nicht so richtig wollte. Auch für Onkel George ist sein Neffe ein Geschenk. Die lebenslange Zeitungsleidenschaft entsteht mit seinem Onkel, der regelmäßig mit dem ABC-Schützen das Lokalblatt nach geeigneten Überschriften durchblättert. Später durchforstet Lennon die Zeitung nach geeigneten Textzeilen für seine Songs und wird oft fündig.

Mit sieben Jahren wird die Kurzsichtigkeit offiziell konstatiert, und John Lennon bekommt seine erste Brille, ein kostenloses Kassengestell, das er ablehnt, woraufhin ihm Tante Mimi auf eigene Kosten eine passgenaue kauft, die er trotzdem ungern aufsetzt. Der Versuch, ohne Brille durchs Leben zu kommen, führt zu unzähligen komischen Situationen und Ungeschicklichkeiten, wird in späten Teenagerjahren nur kurz dank Vorbild Buddy Holly mit seiner dicken Hornbrille unterbrochen und findet erst 1967 ein Ende, als er in Richard Lesters Antikriegsfilm »How I Won The War« mitspielt, wo er als Soldat Gripweed eine runde Brille aufhat, und sie seither kaum noch absetzt. Was zu Beginn der Karriere hinderlich ist, entwickelt sich zum Markenzeichen. Aus Schwächen werden Stärken – das betrifft viele weitere Eigenschaften John Lennons, wie den Umgang mit dem eigenen Körper, mit Essen, mit Drogen oder sein Umgang mit Frauen und vor allem sein Verhältnis zur eigenen Kindheit.

Die Grundschule schließt John Lennon mit guten Noten ab, zur Belohnung bekommt er ein Raleigh »Leonton« Fahrrad und besucht künftig die von seiner Tante für ihn ausgesuchte Quarry Bank High School in der Harthill Road, die von der Menlove Avenue leicht mit dem neuen Fahrrad erreichbar ist; das lateinische Motto der Schule lautet »Ex hoc Metallo Virtutem – aus diesem Eisen wird Tugend geschmiedet«. Doch bei Lennon greift der Spruch nicht, das Gegenteil ist der Fall. Die Vernunft und Angepasstheit an Tante Mimis strenges Regime wandelt sich allmählich in ein subversives Verhalten und konsequenten Ungehorsam. Dem elitären Schulsystem will er sich nicht unterordnen, stattdessen rebelliert er mit blühendem Unsinn, mit schlimmen Streichen und absurden Taten. Er sucht sich wie schon in der Grundschule einen guten Freund, mit dem er durch dick und dünn geht. Und er gründet eine Gang: »Ich war aggressiv, weil ich anerkannt sein wollte. Ich wollte der Anführer sein. Das schien mir attraktiver als irgendeiner dieser feinen Pinkel zu sein. Ich wollte, dass jeder das tat, was ich ihm sagte, dass man über meine Witze lachte und mich als Boss anerkannte.« Diese Eigenschaft bleibt ihm bis zuletzt erhalten. Wenn er anderen den Vortritt lässt, ihnen Anerkennung, Bewunderung oder Zuneigung erweist, dann immer im Bewusstsein, dass im Ernstfall er der Boss ist. Ein cholerischer oder gar gewalttätiger Anfall, und seine Partner, egal ob Paul, Brian, Cynthia oder Yoko ducken sich und kuschen. Seine Autorität hat ein enormes Ausmaß, allein seine sonore Sprechstimme schüchtert sein Gegenüber ein. John Lennon kann seinen messerscharfen Verstand, seine geschickte Wortwahl und seinen inhärenten Urzorn – nicht zuletzt gespeist durch die in der Kindheit erfahrenen Zerwürfnisse – ebenso blitzartig aktivieren wie seinen Charme und seinen Witz und damit auf diese oder jene Weise Probleme beseitigen und seinen Willen durchsetzen.

»Irgendetwas stimmte nicht mit mir, denn ich schien Dinge zu sehen, die andere Leute nicht sahen. Das Problem hatte ich mit zwölf, aber auch schon mit fünf. Als Kind sagte ich oft: ›Aber genau so ist es.‹ Und alle sahen mich an, als sei ich übergeschnappt. Deshalb habe ich immer an mir selbst gezweifelt. Bin ich verrückt oder ein Genie? Ich wusste immer, dass ich es schaffen würde, ich war mir nur nicht sicher, als was. Ich las regelmäßig Buchbesprechungen, Kunst- und Musikkritiken, noch bevor ich etwas herausgebracht hatte. Und irgendwie erwartete ich immer, meinen Namen in einer Kritik zu entdecken, obwohl ich weder ein Buch noch einen Song geschrieben hatte. Ich hoffte, meinen Namen in der Zeitung zu lesen und berühmt zu werden. Ich wusste, dass es nur eine Frage der Zeit war.«

Eine Weile kokettiert der 16-Jährige Mitte der 1950er Jahre mit der äußerst populären Teddy-Mode: knielanger Mantel, Röhrenhose, Schuhe mit dicken Sohlen. Die »Teddy-Boys« (Teddy kommt von Edward, weil der Stil an die Zeiten King Edwards erinnert) stammen vor allem aus der Arbeiterschicht. Lennonisten streiten sich heute noch, ob ihr Idol in jenen Jahren als Teddy auftrat oder nicht. Manches spricht dafür, dagegen spricht seine Ehrfurcht, ja Angst vor richtig schweren Teddy-Jungs aus dem Hafenviertel. Vorprogrammiertem Ärger geht John Lennon geschickt aus dem Weg, doch gegen Schicksalsschläge anderer Art ist er machtlos. Der Junge ist erst 14, als Onkel George plötzlich stirbt: »John war zu der Zeit in Schottland. Als er nach Hause kam, sagte er ›Hallo Mimi, hallohallo‹. Er küsste uns immer ab. In der einen Hand hatte er ein Geschenk für mich, in der anderen eines für George. Und dann fragte er: ›Wo ist Onkel George?‹ Ich saß wie versteinert in meinem Sessel und sagte: ›John, Onkel George ist tot.‹ Er wurde totenbleich und ging ohne ein Wort nach oben. Er hat nie wieder darüber gesprochen.«

Für diesen und jeden folgenden Schmerz findet John Lennon sein Ventil: Musik, Kunst und Provokation. Er schreibt den »Daily Howl«, comicartige Bilder, Karikaturen mit witzigen Texten; er verstärkt seine Streiche an der Schule und entdeckt die Macht der Musik, denn Elvis Presley erobert gerade die Welt. »Zu der Zeit, als der Rock'n'Roll nach Großbritannien kam – ich war damals um die 15, es muss also 1955 gewesen sein –, war Skiffle eine ganz große Sache. Skiffle ist eine Art amerikanische Folk Music mit Waschbrett, da ging's immer jing-jinga-jing-jinga. Alle Kids von 15 aufwärts hatten eine solche Gruppe. Ich gründete eine an unserer Schule. Dann traf ich Paul. Wir lernten uns an dem Tag kennen, als ich zum ersten Mal ›Be-Bop-A-Lula‹ live auf der Bühne spielte. Nach dem Auftritt unterhielten wir uns. Ich merkte, dass er Talent hatte. Er spielte hinter der Bühne Gitarre – ›Twenty

Flight Rock‹ von Eddie Cochran. Schon bei dieser ersten Begegnung habe ich ihn gefragt: ›Willst du bei uns einsteigen?‹ Ich glaube, er hat am nächsten Tag zugesagt. George kam über Paul in die Gruppe. Paul war der Einzige, den ich mir selbst als Partner ausgesucht habe. Paul und später Yoko. Keine schlechte Wahl, oder? Ich dachte nie daran, die Musik zu meinem Leben zu machen, bis mich der Rock'n'Roll packte. Ich sah Elvis und dachte: Cool. Du verdienst Geld und kriegst die Mädchen. Das hat mein Leben verändert«, erzählt John in seinem allerletzten Interview am 8. Dezember 1980 nachmittags dem Journalisten Dave Sholin für das KFRC RKO Radio. Schon früher variiert er diese Aussage, am beeindruckendsten im April 1975 in der »Tomorrow Show«, als er von Tom Snyder interviewt wird: »Als wir noch in Liverpool waren, schaute ich mir diese Filme an mit Elvis oder anderen. Da standen alle vor dem Kino und warteten auf ihn. Und ich wartete auch auf ihn. Und als er dann auf der Leinwand erschien, schrien sie alle. Also dachte ich: ›Das ist ein guter Job.‹« Lennon, glattrasiert, im weißen Sakko, leger aufgeknöpftes Hemd, ein locker sitzender, schlecht geknoteter braun-beiger Schal, das Haar schulterlang in Mittelscheitel-Frisur, die Brille mit Silbergestell, hebt kurz den Zeigefinger und sagt: »That's a good job.« Lacher im Publikum, er presst die Lippen aufeinander, macht eine Pause und unterdrückt selbst ein Lachen. Kein Wunder: Sein Album »Walls and Bridges« ist gerade in den internationalen Charts, allein in den USA 35 Wochen lang. Die Single-Auskoppelung »Whatever Gets You Thru' The Night« gelangt als erste und einzige Solo-Single zu seinen Lebzeiten in Amerika auf Platz eins.

Den ersten Weg zur ersten Nr. 1 ebnete die erste Mundharmonika, die er mit acht Jahren zu spielen beginnt, nachdem ein Pensionsgast bei Tante Mimi sein Talent entdeckt hat. Mit einer chromatischen Harmonika und einem Heft zum Selbststudium lernt er Dutzende von Liedern, englische Folksongs ebenso wie moderne Schlager. Doch Mimi Smith sieht diese Entwicklung mit Sorge: »Damit fangen wir gar nicht erst an, John. Ein Klavier kommt mir nicht ins Haus«, lehnt sie den Wunsch nach mehr Instrumenten ab.

Obwohl die Tante ihm später eine Gitarre schenkt – nicht die erste, die bekommt er von seiner Mutter –, zieht sich ihr Misstrauen gegen Musik wie ein roter Faden durch die Jugend des Jungen. Mimi Smith empfindet auch seine Zeichnungen und Gedichte als Zeitverschwendung, und je heftiger sie sich gegen Teddy-Look und Rock'n'Roll wehrt, desto attraktiver wird diese Gegenkultur für ihren Neffen. Zudem ist das ein Grund, wieder verstärkt den Kontakt zu seiner Mutter zu suchen. Dort ist alles nicht so ordentlich und sauber wie bei der pingeligen Tante. Julia Lennon spielt Banjo, bringt ihrem Sohn die ersten Akkorde bei, ist begeistert von der mitreißenden Musik Fats Dominos und Elvis Presleys, tauft eine ihrer Katzen Elvis, hört sich gerne die neuen wilden Songs im Radio an und tanzt dazu; in ihrem Haus pulsiert das musikalische Blut, das John sich wünscht und das ihn weiterbringt. Julia schenkt ihm schwarze Röhrenjeans, einen Regenmantel mit gepolsterten Schultern und ein buntes Hemd: Rock'n'Roll-Mode, die der Teenager vor seiner Tante verstecken muss.

Mit den von John Lennon gegründeten Quarrymen, benannt nach seiner Schule, kommt es zu mehreren Auftritten. Später heißt seine Band für kurze Zeit »Johnny and the Moondogs«, noch später »John and the Silver Beetles«, »The Silver Beetles« (die silbernen Käfer), nur »Silver Beats« oder »The Beetles« oder »The Beatals« (»beat all« – wir schlagen sie alle). Schließlich empfiehlt – hier teilen sich die Meinungen der Beatles-Forscher – »der Mann auf dem flammenden Kuchen« (»the man on the flaming pie«), der mit John Lennon befreundete Autor Royston Ellis, in der letzten Version des Bandnamens das zweite »e« in ein »a« zu verändern, aber ohne Wettbewerbsgedanken, daher nicht mit der Endung »als« sondern wieder »les«. Damit hält man Abstand von den

Crickets, der Band Buddy Hollys, und von Marlon Brando, der im Film »Der Wilde« Anführer eine Gang namens »The Beetles« ist und weckt stattdessen Assoziationen zum Beat, zum Schlag, also zur Beatmusik und zu den Beatniks, den Autoren und ihren Werken. Untersuchungen zur Namensfindung der Beatles füllen ganze Ordner. Als Paul McCartney 1996 den Song »Flaming Pie« aufnimmt, gewinnt die Ellis-Version an Glaubwürdigkeit, zumal Royston Ellis die WG-Bewohner in London 1959 gerne bekocht und einmal einen Kuchen so stark anbrennen lässt, dass er im Ofen Feuer fängt. John Lennon selbst zieht die Verbindungslinie in seinem ersten Artikel »On The Dubious Origins Of Beatles, Translated From The John Lennon« für die erste Ausgabe vom 6. Juli 1961 der Zeitung »Mersey Beat«, in dem er in seinem sich hier schon abzeichnenden Jabberwocky-Stil von einer Vision erzählt, in der ihm »ein Mann auf dem flammenden Kuchen« den definitiven Beatles-Namen bringt. Aber bis zur Verwandlung dieser Beatles in die Fab Four muss noch viel geschehen, auch wenn die Grundlage, die wilde Entschlossenheit, als Musiker erfolgreich zu sein, vorhanden ist. Quarrymen-Begleitmusiker Rod Davis erinnert sich: »John bearbeitete seine Gitarre dermaßen hart, dass ihm immer wieder mal eine Saite riss. Dann reichte er sie mir, nahm mein Banjo und spielte weiter, während ich für ihn die neue Saite aufzog.«

Zur Basis für den späteren Erfolg gehört auch Lennons Instinkt, sein zielgerichtetes Management. Der Boss stellt rückblickend seine Überlegungen bei der Erweiterung der Quarrymen durch McCartney als Win-Win-Situation dar: »Ich dachte für mich: ›Der ist so gut wie ich.‹ Ich war bis dahin der Chef gewesen. Und jetzt überlegte ich: ›Was wird wohl passieren, wenn ich ihn aufnehme?‹ Die Frage lautete, ob ich meine leitende Position behalten oder die Gruppe insgesamt stärker machen wollte«, erklärt er im Interview mit dem »Rolling-Stone«-Herausgeber Jann Wenner im Dezember 1970.

Paul McCartney schlägt bald darauf seinen Freund George Harrison als Sologitarristen für die Band vor. Seit dem Sommer 1957 besteht das Ur-Trio der Beatles zwar noch unter dem Namen »Quarrymen« und mit wechselnden Schlagzeugern, Bassisten und weiteren Gastmusikern, doch John, Paul und George gehen fortan gemeinsame Wege und erobern musikalisch die Welt.

John Lennon singt mit seiner hohen schneidenden Stimme die fetzigen Hits aus Übersee. Er steht breitbeinig, im Rhythmus leicht wippend und etwas vornübergebeugt, ohne Brille und kurzsichtig, wie er ist, mit zu Schlitzen verengten Augen – weswegen er manche Konzertbesucher an einen Japaner erinnert – vor den anderen Musikern in der Mitte der Bühne. So wirkt er aufreizend und aggressiv. In erster Linie will er sein Publikum sehen und die Wirkung prüfen, die er auf es hat. »Ich hatte immer eine Bande, ich war immer der Boss, und die Beatles wurden eben meine neue Bande. Ich hatte immer eine Gruppe von drei oder vier Kumpels um mich, die verschiedene Rollen in meinem Leben spielten, Helfer, Untergebene, und ich war der Leithammel. Ich war derjenige, über den die Eltern der anderen Jungs sagten, auch Pauls Vater: ›Halt dich bloß von dem fern.‹ Die Eltern spürten instinktiv, dass von mir Ärger zu erwarten war. Im Gymnasium war ich ein echter Versager. Deshalb legte mir der Schulleiter nahe, an die Kunstschule zu wechseln. Er beteuerte: ›Wenn John da nicht hingeht, kann er gleich einpacken.‹ Er arrangierte es, dass ich auf die Kunstschule kam. Fünf Jahre war ich dort und habe wieder versagt. Aber ich habe einen ausgeprägten Sinn für Humor entwickelt, habe einige starke Leute kennengelernt und hatte viel zu lachen.«

»Ich bin hier, um allen das Licht zu zeigen«

Selbstfindung zwischen Ehrgeiz, Zweifel und Größenwahn

Glücklich all diejenigen, die mit ihm lachen dürfen. Dazu gehören ab 1957 seine spätere Frau Cynthia und ab 1960 sein Freund Klaus Voormann. Yoko Ono trifft erst 1966 erstmals mit John zusammen, aber niemand beschreibt so einfühlsam wie die verliebte Japanerin die Wirkung seiner Präsenz: »Er war ein viel attraktiverer Mann als derjenige, den man von Fotos oder von Filmen her kennt. Seine Haut war sehr glatt, zart und weich, sein Haar seidig und rötlich-blond: Wenn das Licht auf bestimmte Art darauf fiel, schimmerte es wirklich rot. Ich neckte ihn und sagte: ›Du bist ein Rotschopf!‹ Er erwiderte: ›Niemals!‹ Aber die Art, wie er lachte, machte deutlich, dass er das nicht zum ersten Mal hörte. Als er sich den Bart wachsen ließ, war er unübersehbar vorwiegend rot. John hatte drei kleine, aber deutliche Muttermale in der Mitte seiner breiten Stirn. Das erste war oben am Haaransatz, das letzte gut sichtbar da, wo sich ›das dritte Auge‹ befindet.

Von Buddha sagt man, er habe ein Muttermal in der Mitte der Stirn gehabt. In der orientalischen Lehre gilt das als ein Zeichen großer Weisheit. Ich sah in Johns wohlgeformtem, länglichem und klar konturiertem Gesicht Ähnlichkeiten mit einer Kabuki-Maske. Es war ein Gesicht, wie man es in Shakespeare-Stücken erwarten könnte. John bewegte seinen Körper mit einer bestimmten Leichtigkeit, die seinen Gesten etwas Würdevolles verlieh. Er war noch keine dreißig Jahre alt, als ich ihn traf. Ich war acht Jahre älter. Aber ich empfand ihn nie als jünger. Wenn man in seiner Nähe war, spürte man eine starke geistige Präsenz, die von ihm ausging, die zu gewichtig für einen jungen Menschen zu sein schien. Manche Menschen werden alt geboren. Das war John«, schreibt Yoko Ono 1998 in der Einleitung des Begleitbuches zur vier CDs umfassenden »John Lennon Anthology«, auf der bis dahin unveröffentlichte Aufnahmen zu hören sind.

Die mit John Lennon lachen dürfen, strahlen ihrerseits Besonderheiten aus. Meine Begegnungen mit Cynthia Lennon und Klaus Voormann sind geprägt von einmaligen Auftakt-Impressionen. Bei Cynthia bleibt die sich augenblicklich einstellende umsorgende und mütterliche Art nachhaltig in Erinnerung. Das hat mit ihren sanften Gesichtszügen, der entsprechend nachfragenden und fürsorglichen Mimik und ihrer weichen Stimme zu tun. Bei Klaus ist es die Unkompliziertheit und die ad hoc hergestellte Herzlichkeit schon beim allerersten Willkommensgruß, als er an einem heißen Sommertag den Kopf aus seinem Atelierfenster streckt und »Komm rauf!« ruft.

For goodness sake, I've got the hippy hippy shakes! Als der junge Berliner im so nicht mehr existierenden Hamburger Kellerloch namens »Kaiserkeller« die Liverpooler zum ersten Mal sieht, fällt er beinahe vom Hocker. Er ist sofort infiziert, diese Musik, diese Band und diese Menschen sind fortan sein Leben. Betrunken macht er mit dem Bandleader die Reeperbahn unsicher, oder sie ihn. Die beiden trinken

51

in einer Samstagnacht bis zum Umfallen, bleiben aber dank Preludin-Tabletten aufgedreht und torkeln noch weiter in den Sonntagmittag hinein durch St.-Pauli. Als sie sich in einem Pornoclub vor Lachen kugeln, statt den Ladenbesitzer zu bereichern, schmeißt er sie hinaus, woraufhin John auf der Straße liegend Klaus prustend zu erklären versucht, warum sein deutscher Kumpel so weich liegt. »Meine sanfte Landung war kein Wunder, sondern der fette Hintern einer Prostituierten. Seit dieser Hamburger Nacht war klar, dass ich Johns Freund sein würde bis zum bitteren Ende.« Klaus Voormann entwickelt zu allen vier Beatles tiefe und gute Beziehungen, die zu Paul McCartney und Ringo Starr bestehen bis heute weiter. Aber die Verbindung zu John Lennon ist besonders eng, was auch durch die intensive musikalische Zusammenarbeit nach dem Ende der Beatles gefördert wird, wie Voormann in seinem Buch »Warum spielst du ›Imagine‹ nicht auf dem weißen Klavier, John?« betont. »John wird oft als Rebell beschrieben, als ein Mensch, der gern provozierte und sich mit Sarkasmus wehrte. In der Tat genoss er dieses Image, aber es war auch eine Fassade. John war ein hochsensibler, leicht verletzbarer Mensch. Sein Sinn fürs Groteske, seine Ironie, seine Angriffslust waren Ausdruck seiner aufschreienden Seele. Seine Hilflosigkeit veranlasste ihn zu diesen scheinbaren Ausrutschern, zum Nachäffen von Behinderten. Böse gemeint war das nie. Je berühmter John wurde, umso mehr verschwand dieses ohnmächtige Gefühl in ihm, und er wandelte sich vom sarkastischen Rebell zum Friedensbotschafter.«

Ähnlich empfindet Cynthia Lennon: »Als ich John zum ersten Mal traf, dachte ich – ein grässlicher Kerl. Seine Arbeiten auf der Kunstschule waren innovativ – total anders als die der anderen. Ich war eine Kunststudentin, die sich an die Regeln hielt. John dagegen wollte mit allen Regeln brechen. Deshalb war er so eigenwillig und unausstehlich. John verbreitete Angst um sich. Durch sein Benehmen schüchterte er

Leute ein, anfangs auch mich. Er war ein Schläger und überhaupt nicht der Typ, mit dem ich anbandeln wollte. Aber er hatte etwas Geheimnisvolles an sich, dem man nicht widerstehen konnte. Er lief damals immer ohne Brille rum, weil es in Liverpool von Schlägern nur so wimmelte. Die hatten es besonders auf Brillenträger abgesehen. Und weil er nichts sehen konnte, dachte er, er wird angegriffen. Deshalb war er immer im Laufschritt unterwegs.«

Cynthia Lennon kommt 2005 anlässlich des Erscheinens ihrer Biographie »John« nach München. Wir treffen uns in einem ruhigen Restaurant zum Lunch. Die Pressedame setzt sich weit weg und lässt uns reden. Cynthia Lennon ist mollig, weich und zart und hat eine sanfte Stimme. Sie strahlt etwas Gequältes aus und wirkt doch so, als wüsste sie sehr wohl, wie man das Leben genießt. Wir trinken einen Wein zum Essen, sie lacht viel und versucht mir über das Buch hinaus, ihren John näherzubringen. Nie bin ich einer mütterlicher wirkenden Frau begegnet. Mit dieser herzlichen Aura muss sie schon ihren Exmann in Watte gebettet haben; mit dieser Geduld und Empathie hat sie versucht, seine vielen Wunden zu heilen. Cynthia und John – Gegensätze, die sich anziehen.

»Obwohl er aus der Mittelschicht kam, zog er sich wie ein Halbstarker an: die Haare mit Pomade zurückgekämmt, keine Brille, eine Gitarre über der Schulter, und ein Blick der sagte: ›Töten.‹ Ich glaube, als er seine Mutter verlor – sie starb ein Jahr, bevor ich ihn kennenlernte –, brach für ihn eine Welt zusammen, und damit hatte er zu kämpfen. Er war eine Mischung aus Krieg und Frieden. Es gab viele Kämpfe. Aber schließlich setzte sich der Frieden durch«, beteuert Cynthia in unserem Gespräch im Dezember 2005 im Restaurant des Hotels Le Méridien in München. In der Tat: Von den Schlägen, die John als Schüler in Liverpool von seinen Lehrern bekommt, über die Schläge, die er als Jugendlicher austeilt, und dem Hin- und Hergerissensein zwischen Frieden und Gewalt im vieldiskutierten Song »Revolution«

(*you can count me out/in*) bis hin zum Bekenntnis zur Gewaltfreiheit beim Kampf für den Frieden, beginnend mit dem
Bed-in in Amsterdam, reicht der Entwicklungsbogen. Beim
gemeinsamen Espresso denke ich, dass Cynthia für John ein
Glücksfall war, sie hat ihn in die richtige Richtung gelenkt.
Und Yoko hat Johns Einsatz für den Frieden mit ihren Mitteln weitergezogen.

Im Sommer 1957 kommt der Film »The Girl Can't Help
It« in die Liverpooler Kinos. John Lennons Rock'n'Roll-Idole
sorgen für den Soundtrack: Little Richard, Eddie Cochran,
Gene Vincent – er sieht sie jetzt nicht mehr als weit entfernte
Sterne am Künstlerhimmel, sondern als Wegbereiter für seine künftige Karriere, denn sein Selbstbewusstsein steigt mit
jedem Gig. Nicht mehr unerreichbar erscheinen ihm auch
die Everly Brothers und sogar Elvis, obwohl er die Tendenz
des Kings zu Schnulzen skeptisch beobachtet. Der Beatle
pickt sich aus der Masse an Hitproduzenten die Musiker als
Vorbilder und Inspirationsquellen heraus, die heute noch
durch besondere Originalität in Erinnerung bleiben. Zu ihnen gehören auch die unterschätzten Larry Williams (»Short
Fat Fannie«, »Bony Moronie«, »Dizzy Miss Lizzy«), Lloyd Price
(»Just Because«) oder Richie Barrett (»Some Other Guy« mit
einem Intro, das Lennon zehn Jahre später zur Einleitung für
»Instant Karma« nutzen wird).

Yoko Ono veröffentlicht posthum 1986 ein Album mit
einigen Rock'n'Roll-Songs und Alternativ-Versionen zum
»Mind-Games«-Album, die Lennon für zweitklassig hielt. Sie
nennt die Platte »Menlove Ave.« und begründet es mit seinen
amerikanischen Rock-Wurzeln, die dort bei Mimi Smith gegen deren Willen entstanden sind. »Was ich in Johns Stimme
höre, sind auch die anderen Wurzeln, die des Jungen, der in
Liverpool aufgewachsen ist.« Eine Hommage an diese verwir-
renden Zeiten des Übergangs vom Covern von Klassikern hin
zum eigenen Please-Please-Me-Mersey-Sound komponiert
John Lennon mit dem Song »Rock And Roll People«, den er

aber zu Lebzeiten nicht selbst veröffentlicht, sondern seinem Freund Johnny Winter überlässt, der seine Sache auf dem Album »John Dawson Winter III« von 1974 sehr gut macht. Der schielende Albino-Junkie mit den flinken Fingern und der Raspel-Stimme nutzt die Chance und die Ehre, eröffnet eine seiner besten Scheiben mit dem Stück und posiert selbstbewusst im Smoking mit übergroßer Samtfliege auf dem Cover. *Ja, wir sind Rock'n'Roller, geboren, um die News herauszupicken. Ja, wir sind Rock'n'Roll-Menschen, ich könnte es nicht ändern, selbst wenn ich wollte ... Mein Vater war eine Mutter, meine Mutter war ein Sohn, mach mir doch nichts vor. Wir waren alle mal 21,* heißt es in »Rock And Roll People«.

Von der übersprudelnden Kreativität des Songwriters profitieren einige Kollegen, John Lennon gibt mehrfach seine Kompositionen weg. Meistens passen die Stücke gerade nicht in sein aktuelles Konzept und stattdessen umso besser in das von Freunden. Das vielsagende »I'm The Greatest« beispielsweise überlässt er Ringo Starr für dessen bis heute bestverkauftes Album »Ringo« von 1973. Er nimmt wie »Rock And Roll People« auch diesen Song auf, und es gibt eine gute Studio-Fassung davon, aber sie dient nur dazu, Kumpel Ringo die Richtung zu zeigen, der »I'm The Greatest« dann auch hervorragend umsetzt. Auf »Ringo« sind die Beatles virtuell wiedervereinigt, nebst John singen und musizieren auch Paul und George in verschiedenen Liedern, und alle vier steuern Kompositionen bei. »I'm The Greatest« fällt die Ehre des Eröffnungsliedes zu: *Als ich ein kleiner Junge war, damals in Liverpool, sagte mir meine Mutter, ich sei großartig. Als ich dann ein Teenager war, war mir klar, dass ich etwas draufhatte, alle meine Freunde sagten, ich sei großartig. Und jetzt bin ich ein Mann. Eine Frau nahm mich bei der Hand. Und du weißt, was sie mir sagte – ich sei großartig. Ich war in der größten Show der Welt. Nur so nebenbei. Jetzt bin ich erst 32 und alles, was ich will, ist boogaloo. Ich schaute in den Spiegel, sah meine Frau und die Kinder. Und du weißt, was sie mir sagten – ich sei groß-*

artig. Ja, mein Name ist Billy Shears ... Ich bin der Größte, das kannst du mir glauben, Baby.

Sein erstes Geschenk dieser Art macht John Lennon 1960 dem Sänger Johnny Gentle, den die Beatals bei ihrer ersten und nur zwei Wochen dauernden Tournee durch Nordengland begleiten. Die Reise verläuft chaotisch, unter schlechtesten Bedingungen und mit minimaler Publikumsresonanz. Manche Konzerte werden deshalb abgesagt. Die Absteigen sind so schäbig, dass die Musiker öfter lieber im Tourbus übernachten, der dann am Ende noch in einen Unfall verwickelt wird. Zum Glück wird niemand ernsthaft verletzt, aber es grenzt an ein Wunder, dass sich die Beatals nach dieser fast traumatischen Erfahrung immer wieder auf so schlecht organisierte Touren begeben.

Johnny Gentle arbeitet während dieser Konzertreise an einem eigenen Song im Buddy-Holly-Stil. Lennon hört ihn hinter der Bühne proben und kritisiert den Mittelteil. Er bietet ihm dafür die eigenen Verse: *We know that we'll get by. Just wait and see. Just like the songs tell us, the best things in life are free.* Dieser Text passt fabelhaft und erscheint kurz danach in mehreren Interpretationen von »I've Just Fallen«, noch bevor John Lennon seinen ersten eigenen Song professionell aufnimmt.

Beim folgenreichsten Geschenk dieser Art ist Lennon erst 23 Jahre alt, hat aber bereits drei Nr. 1 Hits in den englischen Charts, ist also schon ein britischer Superstar und möchte einer noch unbekannten Band unter die Arme greifen, die bislang erst eine erfolglose Single, eine Chuck-Berry-Cover-Version von »Come On« veröffentlicht hat.

Während jedes London-Aufenthalts und auch noch als die frischgebackenen Fab Four bereits ihr Domizil dort aufgeschlagen haben, besuchen sie meist gemeinsam und mit weiteren Freunden Konzerte junger Bands. Die Rolling Stones sehen sie zum ersten Mal 1963 im Crawdaddy Club. Lennon ist fasziniert von der Ausstrahlung der Band, von Brian Jones' musikalischem Können und Mick Jaggers instrumentenfreier Frontman-Aura. Auch Paul und die anderen sind überzeugt von den Qualitäten der Rolling Stones, freunden sich mit ihnen an und überlassen schließlich Mick Jagger und Keith Richards den Song »I Wanna Be Your Man«, der zum ersten Top-Ten-Erfolg der späteren großen Rivalen wird. Mick und Keith kopieren bald die Lennon-McCartney-Methode und komponieren immer mehr eigene Songs im Duo.

Nach außen hin versammeln die Beatles und die Stones vor allem in Europa verschiedene Fangemeinden um sich, die sich manchmal gegenseitig verachten. Das Phänomen »entweder Beatles oder Stones« existiert jedoch in England und in den USA nicht, man darf dort Fan beider Bands sein. John Lennon hält bis zuletzt Kontakt vor allem zu Mick und Bianca Jagger, tritt mehrfach gemeinsam mit ihnen in der Öffentlichkeit auf, und es gibt auch gemeinsame Aufnahmen. Herausragend ist der Auftritt des Beatles im »Rock and Roll Circus« 1968, als er nach einem Dialog mit Mick Jagger gemeinsam mit Eric Clapton, Keith Richards und Mitch Mitchell den »Yer Blues« singt. Lennon nennt die Gruppierung in Anspielung auf Fleetwood Mac »The Dirty Mac«, eine Band, die nur für diesen einen Gig existiert. »Rock And Roll People« wäre der ideale Song für den »Rock and Roll Circus« und The Dirty Mac gewesen, aber er komponiert den Song erst fünf Jahre später.

Für das Album »Mind Games« ist »Rock And Roll People« zu hart, die Stimmung in Lennons letzten Teenagerjahren und in seinen beginnenden Twenties trifft das Stück jedoch genau. Wie später nach dem Beatles-Bruch seine Aktionen in unheimlichem Tempo aufeinanderfolgen, so dass vieles intuitiv und unreflektiert geschieht, so stürzt sich John Lennon beim Wechsel von der Menlove Avenue ins Zentrum von Liverpool in viel Alkohol, Sex und Rock'n'Roll. Nach den ersten Skiffle-Versuchen, nach geschwänzten Schulstunden, um mit Paul zu komponieren, zu schreiben und

Scherze zu treiben, beginnt das große Abenteuer seines Lebens, des Erwachsen- und Berühmtwerdens. Dabei weist er alle Vorsichtsmaßnahmen zurück. Ein Dozent der Kunstakademie, an der er sich im September 1957 einschreibt, stellt fest, man habe bei diesem Studenten vergessen, eine Bremse einzubauen. John Lennon gibt Vollgas und rast in hohem Tempo weiter bis 1975. Er riskiert dabei mehrfach seinen guten Ruf und vollkommenes Scheitern. Aber was ihn nicht umhaut, macht ihn stärker. Und exakt das passiert von 1957 bis 1967: Er wird selbstbewusster, erfahrener und geschickter. Seine ihm innewohnende Gewaltbereitschaft und Rücksichtslosigkeit setzt er ein, um selbst voranzukommen, ohne jeweils genau zu wissen, wie und wohin. Als Motto und Leitplanke dient ein kleiner Dialog zwischen den Jungs aus Liverpool auf dem harten Weg zu den späteren Fab Four, aber auch danach auf dem Gipfel des Erfolgs, wenn sich die Sorge vor dem Rückfall in die Bedeutungslosigkeit breitmacht, der viele vor ihnen und viele nach ihnen ereilt. John fragt, und die anderen drei erwidern im Chor:

»Wo wollen wir hin, Leute?«

»An die Spitze, Johnny!«

»Und wohin genau, Jungs?«

»An die Spitze der Spitze der Popmusik!«

»Genau!«

Der Dialog stammt aus dem Hollywood-Musical »The Band Wagon« von 1953, mit Fred Astaire: »Where are you going, fellas? To the top, Johnny! And where's that? To the toppermost of the poppermost, Johnny!«

Noch als Solokünstler plagen ihn vor allem in der Entstehungsphase der Songs Zweifel, ob sie gut genug sind. Mit der Wahl des Produzenten für »Double Fantasy« lässt sich Lennon viel Zeit. Er bittet schließlich Jack Douglas, seine Stimme mit viel Hall aufzunehmen, aus Sorge, ohne Verfremdung nach fünfjähriger Showbusiness-Abstinenz nicht zu überzeugen. Ängste und Schüchternheit begleiten ihn bei aller Gewissheit, genial zu sein, immer auch im Studio, ausgerechnet wenn es ums Singen geht. Aber dann sucht er sich einen meist autosuggestiven Weg, die Zweifel zu überwinden. Mit den Beatles thematisiert er sie (»I'm A Loser«, »Help!«), später werden sie von der neugewonnenen Lebensfreude verdrängt (*no longer riding on the merry-go-round*). Doch woher kommt dieser große Ehrgeiz des Künstlers, der sich noch kurz vor seinem Tod darin manifestiert, dass er die Seite mit den Charts neben die Eingangstür hängt, »Double Fantasy« mit Filzstift einkreist und mit einem Pfeil nach oben hin zur Nr. 1 versieht? Was treibt ihn an die Spitze? Meist steht er doch schon ganz oben und kann nur sich selbst von dort vertreiben. Seine Reden an die Außendienstmitarbeiter von EMI bei Veröffentlichungen neuer Platten sind Legende. Darin beweist er enorme Fähigkeiten als Motivator und schließt gerne die Lobpreisung seiner Songs mit den Worten: »Wenn ihr sie mögt, verkauft sie. Wenn ihr sie nicht mögt, verkauft sie trotzdem.«

Als eine seiner Antriebskräfte lässt sich Tante Mimi ausmachen. Cynthia Lennon analysiert die Situation so: »Mimi erwartete anscheinend, dass sich in Johns Leben alles nur um sie drehte, und wehe, wenn ihr da jemand dazwischenkam. Mir gegenüber beklagte sie sich oft, dass er es ihr nicht recht machen konnte – selbst Jahre später, als er längst weltberühmt war und reich, buhlte er immer noch um ihre Anerkennung, erntete aber nur Hohn und Spott. Mimi überlebte John um elf Jahre, und nach seinem Tod stilisierte sie sich gern als zwar strenge, aber doch liebevolle Tante, die ihm die Sicherheit gegeben habe, auf der sein Erfolg letztlich beruhte. Aber das war nicht die Mimi, die ich kannte: Ich kannte sie als eine Frau, die Johns Selbstvertrauen ständig aufs Neue erschütterte und ihn oftmals wütend und verletzt zurückgelassen hat. Meiner Meinung nach beruhte Johns stetes Erfolgsstreben zumindest zum Teil auch auf der Unmöglichkeit, vor Mimis Augen bestehen zu können. Vermutlich war ihm gerade deshalb die bedingungslose Liebe und Unterstützung, die er von mir bekam, so wichtig. Als seine Freundin wusste ich, wie viel ihm etwas Freundlichkeit oder gar Ermutigung von ihrer Seite bedeutet hätte – deshalb mochte ich ihr die ständigen Nörgeleien nicht verzeihen.«

Wir sitzen 2005 im Restaurant in München und ich wünschte, Tante Mimi einmal begegnet zu sein (sie starb 1991). Ohne Zweifel ist die strenge Dame, der man nachsagt, sie habe nie Sex mit ihrem Mann George gehabt, habe aber nach dessen Tod eine wilde Affäre mit einem Studenten angefangen, der bei ihr zu Miete wohnte und kaum älter als ihr Ziehsohn war, mitverantwortlich für Lennons Ehrgeiz.

Liverpool: der Seehafen mit den Matrosen aus aller Welt und dem Gefühl von Weite und Freiheit bietet ein multikulturelles, raues und exzentrisches Leben. Liverpool: die Stadt der Dialekt- und Sprachenvielfalt, der großen Zahl arbeitsloser und gewaltbereiter Jugendlichen, der vielen Prostituierten, der fremdländischen Bewohner aus den britischen Kolonien. Eine Stadt mit engagierten Gewerkschaften und kämpferischen linken Politikern, die sich von der Metropole London nichts vorschreiben lassen wollen. Trotz kommt auch im musikalischen und künstlerischen Gefälle zum Ausdruck. Der Junge aus der Menlove Avenue will nicht akzeptieren, dass Erfolg zwangsläufig in London geboren werden muss. Warum nicht auch einmal in Liverpool?

In seiner Heimatstadt gründet John Lennon nicht nur die Beatles, sondern gemeinsam mit Freunden The Dissenters, eine lose Verbindung, die Liverpools Dialekt, Kunst und Musik gegen die Hauptstadt-Arroganz aus dem Süden verteidigen soll. Der Maler Stuart Sutcliffe, der Autor Bill Harry und John, der Musiker, diskutieren nächtelang über die Autonomie der Mersey-Art und über die Möglichkeiten, Eigenheiten über den Weg der Nachahmung zu entwickeln. Hier in Liverpool experimentiert John Duette à la Everly Brothers mit dem 18 Monate jüngeren Paul, hier tritt er erstmals im Cavern Club auf, dem schlechtbelüfteten Kellergewölbe mitten im Geschäftsviertel, einen Steinwurf von einem Elektro- und Plattengeschäft entfernt, das den Eltern von Brian Epstein gehört. In diesem Umfeld muss er gegen echte Prolos bestehen, gegen authentische Working Class Heroes, die nicht wie er Bücherwürmer sind und Kunstausstellungen besuchen. Und er muss gegen Jazz- und Skiffle-Puristen antreten. Das beste Mittel ist einmal mehr der Rock'n'Roll. Die rasenden Sounds von Jerry Lee Lewis und die Ekstase eines Little Richard bringen alle zum Schweigen, flößen dem Publikum Respekt ein. Das Trio John, Paul und George tritt immer öfter bei Gelegenheitsgigs auf. Sei es in der Kunstakademie, sei es im Vorprogramm anderer Bands, sei es bei Wettbewerben, bei denen sie öfter mitmachen und nie gewinnen. Aus einer Hobby-Gruppe wird allmählich eine ernst zu nehmende Band, die ihr erstes Geld verdient, die gegen den noch vorherrschenden Musical-, Schlager-, Jazz- und Skiffle-Geschmack ankämpft und die verschiedene Images testet: mal mit Krawatte und im Anzug, mal in Lederkluft.

Pauls Schule befindet sich neben Johns Kunstakademie. Die beiden verbringen viel Zeit beim Hören der neuen Platten und mit dem Üben eigener Songs. Allerdings besitzen sie kein Tonband, um Demos aufzunehmen. Sie schreiben auch längere Nonsens-Texte oder Theaterstücke à la Godot, gehen ins Theater und besuchen Musicals, klopfen die Bereiche ab, in denen sie mit ihrem Überschuss an Kreativität Erfolg haben könnten. Gemeinsam mit George, einem Pianisten und einem Schlagzeuger gehen sie 1958 in ein Studio, in dem Amateure für wenig Geld professionelle Aufnahmen machen können. Sie entscheiden sich für Buddy Hollys »That'll Be The Day« sowie für ein Country- und Western-Stück. Für jeden Song haben sie nur einen Versuch, wonach davon sofort eine Platte gepresst wird. Dieses eine Exemplar wandert dann von einem zum anderen, wird da und dort gespielt, verbleibt schließlich beim Pianisten, einem Schulfreund Pauls, und gilt heute als eine der teuersten Vinylplatten überhaupt.

Die Freundschaft der beiden Beatles-Gründer beruht auf einer komplexen Basis. Einerseits wirken sie charakterlich wie Gegensätze, andererseits weisen ihre Lebensläufe erstaunliche Ähnlichkeiten auf: John ist herrisch, zielgerichtet, willensstark, rau und kompromisslos, Paul ist verständnisvoll, verspielt, freundlich und tolerant. Dank der musikalischen Ambitionen von Pauls Vater – er spielt in der Freizeit leidenschaftlich gerne verschiedene Instrumente – lernt John viel von Paul, was Harmonien, Melodien und Grifftechnik betrifft. Dafür profitiert Paul von Johns musikalischer Kraft und Härte und von seiner Jabberwocky-Rock'n'Roll-Lyrik. Die beiden ergänzen sich auf eine musikhistorisch einmalige Art, nach der definitiven Trennung 1969 zeigt sich allerdings, dass Paul auf Johns schnörkellosen Antrieb stärker angewiesen ist als John auf Pauls Girlanden. John zieht die klare Linie, Paul koloriert. Und selbstredend gilt in verminderter Form in allem das Gegenteil, was spätestens mit dem »White Album« deutlich wird: Mit die schönsten Songs entstehen, wenn Paul versucht, wie John zu komponieren, und umgekehrt. In den Anfangsjahren wirkt jedoch die unmittelbare Kooperation – das musikalische Spiel im selben Raum, das direkte Austauschen von Klang- und Satzfetzen und das Rumprobieren, Weiterführen und Ausgestalten – als Basis für die späteren Welterfolge. Zu zweit wühlen sie sich von einer ersten Liedidee bis zur herzeigbaren Rohfassung. Bei diesem Prozess landen Dutzende von Versuchen im Müll. Erst die Ausdifferenzierung von originellen und fesselnden Songs im Gegensatz zu Massenware, die im schlimmsten Fall direkt abgekupfert ist, schärft das Bewusstsein des Singer-Songwriter-Duos für Qualität. George, der Benjamin der Band, braucht einige Jahre, bis er sich traut, John und Paul eigenes Material gegenüberzustellen. Erst mit dem fünften Beatles-Album »Help!«

darf der Solo-Gitarrist ab 1965 pro Schallplattenseite einen Song veröffentlichen. Die Zurückhaltung des Duos Lennon/ McCartney gegenüber Harrisons spiritueller Suche führt zu einem musikalischen Stau beim »Ruhigen« der vier Beatles, der sich kurz nach der Trennung der Fab Four im Dreifachalbum »All Things Must Pass« Bahn bricht.

In der Autobiographie »I, Me, Mine« berichtet George Harrison, wie lange sein Lernprozess dauert, bis er so weit ist wie seine älteren Bandleader, bis er sie mit Kompositionen wie »Something« oder »Here Comes The Sun« überflügeln kann, um schließlich in den ersten Post-Beatle-Jahren der erfolgreichste der vier zu sein. Martin Scorsese und Georges Witwe Olivia arbeiten seit einigen Jahren an einer mit Spannung erwarteten Dokumentation, die demnächst unter dem Titel »Living in the Material World: George Harrison« in die Kinos kommen soll.

Der Linkshänder Paul beschreibt die Besonderheiten der Zusammenarbeit mit John auch im Kontext ihrer spiegelbildlichen Gitarren-Haltung: »Wir konnten gegenseitig unsere Akkorde sozusagen umgekehrt lesen. Das bedeutete auch, dass wir, wenn wir die Gitarre des anderen ausborgten, verkehrt herum greifen mussten. Daraus entwickelte sich bei uns beiden diese kleine Kunstfertigkeit, auch auf einer falsch-bespannten Gitarre zu spielen. Denn keiner von uns ließ es zu, dass der andere die eigene Gitarre umspannte.«

John und Paul im kleinen Zimmer bei Mimi, im Badezimmer von Julia, die es den Jungs zwecks besserer Akustik zur Verfügung stellt, zu Hause bei Paul, in Künstler-Wohngemeinschaften in Liverpool, in schicken Appartements in London, in freistehenden Villen mit professionellen Studios: Egal, wann und wo in ihrem Leben, sie sehen die Griffe des anderen spiegelbildlich und müssen den Akkord für sich selbst umsetzen.

Diese handwerklichen Ergänzungs- und Übersetzungsleistungen finden auch im emotionalen Bereich statt. John, äußerlich schlagfertig, ätzend, böse, aber verletzlich und warmherzig. Paul, äußerlich locker, lächelnd, lieb, aber innen zu harten Schnitten fähig, auch zum härtesten überhaupt: zur Klage 1969 gegen John, George und Ringo als letzten Ausweg, um die Unterzeichnung eines aus seiner Sicht unhaltbaren Vertragsentwurfs des Managers Allen Klein zu verhindern, was letztlich zum unwiderruflichen Ende der Beatles führt.

Bis dahin aber bauen sich eine tiefe Freundschaft und ein nahezu blindes Vertrauen auf, die bei späteren Geliebten und Frauen für heftigste Eifersucht sorgen. Schritt für Schritt werden John und Paul Blutsbrüder: Pauls Mutter ist schon über ein Jahr tot, als auch Julia stirbt. Als eine freundliche Bekannte, eine ältere Dame, den beiden musikbesessenen Jugendlichen in den Straßen Wooltons begegnet, erkundigt sie sich ausdrücklich nach dem Wohlbefinden der Mütter. Kaum ist die Frau außer Hörweite, prusten die beiden Halbwaisen los.

Unsicherheit angesichts des Todes. Verlegenheit. Nicht wissen, wie man sich verhalten soll. Dieses Thema begleitet John Lennon sein Leben lang. Gemeinsame Trauer, gemeinsamer Triumph und geheimes Verstehen. Hysterisches Lachen ... auch als Reaktion auf den Verlust geliebter Menschen. Es erfasst ihn nicht nur beim tragischen Tod seiner Mutter, die von einem angetrunkenen Polizisten außer Dienst überfahren wird, sondern auch beim Tod eines seiner besten Jugendfreunde, Stuart Sutcliffe, der mit erst 21 Jahren 1962 in Hamburg an einer Gehirnblutung stirbt. Bis heute rätselt man, bei welcher Schlägerei möglicherweise das tödliche Gerinnsel entstanden ist.

Stuart Sutcliffe und John Lennon lernen sich auf dem College of Art in Liverpool kennen. Seit Beginn des Studiums bis zu seinem Tod ist Stuart Johns bester Freund. Er ist ein begabter Maler, aber John drängt ihn, in der Band mitzumachen. Widerwillig übernimmt der Freund den Basspart, nachdem John ihn überredet, das Honorar eines gewonnenen Kunstwettbewerbs in einen Höfner-Präsident-Bass zu investieren. Er spielt schlecht, auf der Bühne wendet er sich oft vom Publikum ab, und er hat keine Ausdauer, weshalb sich auf seinen Fingerkuppen bis zuletzt keine Hornhaut bildet. Dann begleitet er seinen Freund nach Hamburg und verliebt sich dort in Astrid Kirchherr. John bewundert die deutsche Fotografin, bewundert die Kreativität Stuarts und beneidet das schöne Paar. Es entstehen unzählige fabelhafte Fotos, die Astrid Kirchherr von den Beatles macht. Dank Astrid verändert Stuart seine Frisur und bald ziehen die anderen Jungs nach: Die Pilzköpfe wachsen.

Als die Beatles zum zweiten Mal nach Hamburg kommen, stirbt Stuart, der bereits bei Astrid war, in der Nacht vor ihrer Ankunft. John soll es am Flughafen erfahren haben und augenblicklich in hysterisches Lachen verfallen sein. Noch am selben Abend tritt er wie vertraglich vereinbart im Star Club auf. Musik und sofortige Trostsuche bis hin zur Erleichterung, überlebt zu haben und noch freier zu sein, als Reaktion auf Verlust. Zum Tod Julias sagt er: »Julia und ich hatten in wenigen Jahren so viel aufgeholt. Wir konnten uns austauschen. Wir kamen gut miteinander aus. Sie war so großartig. Ich dachte: Fuck it, fuck it, fuck it.«

Tante Mimis Nachbar sieht ihren Neffen später in der Nacht nach Julias Tod auf der Veranda im Haus an der Menlove Avenue sitzen und Gitarre spielen. Seine Trauer über diesen Verlust ist unermesslich. Aber gleichzeitig offenbart sich seine aggressive Note. Sieht er bei aller Trostlosigkeit einen befreienden Aspekt, der seiner Person, seiner Identität, seinem Ich eine größere Bedeutung verleiht? Wäre er ohne diese frühen Verluste so radikal und zielstrebig geworden? Hätte er ohne diesen Schmerz wenig später Songs komponieren können, die so oft eng verbunden sind mit tiefer Trauer? John Lennon leistet Trauerarbeit, indem er sich rasch für das Leben, das freie Leben, sein freies Leben entscheidet.

Astrid Kirchherr erinnert sich an Gespräche nach dem Tod ihres Verlobten; John, der mit Stuart selbst seinen damals besten Freund verliert, spendet ihr zunächst einfühlsam und geduldig Trost. Aber dann, eines Nachts nach dem Auftritt der Beatles, fährt er sie hart an: Sie müsse sich entscheiden, für den Tod oder für das Leben. Astrid ist sicher, dass John sie mit seiner plötzlich so groben Art gerettet hat. Das erzählt sie ihrem Freund Klaus Voormann, mit dem sie liiert ist, bevor Stuart auftaucht. Es ist eine große Clique, die sich Anfang der 1960er Jahre in Hamburg um die Beatles schart. Man experimentiert mit verschiedenen Kunstformen, die deutsche und die englische Mentalität reiben sich intensiv aneinander, es entsteht Aufregendes.

Es ist auch eine explosive Stimmung, in der heftige Leidenschaft manchmal auf zerstörerische Eifersucht stoßen kann. Eine Schwester von Stuart Sutcliffe veröffentlicht 2001 Memoiren, in denen sie behauptet, John Lennon habe sich während des ersten Hamburg-Aufenthalts mit ihrem Bruder geprügelt und ihn schwer am Kopf getroffen. Andere glauben, dass eine Schlägerei in Liverpool 1961 den Tod des Bassisten verursacht hat, als John und Pete Best mit ihm gegen andere Schläger kämpften.

Es sind raue, zornige und zärtliche junge Männer, die ihren Weg suchen.

Jahrzehntelang hält das Band, das damals entstanden ist. Je länger John Lennon tot ist, desto offener bekennt sich Paul McCartney zu seiner Bewunderung für den Weggefährten. Als McCartney im Winter 2009 Konzerte in Deutschland gibt, widmet er einen Teil der Show dem Freund. Der YouTube-User TheBeatlesJohnPaulG kommt nicht umhin, den von ihm hochgeladenen Clip »Paul McCartney Tribute to John Lennon« aus Pauls Konzert mit den Worten zu kommentieren: »Paul loves John!« McCartney sagt einleitend: »Manchmal möchte man im Leben etwas sagen, aber man tut es nicht zur richtigen Zeit. Manchmal will man je-

mandem sagen, dass man ihn liebt, aber dann denkt man
›hmm‹.«

Die Szene entbehrt nicht der Tragikomik. Einerseits wirkt Paul McCartney etwas verlegen bei der Vorstellung dieses Songs, den er auf zurückhaltendere Art schon auf einer Tour 2002 präsentiert hat, andererseits lockert eine Frau aus dem Publikum die Stimmung auf, indem sie just in diesem Moment schreit: »We love you!« Das gibt ihm die Gelegenheit zu scherzen, das sei jetzt tatsächlich der passende Augenblick für diese Bemerkung. Dann setzt er seine einleitenden Worte fort: »Man spricht nicht immer zur richtigen Zeit mit den richtigen Menschen. Man denkt sich, ich werde es ihm nächstes Mal sagen. Und wenn sie dann sterben, denkt man sich, hätte ich es nur damals gesagt. Also habe ich den nächsten Song für meinen lieben Freund John geschrieben. Dieses Lied ist wie ein Gespräch, das ich mit ihm hätte führen können. Dieses Lied ist für meinen Freund John.« Und er singt: »Und wenn ich dir sagen würde, dass ich dich richtig gut kenne, was wäre dann deine Antwort? Wenn du heute hier wärest – woooouuuu – heute hier. Wie ich dich kenne, würdest du wahrscheinlich lachen und sagen, dass uns Welten trennen. Wenn du heute hier wärest – woooouuuuu – heute hier. Was mich betrifft, erinnere ich mich immer noch, wie es damals war, und ich halte meine Tränen nicht mehr zurück. Ich liebe dich.« Es gibt frühere Aufnahmen, in denen Paul McCartney wirklich weint bei diesen Worten.

Das Rätsel der Liebe: Es holt den Rockpoeten John Lennon auch posthum immer wieder ein. Viele Menschen fragen sich, wie er all seine wunderschönen Liebeslieder hätte schreiben können, wenn er nicht in seinem eigenen Leben so viel Liebe erfahren hätte. Er hat sie nicht nur erfahren, er hat sie auch gesucht. Lennon erzählt mehrfach in Interviews von seiner Pubertät, von seiner Schwärmerei für die 21-jährige Brigitte Bardot und von ihrem Bild, das er ausschneidet und an seine Zimmerwand klebt.

Die alles und immer wieder bestimmende Liebe: Teenager John, der sich mit knapp 17 Jahren in seine Kindergartenfreundin Barbara Baker verliebt, die glücklicherweise dieselben Initialen trägt wie Brigitte. Mit BB verliert John seine Unschuld und treibt es mangels Gelegenheiten auch auf Friedhofssteinen.

John und Cynthia: In der Kunstakademie hänselt er sie zunächst, weil sie offenbar etwas Feineres ist, schon einen festen Freund hat und für ihn eine gute Partie wäre, aber unerreichbar scheint. Cynthia ist ein Jahr älter als John. Monatelang bleiben die beiden auf Distanz, der Kontrast scheint zu groß zu sein, ist aber nur der Gegenpart zu den Anziehungskräften, die im Verborgenen immer stärker werden und bei Cynthia zu plötzlicher Eifersucht führen, als eine andere Frau mit ihm flirtet. Die bisherige gegenseitige Abstoßung wandelt sich plötzlich in Attraktion und Sympathie, als sie bei einem Sehtest bemerken, wie kurzsichtig beide sind und dass Cynthia ein Jahr davor ihren Vater verloren hat. John kann mit Cynthia seiner Trauer Ausdruck verleihen, und schließlich kriegt er bei einer Party den ersten Kuss von ihr. »Cynthia hätte jeden haben können«, erinnert sich eine Kommilitonin in einem TV-Interview, das auf der DVD »Inside John Lennon« enthalten ist, ein Porträt mit vielen Stellungnahmen weniger prominenten Zeitzeugen, beispielsweise den alten Quarrymen-Mitgliedern.

Bei der Kunststudentin findet John Lennon Halt, Sicherheit, Ermunterung, Zuversicht, mütterliche Zärtlichkeit und Liebenswürdigkeit in einem Maß, das ihn vollkommen überrascht. Cynthia Powell ist das Kontrastprogramm zu Mimi Smith und die Möglichkeit, sich endgültig abzunabeln. Zudem kommt sie aus gutem Haus, ist attraktiv und eine echte Zierde für den Macho-Rebell. Ihr Liebesnest befindet sich in einer Wohnung in der Percy Street Nummer 9, in der Stuart Sutcliffe mit Freunden in einer Wohngemeinschaft haust.

John schlägt Cynthia vor, sich wie Brigitte Bardot zu stylen, was Cynthia umgehend in die Tat umsetzt. Und dann geht es los mit Johns Besuchen bei Cynthias Mutter und Cynthias Besuchen bei Mimi. John ist guter Dinge, dass seine Tante begeistert sein wird von seinem Fang. Erstaunlicherweise ist das Gegenteil der Fall: Mimi lehnt Cynthia ab, obwohl sie ganz offensichtlich eine ideale Frau für ihren John wäre. Sie will ihren Goldjungen wohl einfach noch nicht hergeben. Zu allem Übel gibt es auch noch Krach zwischen Mimi und Cynthias Mutter. Aber all das hindert John und Cyn nicht daran, ihre Beziehung fortzuführen. Die eigentlichen Schwierigkeiten bestehen eher darin, dass John schon damals der »Jealous Guy« ist. »Ich forderte absolutes Vertrauen und Zuverlässigkeit von Cynthia, weil ich selbst so unzuverlässig war. Ich war neurotisch und ließ alle meine Frustrationen an ihr aus.«

Eine von Cynthias Fähigkeiten besteht – ähnlich wie bei Yoko Ono – darin, Johns unterschwellige Ängste und seine Selbstzweifel aufzufangen und in positive Erlebnisse umzuwandeln. Das geschieht nicht nur, indem sie ihn umsorgt, ihm Sandwiches bringt, wenn er ununterbrochen komponiert und dabei die Zeit vergisst. Sie renoviert mit ihm Kenwood, das Gebäude im Tudor-Stil mit 16 Zimmern und erlebt dort unzählige Alltagssituationen, in denen Meisterwerke der Popmusik entstehen. Cynthia ist der erste Mensch, der Songs wie »You're Going To Lose That Girl« zu hören bekommt und Verbesserungsvorschläge macht. Sie singt alleine mit John »Blue Moon«, worauf sich die beiden kugeln vor Lachen. Und von seinen Tourneen schickt er ihr Liebesbriefe, die in ihrer Intensität und Offenheit unvergleichlich sind. Schon 1965 schreibt er Zeilen, in denen er klar seine Versäumnisse Sohn Julian gegenüber einsieht: »Ich sitze stundenlang in Garderoben herum und denke darüber nach, wie viel Zeit ich vergeudet habe, weil ich nicht mit ihm zusammen war und mit ihm gespielt habe – all die Scheißzeit, in der ich nur diese verdammten Zeitungen und solchen Mist gelesen habe, obwohl er im Zimmer war, und ich bin zu dem Schluss gekommen, dass das ALLES FALSCH war! Er sieht mich zu selten, ich will, dass er mich kennt und liebt und mich vermisst, so wie ich euch beide vermisse. Ich hör jetzt auf, weil es mich so runterzieht, wenn ich dauernd darüber nachdenke, was ich für ein rücksichtsloser Scheißkerl bin – dabei ist es höchstens drei Uhr nachmittags, nicht die Zeit für solche Gefühle – mir ist richtig nach Heulen zumute – so was Dummes – ich schluchze hier schon rum beim Schreiben – ich weiß nicht, was mit mir los ist – es ist nicht die Tournee, die so anders ist als andere – ich mein, ich lache viel (du weißt schon: Hahaha!), aber mittendrin gibt's so Abstürze – und Gefühle, die sich dazwischen bewegen, gibt's offenbar nicht. So, jetzt hör ich auf, sonst wird der Brief noch zu trübsinnig. Ich liebe dich, Cynthia. John.« Es tauchen später zahlreiche Frauen auf, die alle nach demselben Muster behaupten, eine Geliebte des Stars gewesen zu sein: Cynthia habe nichts von Johns Eskapaden bemerkt, und John habe aus Diskretionsgründen die Affären nie öffentlich bestätigt. Vielleicht geben seine Tagebücher dereinst darüber Auskunft. Nach bisherigem Kenntnisstand sind die beiden Ehefrauen auch die wirklich wichtigen Frauen in seinem Erwachsenenleben.

Als Cyn im Mai 1962 ungewollt schwanger wird, ist schon der sensible Beatles-Manager Brian Epstein da, der sich um das Wohl des Paares kümmert – nicht ganz uneigennützig: Er tut viel für seine Schützlinge John und Cyn, aber immer auch mit dem Ziel, dass die weiblichen Fans des inzwischen landesweit populären Beatle nichts von seiner Ehefrau erfahren.

Schwangerschaft, Hochzeit – am 23. August 1962, George und Paul sind die Trauzeugen –, Geburt Julians (am 8. April 1963) und Babyjahre nehmen nicht viel Raum ein in Cynthias Erinnerungen. Da Johns Vaterschaft mit dem ersten Plattenvertrag und dem nun rasch einsetzenden Erfolg zusammenfallen, überlagert die Karriere der Beatles in jeder Hinsicht das Privatleben so stark, dass auch Cynthia als ruhender Pol von der Beatlemania überwältig wird und nicht recht weiß, wie ihr geschieht. Die sich Monat für Monat schnell verbessernde finanzielle Situation steigert sich bald zur ersten Million und dann zu vielen weiteren und federt Alltagssorgen ab. Cynthia sieht die Notwendigkeit, im Hintergrund zu bleiben, ein, und sie tut dies aufgrund ihrer Schüchternheit ebenso gerne wie die anderen Freundinnen der Beatles. Es ist John selbst, der sie immer wieder zu öffentlichen Anlässen mitnimmt und sich damit gegen die Autorität Brian Epsteins auflehnt. Schon im Dezember 1963 findet das große »Outing« statt. Alle britischen Zeitungen sind voll mit Fotos von John Lennons Ehefrau und Baby. Der Karriere tut es – wie zuvor befürchtet – keinen Abbruch. Im Gegenteil: Aus dem vermeintlichen Problem wird eine Attraktion, und bald entstehen Gruppenfotos der Gefährtinnen der Beatles, die für die weiblichen Fans stilbildend sind.

Hartnäckig halten sich seit jener Zeit die Gerüchte, John Lennon sei bisexuell gewesen. Trotz eindeutiger Aussagen Cynthias, Yokos, der anderen drei Beatles und vieler weiterer Zeitzeugen, John sei nur heterosexuell gewesen, wünschen sich manche Musikhistoriker und Lennon-Biographen heute einen schwulen John. Eine Urlaubsreise im Sommer 1963 mit Brian Epstein ist der Hauptgrund für die Spekulationen. John Lennon kommentiert: »Fast war es ein Liebesverhältnis, aber eben nur fast. Es wurde nie vollzogen, aber es war eine schöne, intensive Beziehung. Zum ersten Mal verbrachte ich meine Zeit mit einem Homosexuellen. Wir ließen Cyn mit dem Baby zu Hause und fuhren nach Spanien, wo wir eine Menge Spaß hatten. Wir saßen in den Cafés, und ich deutete auf die Jungs, die vorübergingen. ›Gefällt dir der? Oder der?‹ Irgendwie genoss ich die Erfahrung, ständig wie ein Schriftsteller zu denken«, erläutert er im »Playboy«-Interview mit David Sheff im September 1980.

Cynthias Memoiren basieren auf nachprüfbaren Ereignissen, auf Fakten: die Geburt Julians, die Begeisterung Johns über seinen Sohn, der gemeinsame Hauskauf, die Reisen, die gemeinsame Teilnahme an öffentlichen Veranstaltungen seit seinem Coming-out als Ehemann und Vater. Trotz der Tourneen, der Aufnahmen, der Proben der Beatles ist sein Zuhause bei Cynthia und Julian. Alle seine angeblichen Geliebten wissen um Cynthia und bleiben in deren Schatten, führen – wenn überhaupt – ihre Affären im Verborgenen und können den Beatle nicht von seiner Ehefrau trennen. Das gelingt erst Yoko Ono. Davor spielt Cynthia vor Mimi und möglichen anderen Frauen die erste Geige. Das Foto der beiden im Flugzeug unterwegs zur ersten USA-Tournee 1964 drückt Glück aus, die Gesichtszüge des Beatles sind darauf so entspannt wie sonst nie auf den Tausenden von Aufnahmen, die es von ihm gibt. Verständlicherweise mag Yoko Ono dieses Bild nicht. Da ihr Einfluss auf das heutige Bild des Stars in der Öffentlichkeit viel größer ist als der Cynthias, gehört das Foto zu den Raritäten, findet sich aber in Cynthias Erinnerungen »John«. Dort ist John Lennon auch mit dem 18 Monate alten Julian im Arm abgebildet. Diese beiden Bilder gehören gemeinsam mit einem Foto, das 1964 in Florida gemacht wurde, zu den erstaunlichsten im Leben des Vielfotografierten. John und Cyn stecken die Köpfe zusammen, sie befinden sich im Freien, tragen Bademäntel und lächeln ein ähnliches Lächeln. Augenbrauen, Augen, Nase, Mundpartie, ja, die ganze Gesichtsform der jungen Eltern passen auf verblüffende Weise zusammen. Hätte man mit diesen beiden Gesichtern Foto- und Filmspiele wie später bei John und Yoko gemacht, bei denen die Gesichter ineinander übergehen, wäre der Effekt bei den beiden Liverpoolern noch viel verblüffender gewesen, was die Ähnlichkeit betrifft, als bei John und Yoko.

Erstaunliche Leichtigkeit und Lebensfreude drücken auch die Fotos von 1965 in St. Moritz während des Skiurlaubs von Cynthia und John aus. Ohne Bagism, ohne Bed-in, ohne

»unfinished music« oder auch ohne »Nutopia« finden damals normale Erholungsurlaube statt, deren entspannte Atmosphäre auf den Fotos deutlich wird. In der dortigen Ruhe kann sich die Kreativität weiterentwickeln: *Sag das Wort, und du wirst frei sein. Sag das Wort und sei wie ich ... Es ist das Wort Liebe. Am Anfang habe ich es nicht verstanden. Aber jetzt ist mir klar, das Wort ist gut ... Überall höre ich es. Es steht in den schlechten und in den guten Büchern ... Gib dem Wort eine Chance, damit es zeigen kann, dass es der richtige Weg ist ... Es ist das Wort Liebe.* John Lennon schreibt »The Word« 1965. Es markiert die Weiterentwicklung der naiven Liebeslieder hin zu Grundsätzlicherem. Drei Jahre vor dem »Summer of Love«, vor dem Hippie-Höhepunkt in den USA, gibt er die Richtung vor, in der die »Peace-und-Love«-Bewegung ihren ersten Ausdruck findet. *Sag das Wort, an das ich denke. Hast du gehört, das Wort heißt Liebe ... Es ist so schön, es ist Sonnenschein, es ist das Wort Liebe ... Ich bin hier, um allen das Licht zu zeigen.*

Lennon ist einer der ersten Singer-Songwriter, der den Begriff »Liebe« so radikal thematisiert, ihn in den Mittelpunkt eines Liedes stellt und zugleich prophetisch vom Weg spricht, den es einzuschlagen gilt. Der Song lädt zum Fingerschnippen und Tanzen ein und enthält zugleich klare Botschaften. »The Word« ist der Beginn der »Message-Songs«, die Lennon fortan in den Sinn kommen, viele davon noch vor seiner ersten Begegnung mit Yoko Ono. Damit wird der Musiker frühzeitig zur kulturellen Leitfigur, zum Vorbild für Jugendliche, die seither von ihm Antworten erwarten – auf persönliche Zweifel, auf soziale Unsicherheiten, auf private Probleme oder auf spirituelle Sehnsüchte. Lennon – auch das zeichnet ihn aus – macht sich jeweils einige Zeit vor der breiten Masse Gedanken und setzt Trends, indem er vage Stimmungen und Visionen auf Kernaussagen fokussiert.

Im selben Jahr schreibt er Cynthia wieder einen seiner Reue-Briefe: »Ich bin so traurig und es tut mir leid, dass ich gar nicht bemerkt habe, wie groß Julian schon geworden ist.

Er ist jetzt ein kleiner Mann, und er fehlt mir schrecklich. Ich war ein richtiger Scheißkerl. Ich habe keine Notiz von ihm genommen, und beim Zeitunglesen habe ich ihn aus dem Zimmer geschafft, weil er zu laut war.«

Das Rätsel um John Lennons Eigensinnigkeit und Isolation jener Jahre ist auch das Rätsel um seinen Egoismus und vor allem um seine Gewaltausbrüche. Am deutlichsten wird das in Cynthias Erinnerungen:»Stuart und ich kamen ebenfalls gut miteinander aus. Ich hatte einen Heidenrespekt vor seiner Begabung, aber er konnte auch amüsant sein und ein angenehmer Unterhalter. Ich war froh, dass John einen Freund hatte, der die Kunst ernst nahm, sah in Stuart aber nie viel mehr als einen Kumpel, der sich mit John und mir die Zeit vertrieb. Eines Abends waren wir auf einer Party, und ich tanzte mit Stuart, ohne mir etwas dabei zu denken. Aber John drehte schier durch. Wir brachen den Tanz sofort ab, als ich Johns wütenden Gesichtsausdruck sah, und daraufhin versicherte ich ihm einmal mehr, wirklich nur ihn zu lieben. Damit schien er sich auch zufriedenzugeben, doch am nächsten Tag ging er mir in der Kunstakademie bis zu den im Keller gelegenen Mädchenklos nach. Als ich herauskam, empfing er mich mit einem finsteren Gesichtsausdruck. Bevor ich etwas sagen konnte, hob er die Hand und schlug mir mitten ins Gesicht, so dass mein Kopf gegen die Rohre hinten an der Wand schlug. Dann trabte er ohne ein Wort davon und ließ mich zitternd, benommen und mit einer Verletzung am Kopf zurück.«

Imagine all the people living life in peace. Die Angst vor seiner eigenen Aggressivität lässt Lennon zum Friedensbotschafter werden. Unsicherheit, Besitzansprüche, Eifersucht, Verlustängste, Größenwahn: Ein explosives Gemisch manifestiert sich in seiner Macho-Attitüde, die Cynthia zutiefst verunsichert.»Ich war völlig schockiert: Es war das erste Mal, dass John nicht nur verbal gewalttätig wurde. (...) Nach diesem Vorfall wollte ich lange nichts mehr mit John zu tun haben. Ich tat mein Bestes, den Rückstand im Studium aufzuarbeiten, und verabredete mich sogar ein paarmal mit einem Jungen aus meiner Nähe. Aber in der Schule lief er mir natürlich ständig über den Weg. In der Kantine oder im Unterricht sah er häufig zu mir herüber, und wenn sich unsere Blicke trafen, wusste ich, dass wir einander nach wie vor sehr viel bedeuteten. (...) Drei Monate später rief er mich an und bat mich, zu ihm zurückzukehren. (...) Er entschuldigte sich dafür, dass er mich geschlagen hatte, und versprach, es würde nie wieder vorkommen. Ich zögerte einen Moment, aber dann sagte ich doch ja, und John hatte es ehrlich gemeint: Er schämte sich zutiefst für das, was er getan hatte – ich glaube, es schockierte ihn selbst, dass er zu so etwas überhaupt fähig gewesen war. Und er hielt sein Versprechen: Verbal konnte er zwar weiterhin manchmal unfair und verletzend sein, aber körperlich wurde er mir gegenüber nie mehr gewalttätig. Und mit der Zeit ließen auch seine verbalen Demütigungen und Angriffe nach. Offenbar brauchte er diese Zeit, um sich meiner Liebe noch sicherer zu werden und seine oftmals rüden, rüpelhaften Attitüden mehr und mehr aufzugeben.«

Diese Erinnerung zeigt wie keine andere, wie es Cynthia dank ihrer Geduld und Einfühlsamkeit gelingt, John zu zähmen und ihm zu zeigen, dass Emotionen wie Trauer, Wut und Unsicherheit nicht in Gewalt münden müssen. Es setzt ein langer Prozess ein, auch hinsichtlich des Songschreibens, der unter anderem durch Bob Dylans unnachahmliche Artikulationsfähigkeit dazu führt, dass sogar der Tod der Liebsten einen Ausdruck finden kann.

»Only the good die young« – in jungen Jahren verliert John Lennon gerade die Menschen, die er am meisten braucht: Mutter Julia, Freund Stuart, Manager Brian und viele Freunde wie Brian Jones. Unschwer lässt sich hier eine Wurzel seiner Gewaltbereitschaft erkennen. An seinem eigenen Todestag, am 8. Dezember 1980, also kurz bevor die Menschen den einen verlieren, den sie besonders lieben, sagt er zu Dave

Sholin: »Ich betrachte mich als glücklich. Aber das brauchte Zeit. Man muss durch Versäumnisse lernen. Und ich habe viele Fehler gemacht. Ich glaube noch immer an Liebe und Frieden. Es dämmerte mir, dass Liebe die Antwort sei, als ich noch jünger war, auf dem Beatles-Album ›Rubber Soul‹. Ich drückte es zuerst in einem Lied mit dem Titel ›The Word‹ aus. Das Wort ist Liebe in den guten wie in den schlechten Büchern, die ich gelesen habe. ›Das Wort ist Liebe‹ schien mir immer das zugrundeliegende Thema. Und es war ein Kampf, zu lieben, geliebt zu werden und das auszudrücken. Liebe ist etwas Phantastisches, auch wenn ich nicht immer eine liebende Person bin. Ich will es sein.«

»Ich bin in erster Linie ein Künstler«
Yoko als Katalysator

Der Anteil von Yoko Ono an John Lennons positiver Persönlichkeitsentwicklung kann nicht hoch genug eingeschätzt werden. Mehr noch als Exfrau Cynthia gelingt es ihr – auch dank professioneller Hilfe durch den Psychiater Arthur Janov, den John von sich aus beizieht –, das aggressive Potential ihres Mannes zu kanalisieren. Kurz nach der Ermordung des Stars verfasst sie eine Pressemitteilung: »Ich danke für eure Gefühle des Zorns über Johns Tod. Ich teile euren Zorn. Ich bin wütend auf mich selbst, nicht fähig gewesen zu sein, John zu schützen. Ich bin wütend auf mich und alle, die unserer Gesellschaft erlauben, in diesem Ausmaß auseinanderzufallen. Die einzige ›Rache‹, die uns irgendetwas bedeuten würde, wäre, die Gesellschaft zu formen zu einer Gesellschaft, die auf Liebe und Vertrauen basiert, so wie John glaubte, es könnte sein. Der einzige Trost ist zu zeigen, dass es getan werden kann, dass wir eine Welt von Frieden auf Erden für jeden und für unsere Kinder schaffen können. Jeder von uns müsste den Nächsten lieben und sich um ihn kümmern. Das ist alles. Liebe erzeugt Liebe. Dann vielleicht werden wir fähig sein, uns vor dem Krankwerden zu schützen. Dann vielleicht werden wir fähig sein, uns vor Gewalttätigkeit zu schützen, denn die Gewalt ist in unserem Herzen, nicht in den Waffen. Die Schuld ist nicht in dem, der den Abzug auslöst, sondern in jedem von uns, der es zulässt.«

Yoko Ono weiß, wie viel Gewalt sich auch im Herzen John Lennons verbirgt, wie verkrampft und verschlossen er oft ist. Sie sitzt neben ihm, als er im Dezember 1970 Jann Wenner für »Rolling Stone« erklärt, dass er sich erst mit seiner neuen Partnerin und auch dank Phil Spector und Arthur Janov zu entspannen beginnt: »Wirklich locker ist mein Gesang zum ersten Mal auf ›Cold Turkey‹ gewesen – das kam durch die Erfahrung mit Yoko. Sie verkrampft beim Singen ihre Kehle nicht.« Doch er betont auch, man solle nicht alle seine Aussagen auf die Goldwaage legen.

Ob verkrampft oder nicht: Von den ersten Rock'n'Roll-Interpretationen auf Tante Mimis Veranda und in Julias Bad bis hin zu den Aufnahmen für »Starting Over« in den beiden angesehensten Tonstudios New Yorks (Hit Factory und Record Plant) etwa 30 Jahre später, kann sich jeder selbst ein Bild von den Veränderungen in John Lennons Stimme machen. Sie hängen weniger von physischen, mehr von psychischen Faktoren ab, die Einfluss auf die gesamte Persönlichkeit haben, und diese ist nur sehr unzureichend beschrieben, wenn Lennons künstlerischer Ausdruck im Bereich der Malerei ausgeblendet wird. Von der Kindheit bis zu seinem Tod ist das Zeichnen ein wesentlicher Bestandteil seines kreativen Ausdruckswillens. Das Kunststudium in Liverpool interessiert ihn zwar nicht, er schwänzt schon bald die meisten Kurse, aber Kunst bleibt eine zentrale Leidenschaft.

Stuart Sutcliffe bringt John Lennon die Surrealisten und Dadaisten näher, erklärt ihm Duchamps »Pissoir« und die Grenzenlosigkeit künstlerischen Ausdrucks. Ablehnendes, irritiertes, verärgertes oder schockiertes Publikum mindere nicht den Wert von Kunstgegenständen. Manchmal sei das

Gegenteil der Fall. Diese Lektion lernt Lennon schnell und gründlich. Sie wird sich später vor allem in den Performances und Kunstausstellungen manifestieren.

Yoko Ono trifft er erstmals am 9. November 1966 bei ihrer avantgardistischen Ausstellung am Vorabend der Vernissage in der Indica-Galerie in London. Ihre Missachtung jeglicher Erwartungshaltung des Publikums passt zu seinem sich entwickelnden Kunstverständnis. Schräge Scherze, Erniedrigung von Honorationen oder seine Krüppel-Gesten sind nur die Vorläufer seiner Aktionen mit ihr: Bäume pflanzen, Experimentalmusik, Experimentalfilme, Bagism oder Bed-ins. Wenn Kitsch das Erfüllen von Publikumswünschen bedeutet, dann könnte Kunst das Gegenteil davon, also ein anarchisches, subversives und destruktives Verhalten und damit das Vor-den-Kopf-Stoßen der Betrachter und der Hörer sein.

Provokation verbindet den Musiker mit der Künstlerin, die eine Performance dann für gelungen hält, wenn die Leute mehrheitlich den Raum verlassen. Bagism also nicht nur als Vorwegnahme von Christos und Jeanne-Claudes Verhüllungsaktionen (ihre erste öffentlich beachtete fand erst Ende 1969 in Australien statt, Yoko hingegen stieg schon 1962 in der »Bag Piece« genannten Performance mit ihrem ersten Ehemann Tony Cox auf der Bühne in einen Sack, zog sich darunter aus und wieder an, kam zum Vorschein und verließ die Bühne, entzog sich damit den Blicken des Publikums, um so dessen Phantasie anzuregen), sondern als deren frühreife Vollendung. Mit Lennon trieb Ono das Projekt voran und variierte es auf vielfältige Weise. »Total communication« rief der Beatle unter dem Sack in Wien im Hotel Sacher am 31. März 1969. Die gesamte Performance – alle Dialoge zwischen Yoko Ono, John Lennon und den Journalisten – ist hörenswert und als CD erhältlich.

Der Gegensatz zu Jeanne-Claude und Christo ist evident. Nicht Objekte werden verhüllt, die Künstler selbst hüllen sich in Säcke oder Tücher. Nicht nur die Formen von Gegenständen und die Gegenstände selbst bekommen damit eine neue Bedeutung, sondern auch die verborgenen Menschen – John Lennon und Yoko Ono. Was der Fotograf Man Ray bereits 1920 mit dem Verhüllen einer Nähmaschine erreicht – das Wecken der Aufmerksamkeit und Neugier der Betrachter –, gelingt John und Yoko in neuem Maße: Verwirrte Medienvertreter interviewen die »Tücher« in der Hoffnung, die verborgenen Künstler zu erreichen.

Als Arthur Ballard, Professor an der Liverpooler Kunsthochschule, zufällig das Skizzenheft des Studenten findet, erkennt er sein Talent und fördert ihn; John Lennon zeichnet bis kurz vor seinem Tod. Mit wenigen Strichen gelingt es ihm – beeinflusst von Jean Cocteau oder Henri Matisse –, Stimmungen einzufangen oder treffende Porträts zu Papier zu bringen. »John zeichnete intuitiv und schnell – genauso wie er seine Songs komponierte. Man spürte sehr deutlich, dass ihn seit je etwas Bestimmtes dazu trieb, immer wieder diese Zeichnungen zu machen. Sehr oft spiegelten sie seine momentanen Stimmungen wider. Aber ich beobachtete auch einmal, wie er ein recht witziges Blatt zeichnete, obwohl er miserabler Laune war. Und er konnte ein Bild voll schwarzen Humors malen, wenn es ihm glänzend ging. Ich dachte immer, so etwas schafft nur er. Es kam mir vor, als würde er beim Zeichnen zwei Seiten seines Wesens ausgleichen und in Einklang bringen: die dunkle, pessimistische und die strahlende, optimistische. Mit seiner Gitarre und mit Feder und Papier war er am ehesten in der Lage, die Vielfalt seiner Gefühlswelt zum Ausdruck zu bringen«, schreibt Yoko Ono im Vorwort des Buches »John Lennon – Zeichnungen, Performance, Film«.

Sein oft reproduziertes, minimalistisches und dabei sehr charakteristisches Selbstporträt ist ein Beispiel für Lennons Fähigkeit, mit leichter Hand das Wesen eines Menschen einzufangen. Allerdings gelang es nicht ohne Übung: »Multiple Self Portrait« von 1968 zeigt als Studie auf dem etwa 15×20

Zentimeter großen Blatt in drei Viererreihen insgesamt zwölf dem berühmten Selbstporträt zum Verwechseln ähnliche Entwürfe: Langes Haar, Mittelscheitel, Brille, Nase, Mund – alle rasch hintereinander mit Tusche skizziert. Eine kolorierte Variante wurde zum Markenzeichen, das heute u. a. den John Lennon Educational Tourbus ziert.

Wie viele seiner Songtexte sind auch die meisten seiner Zeichnungen auf Anhieb verständlich, eingängig und gefallen selbst Jugendlichen, ja Kindern. Seine erotischen Bilder hingegen erregen anlässlich ihrer ersten Ausstellung öffentliches Ärgernis und werden beschlagnahmt. »Bag One« werden die 15 Lithographien insgesamt genannt, acht davon sind erotisch: Yoko Ono nackt, liegend, mit gespreizten Beinen, ihre Vulva groß und in der Mitte; Yoko Ono stehend oder liegend und masturbierend; John zwischen Yokos gespreizten Beinen liegend oder mit seinem Kopf und seiner Hand an ihrer Vagina; Yoko liegend, ihre Brust leckend, John seitlich darüber, ihre andere Brust leckend und noch einmal John auf demselben Bild ihre Scheide leckend; Johns Phallus halb in Yokos Vagina aus einer ungewöhnlichen Perspektive und beide in einer ungewöhnlichen Stellung.

»Die Zeichnungen von John Lennon sind künstlerische Meisterwerke im Zwischenfeld der freien Zeichnung, der Karikatur und der Illustration. Sie vermitteln noch heute den genau beobachtenden Blick, den Witz und die tiefere Ironie, mit der John Lennon seine Umwelt sah. Immer interessieren ihn Menschen«, schreibt der Kunsthistoriker und Kurator Wulf Herzogenrath anlässlich einer Ausstellung über John Lennon als visuellen Künstler 1995 in der Kunsthalle Bremen. Ganz anders fällt das Urteil in London 1970 aus. Am 15. Januar wird in der London Arts Gallery in der New Bond Street die Ausstellung »Bag One« mit den 15 Lithographien eröffnet. Der Künstler selbst weilt zu dieser Zeit mit Yoko im Urlaub in Dänemark. Am 16. Januar konfiszieren Beamte von Scotland Yard die acht erotischen Bilder mit Hinweis auf einen Gesetzestext von 1839 über Sitte und Anstand. Im Februar wird der Leiter der Galerie gerichtlich vorgeladen. In der Verhandlung werden Lennons Zeichnungen minutiös mit Bildern Picassos verglichen. Am 27. April gewinnt die Galerie den Prozess und darf die beschlagnahmten Zeichnungen wieder ausstellen.

Die Medien berichten ausführlich darüber und das Interesse an John Lennon wächst sprungartig auch hinsichtlich seiner bildnerischen Kunst. Bereits im Februar werden die Lithographien in New York gezeigt. Salvador Dalí und viele weitere Größen der Kunstszene kommen, um sich die Werke anzuschauen, und die Kommentare fallen ausnahmslos bewundernd aus. Später reist »Bag One« durch die prominentesten Galerien der Welt. Die Bilder haben bis heute nichts von ihrer Faszination verloren. Besitzer von Originalen dürfen sich glücklich schätzen, John Lennon gehört zu den Künstlern, deren Werke auch in Krisenzeiten weiter an Wert gewinnen. Wobei der künstlerische oder nostalgische Wert wichtiger sein sollte als der materielle. Glück ist ein Frühlingstag 1994 im Münchner Botanikum, als ich die Ausstellung »This Is My Story Both Humble and True« in der Galerie Kunst im Glashaus besuche. Es herrscht eine seltsame Stimmung: Neben Pflanzen im Treibhaus befinden sich hier Bilder – zweifach unter Glas. Das Licht ergießt sich von allen Seiten auf die Zeichnungen, als befänden sie sich im Freien. Die Reifen des Kinderwagens, den ich vor mir herschiebe, knirschen auf den Kieswegen.

Von John Lennon signierte Bilder kosten zu jener Zeit rund 120 000 Deutsche Mark – heute ein Vielfaches –, aber da hängt auch die von Yoko Ono signierte Lithographie »Remember Love«. Aus Büchern kenne ich die Reproduktionen des Bildes in Kleinformaten, jetzt sehe ich es zum ersten Mal in Originalgröße: etwa 60 × 50 Zentimeter.

Fünf Menschen hat der Maler 1970 auf einer Straße und an einem Waldrand gezeichnet, alle mit je einer Blume in den Händen. Sie unterhalten sich im Vordergrund. Die Aufstellung – wer bei wem steht, mit welchem Abstand und an wen gewandt – regt zum Nachdenken an. Im Hintergrund verengt sich die Straße. Weit entfernt beginnt der Horizont, scharf zugespitzt ist der Weg dorthin, was je nach Stimmung des Betrachters bedrohlich oder beruhigend wirkt.

Yoko Ono schreibt im Ausstellungskatalog: »From the time John Lennon attended Liverpool Art Institute he became known for creating these wonderful man/woman caricatures. He was concerned about the environment and the conditions in which mankind left the earth for our children long before it became a popular cause. We see lush forests, with people greeting each other with flowers. Humans extending life and goodwill to one another, crossing the road to offer love and peace to each other.«

Ich bleibe viel länger als geplant im Glashaus und betrachte die Bilder. Meine zweieinhalb Jahre alte Tochter verhält sich außergewöhnlich ruhig. Manchmal hebe ich sie aus dem Kinderwagen und zeige ihr Lennons Strichmännchen. Ich kehre immer wieder zu »Remember Love« zurück. Der Druck Nummer 291 von 300 wäre für einen jungen Journalisten gerade noch bezahlbar, wenn danach ein Jahr lang ein restriktives Sparprogramm eingeführt und ein Ehekrach die Finanzen betreffend in Kauf genommen würde.

Wenn ich an die glücklichsten Momente meines Lebens denke, dann gehört dieser Nachmittag im Botanikum dazu. »Remember Love« – Yokos Song mit Johns akustischer Gitarre. Erinnere dich an die Liebe.

Ich gehe zur Galeristin und leiste eine Anzahlung, drei Tage später gehört »Remember Love« mir. Es ist eine der besten Entscheidungen, die ich als junger Erwachsener getroffen habe. Das Bild hängt seither in der Nähe meines Arbeitsplatzes. Immer wieder wandert mein Blick zu diesen fünf Figuren, zu dieser Familie mit Angehörigen, während ich dieses Buch schreibe. Im Sommer 2008, zwölf Jahre nach dem

Frühlingsglück im Botanikum, besuche ich die umfassende Lennon-Retrospektive im Olympiasaal des Kongresshauses von Garmisch-Partenkirchen. Sie zeigt angeblich die komplette Sammlung des graphischen Werks. Aber wer weiß, was sich noch in den unveröffentlichten Tagebüchern verbirgt? Zudem zeigt die Ausstellung einige Arbeiten aus Yoko Onos privater Sammlung. Mit einem Schmunzeln betrachte ich das Exponat – ein Proof – »Remember Love« und den Vermerk: »Sold Out Edition«.

Die limitierten und von Yoko Ono signierten, gelegentlich kolorierten Zeichnungen haben exklusiven Charakter, aber die Musik gehört allen. Hätte Stuart Sutcliffe länger gelebt und seine malerische Begabung entfalten können, wären Lithographie-Editionen aus seiner Hand heute wohl noch gesuchter auf dem Kunstmarkt.

Wichtige Grundlagen für das künstlerische Schaffen von Stuart und John und vor allem für Johns großes Songbook werden in Deutschland gelegt. »In Liverpool wurde ich großgezogen, aber erwachsen wurde ich in Hamburg«, sagt Lennon im Kinofilm »Imagine«.

Im Sommer 1960 bekommen John, Paul, George und Stu das Angebot vom Hamburger Clubbesitzer Bruno Koschmider, sechs Wochen lang im Kaiserkeller aufzutreten. Boss John sagt sofort zu, für die anderen ist es eine schwere Entscheidung, die sie gegen den Willen ihrer Erzieher durchsetzen. Pauls und Georges Eltern wünschen sich für ihre Söhne keine Abstecher ins Ausland, sondern eine solide Ausbildung in der Heimat. Auch Mimi findet es eine Schnapsidee, nach »Humbug« zu gehen, zu den Feinden aus dem Zweiten Weltkrieg. Doch die Gage ist höher als alle anderen bisher. Weil die Beatles einmal mehr ohne Drummer sind und sich ihr Beat in den Gitarren verbirgt, wie Bandleader John beschönigend zu sagen pflegt, Hamburg sie jedoch nur mit Schlagzeug akzeptiert, überzeugen sie in aller Eile Pete Best, den Sohn der Managerin des Casbah-Clubs, mitzumachen.

Musiker-Vertrag

(Zwischen Kapellenleiter als Beauftragten des Unternehmens und Einzelmusiker)

Zwischen Manager   BRIAN EPSTEIN For and on behalf of "The Beatles"
dem Kapellenleiter (J. LENNON, P. McCARTNEY, G. HARRISON, P. BEST) and
der   in this contract termed as the "Band"   Und
als Beauftragten des Unternehmens

dem Inhaber   HORST FASCHER in Hamburg
der   Vertragschließender I

und Herrn   z. Z.   Straße
                                                            Vertragschließender II

wird folgender Vertrag geschlossen:

1. Vertragschließender I verpflichtet Vertragschließenden II als
   a) für die Zeit vom 13 th April 1962 bis 31st May 1962   (beide Tage eingeschlossen)
   b) für die Zeit vom   bis auf weiteres; Kündigung erfolgt mit Monatsfrist am Letzten des Vormonats.

2. Vertragschließender II ist verpflichtet, täglich   6   Stunden, und zwar:
   a) wochentags, nachmittags   von   bis   Uhr, abends von   8   bis   2   Uhr,
      sonnabends, nachmittags   von   bis   Uhr, abends von   8   bis   4   Uhr,
      sonn- u. feiertags, nachmittags von   bis   Uhr, abends von   8   bis   2   Uhr,
      im Durchschnitt wöchentlich   Stunden zur Verfügung zu stehen.
   b) Die Pausen werden wie folgt festgelegt: 1 Hour play and 15 min. break
   c) Die Instrumente   sind in ordnungsmäßigem Zustand zu stellen.

3. Vertragschließender II erhält ein Monatsgehalt von DM Weekly payment 2,000 D.M. (500 D.M. per each member of the band).
   in Worten Five hundred deutsche Mark   Deutsche Mark; Teilzahlung erfolgt am
   in Höhe von DM   Endabrechnung am Monatsschluß.
   a) Die dem Vertragschließenden II gewährte freie Verpflegung und Unterkunft wird auf das Monatsgehalt mit
      DM   in Anrechnung gebracht.
   b) Überstunden werden mit DM 60 D.M. je Stunde vergütet. (15 D.M. per each member of the Band).

4. Als Zureiseentschädigung erhält Vertragschließender II Gepäckkosten und Fahrgeld 2. Klasse, DM 660 D.M.
   (100 D.M. per each member of the Band).
5. Die Vertragschließenden tätigen den Vertrag unter Bezugnahme auf die Bestimmungen des geltenden Tarifvertrages.
6. Die nach dem Tarifvertrag zu gewährenden spielfreien Tage werden wie folgt festgelegt:

Musiker-Vertrag der Beatles für ihre Auftritte in Hamburg 1962

85

Name: **J o h n**	**Bundesanstalt für Arbeitsvermittlung und Arbeitslosenversicherung**
(bei Frauen auch Geburtsname)	Landes Arbeitsamt: Hamburg
Vorname: Lennon	**Arbeitserlaubnis** 88/728/62

Name: J o h n
(bei Frauen auch Geburtsname)

Vorname: Lennon

Geburtstag: 9.10.40

Geburtsort: Liverpool

Staatsangehörigkeit: Gr.Britannien

Familienstand: ledig

Die Arbeitserlaubnis gilt nur nach Maßgabe der eingetragenen Beschränkungen und in Verbindung mit einer Aufenthaltserlaubnis der Ausländerbehörde.

Eine Verlängerung dieser Arbeitserlaubnis ist spätestens 6 Wochen vor Ablauf der Geltungsdauer zu beantragen.

Ausl. Nr. 2 (4×25, Blatt 1) — 1. 61. H'stelle — 1,25 Mill. — h'f SM 70 g/qm

Bundesanstalt für Arbeitsvermittlung und Arbeitslosenversicherung
Landes Arbeitsamt: Hamburg

Arbeitserlaubnis 88/728/62
(...........Verlängerung)

gemäß § 43 des Gesetzes über Arbeitsvermittlung und Arbeitslosenversicherung vom 3. April 1957 — Bundesgesetzblatt I S. 322 — und der Verordnung über die Arbeitserlaubnis für nichtdeutsche Arbeitnehmer vom 20. November 1959 — Bundesgesetzblatt I S. 689 —

Die Erlaubnis zur Ausübung einer Beschäftigung wird erteilt

als **Musiker**

in dem
Betrieb/ **Star-Club Hamburg**
Gr.Freiheit 39

für die Zeit
vom **13. April 1962**

bis **31. Mai 1962**

Hamburg, den 14. Mai 1962
(Ausstellungsort)   (Datum)

Dienstsiempel
Kanzlei
1

Im Auftrag
Engel

John Lennons Arbeitserlaubnis für Hamburg 1962

86

Die beschwerliche Reise in einem Austin-Kleintransporter, gesteuert vom damaligen Beatles-Manager Allan Williams, führt den 19-jährigen John Lennon durch die Niederlande, wo er nebenbei in einem Musikgeschäft eine Mundharmonika klaut, hinein in den ihm damals völlig fremden deutschen Sündenpfuhl, den er aber rasch schätzen und lieben lernt. In Ledermontur fühlt sich der junge Engländer besonders wohl, trägt dazu verschiedene Arten von Stiefeln und erfüllt die Erwartungen seines Arbeitgebers, der zunächst enttäuscht ist und die Jungs wie seine Go-Go-Girls animiert: »Mach Schau!«

George Harrison erinnert sich im Anthology-Film lächelnd an die Situation, die Johns verborgenste Talente aufscheinen lässt. »Natürlich musste ich die Kastanien aus dem Feuer holen, wenn es Probleme gab. Die Jungs sagten: ›Los, John, du bist der Bandleader. Zieh eine Show ab.‹ Am Anfang waren wir besorgt, wie wir in dieser harten Clubszene bestehen sollten. Aber wir fanden, dass wir angeben konnten, weil wir aus Liverpool kamen. Also legte ich zwischendurch die Gitarre beiseite und machte die Gene-Vincent-Nummer, sprang herum, schmiss mich auf den Boden, wirbelte mit dem Mikrophon durch die Luft und tat, als hätte ich eine Beinverletzung. Jeden Abend gab es ab jetzt ›Mack-Schau‹!«

Auf der Suche nach Puzzlesteinen, die den Weg zum Ruhm der Beatles prägen, fällt den beiden ersten Gastspielen in Hamburg eine besonders wichtige Rolle zu. Hier wird die Band in jeder Hinsicht gefordert. Es lastet ein enormer Druck auf den vier, und zwar von Seiten der Veranstalter, aber auch vom Publikum, das von den eingekauften Briten die Non-Stop-Show erwartet. Und gleichzeitig herrscht vollkommene Freiheit. Keine Tante Mimi, die plötzlich mit ihren Schwestern bei einem Konzert auftauchen könnte, um ihn zu kritisieren. Keine Cynthia, die ihn davon abhält, wilden Sex auszuleben (obwohl John ihr lange und zärtliche Liebesbriefe schreibt). Keine Kunstprofessoren, die ihn ermahnen, an seine Zukunft zu denken und etwas Vernünftiges zu lernen. Niemand drängt ihn, weniger zu trinken, mehr zu schlafen oder die Finger von den Aufputschmitteln zu lassen. Rock, Sex und Drogen vermengen sich in Hamburg zu einer explosiven Mischung, deren Wucht ihn das ganze Leben begleiten wird. Die Energie und die Ausdauer, die er freisetzt, bilden eine Erfahrung, die für ihn prägender ist als der erste Marathon für einen späteren Wettkampf-Langstreckenläufer. John Lennon spürt seine Fähigkeiten, seine Kraft, sein Charisma, sein gigantisches Potential und erlebt die Wirkung seiner Bühnenpräsenz auf das Publikum wie einen starken Rausch.

»Mack Schau!« wird zum geflügelten Wort, und die Beatles machen Schau – Tag und Nacht; nicht nur im Kaiserkeller, sondern auch im Indra, einem früheren Striptease-Club, der dank der englischen Jungs neuen Glanz erhalten soll. »Wir mussten echt rackern. Wir mussten alles bringen, was uns in den Sinn kam. Es gab niemanden, der uns als Vorbild dienen konnte. Wir spielten, was uns am besten gefiel, und den Deutschen gefiel es, solange es laut war«, sagt Lennon zu Jann Wenner.

Weil die Arbeitszeiten auf der Reeperbahn 1960 nicht geregelt sind, werden die Jungs ausgebeutet, arbeiten von nachmittags oder abends bis zum Morgengrauen nur mit kurzen Pausen. Sie übernachten alle in einem Zimmer hinter der dünnen Wand eines Sex-Kinos, teilen sich das Klo mit den Kinobesuchern, feiern dort ihre improvisierten Sexorgien manchmal im Dunkeln unter dem Motto »Muschi-Tauchen« mit Mädchen, frühen Groupies, die sie kaum kennen. Sie halten sich mit Preludin-Tabletten fit, schlafen nicht richtig aus, betäuben den Kater mit dem nächsten Rausch, schlafen mitten im Essen ein (eindrücklich festgehalten in einer hyperrealistischen Graphik von Klaus Voormann, www. voormann.com), essen und dösen manchmal auch am Bühnenrand und lernen, was das Sprichwort bedeutet, »the show must go on«. Insbesondere John Lennon geilt es auf, sich mit seinen Spastik-Nummern über die Krauts, über die »fuckin' Nazis« mit Hitlergruß und Sieg-Heil-Rufen lustig zu machen, was das Publikum jedoch witzig findet. Auch später rutscht ihm hin und wieder noch ein Hitlergruß raus, den man ihm in den 1960er Jahren längst nicht so übelnimmt wie seinem Enkel im Geiste Pete Doherty in München 2009 anlässlich eines Konzerts beim Bayerischen Rundfunk.

Band und Publikum stacheln sich gegenseitig an, Nummern wie Ray Charles' »What I'd Say« werden in die Länge gezogen, Betrunkene torkeln auf die Bühne und dürfen mitsingen, mitschreien – es herrscht Chaos, ein Prä-Punk auf Rock'n'Roll-Basis, der in der legendären Klobrillen-Nummer während des zweiten Aufenthalts der Beatles in Hamburg gipfelt: John Lennon, betrunken und mit Klobrille dekoriert, wird vom Publikum johlend gefeiert, aber vom Kaiserkeller-Betreiber ermahnt. Der Vorhang fällt.

»Ich rede von der Zeit, bevor wir berühmt wurden, über die Dinge, die sich damals von selbst ergaben, bevor wir zu Robotern auf der Bühne wurden. Wir hatten eine natürliche Ausdrucksform und spielten so, wie wir es gut fanden. Und dann kam ein Manager und sagte: ›Macht das, macht jenes‹, und so wurden wir berühmt, indem wir Kompromisse machten«, legt Lennon im Wenner-Interview offen.

Die Hamburger Lektion wirkt nachhaltig. Lennon hört sich durch die US-Rock'n'Roll-Geschichte, singt und spielt viele der kaum bekannten B-Seiten und vergessenen LP-Nummern auch erfolgloser amerikanischer Musiker. Die Nächte in St. Pauli werden von den Beatles mit harten Cover-Nummern, aber auch mit weichen Versionen großer Schnulzen gefüllt. Das Repertoire ist riesig, die Erfahrung im Zusammenspiel mit Paul und George unvergleichlich. Die Grundlage für die späteren Erfolge ist gelegt und so bedeutend, dass John Lennon auf seinem vorletzten Solo-Album »Rock'n'Roll« das Foto des Hamburger Fotografen Jürgen

Vollmer für den Umschlag wählt, das ihn in Lederjacke zeigt, lässig mit den Händen in den Jeanstaschen an einen Hamburger Hauseingang gelehnt.

Jürgen Vollmer wird im Oktober 1960 mit Astrid Kirchherr von Klaus Voormann in den Kaiserkeller mitgenommen, wo Klaus gemeinsam mit seinen Freunden die englische Band auf der Bühne sehen will. Die Hamburger Kunststudenten freunden sich mit den Liverpooler Musikern an. Jürgens Gewohnheit, sich die Haare nach vorne zu kämmen, wird 1961 von Astrid an ihrem neuen Liebhaber Stuart ausprobiert. Wenig später wird der Mop-Top, der Pilzkopf, zum Markenzeichen der Beatles. Vollmer ist heute noch ein international tätiger und erfolgreicher Fotograf, der nicht nur von John und Paul mehrfach gewürdigt wurde, sondern unter anderem auch von William S. Burroughs, der Jürgens Fotos lobt, sie seien wirklicher als Fleisch, realer als der Tod.

Im Aufsatz »Wiedersehen mit John Lennon« für die John-Lennon-Ausstellung in der Kunsthalle Bremen beschreibt Astrid Kirchherr ihre erste Begegnung: »Er stand da wie ein Fels in der Brandung: Bein angewinkelt, Kopf nach vorne, Haare zerzaust, sang er sich mit seiner Wahnsinnsstimme die Seele aus dem Leib! Er hatte diese elektrisierende Mischung aus Wildheit, jugendlicher Aggressivität und Coolness, die ich bis dahin noch nie gesehen hatte. Für mich war John die ideale Verkörperung des Rock'n'Roll. Und schon damals hatte er diese magische Aura. Am selben Abend habe ich auch die große Liebe meines Lebens kennengelernt: Stuart Sutcliffe, der bei den Beatles den Bass spielte.« Astrid Kirchherr ist überzeugt, dass in der Hamburger Zeit ein permanenter und äußerst vitaler Reifungsprozess stattfindet. Sie beobachtet, wie sich John und Stuart gegenseitig beflügeln und dass Stuart für John die wichtigste Bezugsperson ist, die ihm im privaten und emotionalen Bereich Halt gibt. In musikalischen Fragen kommt diese Rolle Paul zu. Klaus erzählt mir, für ihn habe es sich angehört, als erlebe er alle großen Rock'n'Roll-Songs, die es je gegeben hat. Sie seien wie Chamäleons gewesen. »John war Gene Vincent und im nächsten Augenblick Chuck Berry. Paul machte Elvis nach, dann Fats Domino und dann Carl Perkins. Und zwischendurch stritten sich die beiden: ›Ich will jetzt ›Be-Bop-A-Lula‹ singen!‹ – ›Nein, ich!‹ Aber besonders fiel mir auf, wie John tickte. Er wollte außerhalb aller Konventionen sein. Er wollte es anders machen, er wollte etwas Unerhörtes tun.«

Brian Epstein führt die wilden Jungs zurück zu den Konventionen. Aus den Rockern in schwarzen Lederoutfits werden durch seinen Einfluss nach außen hin brave Chorknaben, die ihre Köpfe wie wildgewordene Staubwedel schütteln, yeah schreien und sich in Anzug und Krawatte mit einem Dauerlächeln nach den Songs synchron und tief verbeugen. »Brian Epstein sagte: ›Hört mal her, wenn ihr wirklich in den großen Schuppen spielen wollt, müsst ihr euch ändern. Ihr müsst aufhören, auf der Bühne zu essen, zu fluchen und zu rauchen. Ihr habt die Wahl. Entweder ihr packt es, oder ihr esst weiter Hähnchen auf der Bühne‹«, so John im Wenner-Interview. Auch George Martin schätzt Brian Epsteins Anteil am Erfolg der Beatles hoch ein: »Seiner Beharrlichkeit verdanken sie ihren Aufstieg. Er hat sie geformt, er hat ihnen den Mut gegeben. Er hat wirklich an sie geglaubt. Sie waren seine Kinder.«

Das frechste der Kinder fordert den erfahrenen Produzenten fortan heraus: »John drängte mich dauernd, etwas Neues auszuprobieren. Und das war für mich einigermaßen ungewohnt, denn bei EMI war sonst immer ich derjenige gewesen, der die Konventionen sprengte. Doch John war viel extremer als ich und drängte mich immer, noch einen Schritt weiterzugehen«, sagt George Martin im Gespräch mit John Torv 1982 für den Film »Imagine«.

Rasant erobern die Beatles die Welt. Sie brechen einen Rekord nach dem anderen, landen Nr. 1 Hits am laufenden Band, nicht nur in England und den USA, sondern weltweit.

Lennons Verdienst besteht darin, dass er wie kein Popstar vor ihm die Widersprüche zwischen internationalem Erfolg und privatem Glück freilegt. Während sich beispielsweise Robert Zimmerman hinter dem Pseudonym Dylan, einer dicken weißen Schminkschicht und Beteuerungen versteckt, Bob Dylan sei ein anderer, steht der Beatle zu sich, trennt nicht die Privatperson John Lennon von derjenigen im Rampenlicht. Im Gegenteil – Persönliches und Öffentliches befruchten sich bei ihm gegenseitig und münden in schöpferische Taten.

1964 veröffentlicht er sein erstes Buch »In His Own Write« (»In seiner eigenen Schreibe«) und ein Jahr später »A Spaniard In The Works« (»Ein Spanier macht noch keinen Sommer«). Die Jabberwocky-Stories voller Komik, Witz und Nonsens verbunden mit Gedichten und Zeichnungen werden Bestseller und in den Feuilletons ernst genommen. Lennon setzt sich als »der intelligente Beatle« durch und erwähnt gegenüber Jann Wenner: »Meine Gedanken drücken sich entweder im Film, auf Papier oder auf Band aus. Ich habe eine Menge Bänder aufgenommen. Wenn ich das alles aufschreiben würde, wäre es ein Buch. Ob daraus ein Buch oder eine Schallplatte wird, hängt nur davon ab, was ich will.«

Mit erst 24 Jahren hat John Lennon alles, was man sich wünschen kann: eine nette Familie, Freunde, Geld, Weltruhm und Ehre. 1964 empfängt Prinzessin Margaret die Fab Four, 1965 erhalten sie den Orden des Britischen Empire MBE. Musikkritiker analysieren seine Kompositionen, als handle es sich um klassische Musik. Was er intuitiv erfindet, wird wissenschaftlich erforscht. Trotzdem ist seine Stimmung schlecht: »Die Arbeit ist das Leben. Ohne sie bleibt nur Angst und Unsicherheit«, sagt er. Rückblickend nennt er diese Phase seines Lebens die Zeit des fetten Elvis: »Ich aß und trank wie ein Schwein, ich war fett wie ein Schwein, und unbewusst schrie ich nach Hilfe«, erinnert er sich im Gespräch mit Jann Wenner.

Die Begegnung mit dem BBC-Journalisten Kenneth Allsop, der ihn anlässlich seines Buches »In His Own Write« interviewt, verleiht dem Rockpoeten wichtige Impulse für seine neuen Songs. Allsop sieht eine Diskrepanz zwischen Lennons schöpferischer Kraft, wie sie in seinen Prosatexten zum Ausdruck kommt, die von der Literaturkritik mit Lewis Carroll und James Joyce verglichen werden und den eher flachen Liedern, die oft nach leicht durchschaubarem Schema von der Liebe erzählen. Allsops Anregung, mehr von sich selbst in den Songtexten offenzulegen, greift John auf. »I'm A Loser« ist ein großer Schritt hin zur Selbstdarstellung, in diesem Lied spricht er bereits von der Wahrheit unter der Maske und verstärkt diese Tendenz in »Help!«, worin er seine Ängste thematisiert. Die Urfassung von »Help!« ist viel langsamer als die von den Beatles veröffentlichte Version. Lennon schreibt »Help!« im Dylan-Stil, der ihn bei ihren mehrfachen Treffen in jenen Jahren ermuntert, von der Beatles-Fröhlichkeit abzuweichen. »Ich brauchte Hilfe. Das Lied war über mich«, gesteht John Lennon.

Mitte der 1960er Jahre ist Bob Dylans Ausdrucksweise eine Inspirationsquelle für den Beatle. Beim New Yorker Konzert der Beatles 1964 besucht Bob Dylan die Fab Four in ihrer Hotelsuite, woraufhin die Liverpooler ihren ersten Joint rauchen. Doch mit den Jahren distanziert sich Lennon immer mehr von Bob Dylan, und 1970 sagt er: »Dylan ist Quatsch. Er heißt Zimmerman. Ich heiße nicht John Beatle, sondern John Lennon.«

Bis dahin sind es nur noch wenige, aber intensive Jahre. John reift, seine Songs gewinnen an Ausdruckskraft und Glaubwürdigkeit. Er verwendet ungewöhnliche Vokabeln und integriert sie rhythmisch geschickt in die Lieder. Mit »Seelengummi« verstärkt sich die Marihuana- und beginnt die LSD-Zeit. Der Schweizer Chemiker Albert Hofmann erfindet die Substanz, die den Beatles neue Impulse vermittelt, schon in den 1930er Jahren. Auf »Rubber Soul« spielt George erstmals Sitar in einem Popsong. Der Benjamin der Beatles entdeckt 1965 die Musik Ravi Shankars und setzt die Erfahrungen sofort um. Auf dem Album mit den verzerrten Porträts der Fab Four – das Foto wurde in Weybridge aufgenommen und John war sofort von der verfremdeten Optik begeistert – wird innovativ auch mit technischen Studio-Effekten gearbeitet.

Nach dem ersten LSD-Trip sind John und George begeistert von der Bewusstseinserweiterung, erzählen häufig von diesem Schlüsselerlebnis und sehnen sich nach mehr. Cynthia erinnert sich:»John tat alles, um mich zu überreden. ›Cyn, du weißt, wie sehr ich dich liebe. Ich würde nie zulassen, dass dir etwas passiert. Wir könnten beide von dem Trip profitieren. Es würde uns einander noch näher bringen‹, bettelte er und meinte: ›Bitte Cyn, wenn wir es mit Freunden machen, die wir lieben, denen wir vertrauen, wirst du staunen, wie wunderschön es ist.‹ Endlich willigte ich ein. Ich beschloss, es noch einmal zu versuchen, denn ich wollte verstehen, was ihn so daran reizte.« Aber während John sich fortan regelmäßig mit LSD in Phantasiewelten beamt, bleibt Cynthia bodenständig, was ihre Beziehung belastet. Cynthia fasst in unserem Gespräch am Fenster des Méridien zusammen: »Die größte Veränderung in unserem Leben und der wichtigste Faktor, der zur Zerrüttung unserer Ehe führte, war Johns wachsendes Interesse an Drogen.«

Mit »Nowhere Man« schreibt John Lennon das erste Lied der Beatles, in dem es nicht um Liebe geht. Der Song entsteht, als er während des Komponierens fürchtet, keine weiteren Lieder zustande zu bringen, obwohl noch dringend ein Titel für das nächste Album benötigt wird. »Ich konnte wirklich an nichts mehr denken. Es kam einfach nichts. Ich war leer, gab auf und legte mich hin. Im Bett fühlte ich mich wie der ›Nowhere Man‹ in seinem ›Nowhere Land‹.« Seine philosophischen Gedanken geben Anlass zu vielen verschiedenen Interpretationen von der Idee individueller Perspektivlosigkeit bis zu allgemeinem Werteverlust in der modernen Gesellschaft. Ebenso ungewöhnlich wie der »Nirgends-Mann« ist »In My Life«, der notwendige Zwischenschritt vor den psychedelischen und transzendentalen Nummern auf »Revolver« und »Sgt. Pepper«.

Die Beatles tüfteln immer mehr zu Hause und im Studio an ihren Kompositionen. Ihr letztes Konzert geben sie 1966. »Gegen Ende war es nur noch ein Possenspiel«, erinnert sich John Lennon. »Auf die Musik hat keiner mehr geachtet. Wir haben nur noch die Lippen bewegt. Es war eine Art Freakshow. Die Beatles waren die Show, auf die Musik kam es nicht an. Wir waren Musiker, deshalb merkten wir, dass kein Spaß mehr dabei war. Es gibt nur einen einzigen Grund, warum man ein Beatle ist: Man will Musik machen, aber nicht den Clown spielen.«

Bis zu diesem hohen Grad an Überdruss versucht John Lennon die Erstarrung zum Pilzkopf mit verschiedenen Mitteln zu ertragen: das Komponieren, die Feten hinter der Bühne, der Wechsel von Liverpool nach London, die glamourösen Lokale und verruchten Kaschemmen der Metropole, der Geldsegen, die Anerkennung – all das, was Kreativität gekoppelt mit Ruhm mit sich bringt, stellt ein Ventil dar, das ihm das Image des braven Beatle erträglich scheinen lässt. Mit größter Mühe unterdrückt er sein rebellisches Wesen, seinen Wunsch nach Authentizität, was in Sprüche mündet wie den von 1963, als er bei der Royal Variety Show mit den berühmt gewordenen Worten: »Die Leute auf den billigen Plätzen klatschen bitte mit. Der Rest von Ihnen klappert einfach mit den Juwelen«, »Twist and Shout« ankündigt. Doch der Spruch ist nur die Spitze des Eisbergs an Kritik und Bosheiten, die Lennon loswerden möchte. Er unterdrückt im letzten Moment seine Spastiker-Nummer und lässt das »fuckin'« vor »Juwelen« weg. Epstein muss ihn ständig zurückhalten und bitten, Fassung zu wahren. Bei Empfängen haben die Beatles mit ihren Tour-Managern Neil Aspinall und Mal Evans – beide

Jugendfreunde aus Liverpool – Zeichen vereinbart, auf die hin die Manager ungebetene Verehrer bestimmt, aber freundlich von den Musikern fernhalten, diese jedoch weiter fröhlich lächeln.

Als Fans einmal auf Lennons Rolls-Royce klettern und der Chauffeur sie daran hindern will, hält er den Fahrer zurück: »Lass sie, die haben ihn bezahlt. Sie haben das Recht, ihn zu verschrotten.«

Auch auf dem Höhepunkt der Beatlemania versucht der kreative Kopf der Band, den Humor zu bewahren. Aber er bekundet zusehends Mühe damit, weil der Tournee-Stress, das Komponieren und Aufnehmen sich zu einem auslaugenden Ritual verselbständigen, das keine Zeit zum Atemholen, zum Nachdenken lässt. Zu Jann Wenner bemerkt er: »Das waren entsetzlich demütigende Erfahrungen – zum Beispiel, als wir auf den Bahamas ›Help!‹ gedreht haben. Da saßen wir manchmal mit dem Gouverneur zusammen und mussten uns von diesen verzogenen, pissköpfigen Bürgerärschen beleidigen lassen, die irgendwelche abfälligen Bemerkungen über unsere Herkunft aus der Arbeiterklasse oder über unsere Manieren vom Stapel ließen. Ich konnte das nicht ab, es hat mich verletzt, hat mich wahnsinnig gemacht.«

Klaus Voormann berichtet davon, dass er seinen Freund bei Besuchen in jener Zeit oft tief depressiv vorfindet. Lennon selbst erinnert sich gegenübe Jann Wenner: »Es war schrecklich. Das ganze Geschäft ist schrecklich. Man musste sich selbst erniedrigen, um das darzustellen, wofür die Beatles standen, und das war mir zuwider. Ich konnte das nicht vorhersehen. Es geschah einfach. Es geht langsam, Stück für Stück, bis dich der ganze Wahnsinn völlig umgibt, und man macht genau das, was man eigentlich nicht machen will, mit Leuten, mit denen man eigentlich nichts zu tun haben möchte.«

Das Ende der letzten Beatles-Tour, die Ahnung, dass nie wieder eine folgen würde, macht ihn nervös. Zum ersten Mal stellt er sich vor, wie eine Zukunft ohne die Band aussehen könnte. Er versucht sich als Schauspieler in Richard Lesters Antikriegsfilm »How I Won the War«, tüftelt neun Monate mit seinen Gefährten im Studio für »Sgt. Pepper«, lernt Yoko Ono kennen, geht mit Cynthia nach Indien zum Maharishi Yogi, um sich mit transzendentaler Meditation zu beschäftigen, muss Brian Epsteins Tod verkraften und nun gemeinsam mit den anderen das Beatles-Imperium managen, schreibt Songs für das »White Album«, leistet sich einen Gastauftritt bei den Rolling Stones, zieht zu Yoko, lässt sich von Cynthia scheiden, stellt eigene Kunstwerke aus, muss sich wegen Drogenbesitzes vor Gericht verantworten, streitet sich mit Paul wegen des Managements von Apple, veröffentlicht Experimental-Alben mit Yoko und heiratet sie, sorgt für Schlagzeilen mit Bed-ins und Bagism-Aktionen, gründet mit Yoko die Plastic Ono Band, mit der er in Toronto auftritt, und lässt zwischendurch die Zusammenarbeit mit seinen bisherigen Schicksalsgefährten mit der Produktion zweier Alben »Let It Be« und »Abbey Road« und einem letzten gemeinsamen Auftritt auf dem Dach des Apple-Gebäudes 1969 ausklingen.

Die Jahre von 1966 bis 1970 sind ein einziger Temporausch, erst mit »Imagine« 1971 kommt John Lennon ein wenig zur Ruhe. Es gibt drei Hauptmotive für die Beschleunigung in diesen Jahren: die Beziehung zu Yoko Ono, das Ende der Beatles als Live-Band und Brian Epsteins Tod. Viele kleinere Motive kommen hinzu, von den Ambitionen Pauls, die Band zu führen, über Johns Bemerkung im März 1966, die Beatles seien berühmter als Jesus, bis zu seinem stark zunehmenden Drogenkonsum.

Wohl kaum ein anderes Künstlerehepaar wurde von Publizisten eingehender analysiert als John Lennon und Yoko Ono, aber niemand hat die Beziehung besser charakterisiert als John selbst: »Sollte man nicht besser vermeiden, dass Kinder in der Atmosphäre einer gespannten Beziehung aufwachsen? Meine Ehe mit Cyn war keineswegs unglücklich, aber sie bestand aus einem ehelichen Leerlauf, in dem nichts passierte, aber den wir ständig aufrechterhielten. Du erhältst ihn aufrecht, bis du jemanden kennenlernst, der dich von heute auf morgen davon befreit. Mit Yoko habe ich tatsächlich die Liebe zum ersten Mal kennengelernt. Anfangs bestand unsere gegenseitige Anziehungskraft nur auf geistiger Basis, aber dann kam auch die körperliche hinzu. Für eine Gemeinschaft sind beide lebensnotwendig, aber ich habe nicht im Traum daran gedacht, je wieder zu heiraten. Jetzt erscheint mir der Gedanke daran ganz natürlich.«

John Lennon will Yoko Ono immer bei sich haben. Er nimmt sie mit ins Studio und beendet damit eine alte Regel, dass die Jungs bei Aufnahmen unter sich sind, was einem Affront gegen George Martin und die drei anderen Beatles gleichkommt. Die Reaktionen sind zu Beginn heftig, und bis zuletzt gewöhnt sich das Ensemble nicht an die ständige Anwesenheit der Japanerin. Trotzdem sind Beatles-Experten inzwischen fast einhellig der Meinung, dass Yoko Ono nicht der Trennungsgrund für die Band ist. Der Streit bezüglich des Managements wiegt viel schwerer. Lennon sagt 1970 zu Jann Wenner: »Nachdem Brian tot war, brachen wir zusammen. Paul setzte sich an die Spitze und meinte, uns führen zu müssen. Aber was heißt schon führen, wenn man sich im Kreise dreht? Damals brachen wir auseinander. Damals begann der Zerfall. (...) Wir machten das Doppelalbum. Es war, als ob jedes Stück einzeln aufgenommen wurde: eins machte ich und das nächste George. Mal spielte ich mit einer Begleitgruppe, mal Paul mit einer Begleitgruppe. Und es hat mir auch Spaß gemacht, aber damals haben wir uns im Grunde aufgelöst.« Künstlerisch und mental driften die vier Beatles auseinander. Das zeigt sich unter anderem an ihrem Verhältnis zum Maharishi, dem sie am 24. August 1967 zum ersten Mal im Hilton-Hotel in London begegnen. Schon drei Tage später folgen sie ihm nach Bangor in Wales, um an einem Meditationswochenende teilzunehmen. Dort erreicht sie die

Nachricht, dass Brian Epstein in seiner Londoner Wohnung tot aufgefunden wurde. Ursache: ein Drogencocktail. Der Maharishi beruhigt die Beatles, sagt ihnen, sie sollen weiterhin glücklich sein und sich keine Sorgen machen. John Lennon beschreibt gegenüber Jann Wenner seine Gefühle unmittelbar nach der Todesnachricht: »Ich habe so eine Art Hysterie empfunden, so ein puh, puh, ein Glück, dass es mich nicht erwischt hat, oder in die Richtung, kennst du das? Dieses komische Gefühl, wenn jemand stirbt.« Auch mit dieser Aussage bricht er ein Tabu, denn er gesteht öffentlich eine nur allzu menschliche Schwäche ein, vor deren Thematisierung sich Prominente bis heute hüten: Die Erleichterung, zu den Überlebenden zu gehören, egal, wie sehr man den Verstorbenen geliebt hat. Eine Erleichterung, die manchmal die Trauer überwiegt.

Die Probleme bezüglich des Managements beginnen mit Brian Epsteins Tod, wenn auch die Idylle Indiens die Spannungen zunächst noch dämpft. Am 16. Februar 1968 treffen John, Cynthia, George und seine Frau Pattie beim Maharishi in Rishikesh ein, um an einem zweimonatigen Kurs in transzendentaler Meditation teilzunehmen. Wenige Tage später folgen Paul und Ringo mit ihren Frauen, kehren aber frühzeitig zurück: Der Drummer kann sich nicht an das indische Essen gewöhnen und der Bassist mag sich nicht an den strukturierten Tagesablauf anpassen. Bei beiden springt der Mantra-Funke nicht so über wie bei John und George. Allerdings beenden auch der Rhythmus- und der Sologitarrist den Kurs früher als vereinbart. Sie lernen viel, vor allem George lässt sich auch musikalisch inspirieren, sie sind aber gleichzeitig enttäuscht vom Führungsgehabe des Maharishi. Gerüchte über sexuelle Belästigungen Mia Farrows durch den Guru bringen das Fass zum Überlaufen. »Sexy Sadie‹ ist über den Maharishi, ich habe das ein bisschen getarnt, weil ich nicht schreiben wollte: ›Maharishi, what have you done, you made a fool of everyone‹, aber jetzt kann ich ruhig die Wahrheit sagen. (...) Wir sind also los zum Maharishi, die ganze Gruppe im Gänsemarsch rauf zu seiner Hütte, zu seinem sehr üppig ausgestatteten Bungalow in den Bergen. Ich war der Sprecher, das war immer so – wenn die Drecksarbeit kam, musste ich den Führer mimen; was auch immer anlag, sobald es mulmig wurde, wurde mir die Rolle des Wortführers zugedacht. Und ich sagte: ›Wir reisen ab.‹ Er fragte, warum, und ich sagte: ›So kosmisch, wie du bist, wirst du das doch wohl wissen.‹ Er hatte nämlich immer Andeutungen in diese Richtung gemacht. (...) Er warf mir einen Blick zu, als wolle er sagen, ›ich bring dich um, du Schwein‹. Da wurde mir alles klar, als er mich so anschaute, weil ich seinen Schwindel durchschaut hatte, weil ich gesagt hatte, wenn du alles weißt, dann musst du auch das wissen. (...) Das geht mir immer so. Ich erwarte immer zu viel. Ich habe auch immer von allen erwartet, dass sie mir meine Mutter ersetzen oder Eltern, aber das klappt nie«, erinnert sich Lennon im Gespräch mit Wenner.

Nach der Rishikesh-Enttäuschung politisiert sich John Lennon zusehends. Insane, insane, insane: Im weißen Rollkragenpullover kurz nach dem Indien-Aufenthalt gibt er britischen TV-Journalisten sein berühmtes »Insane-Interview«, das seine Radikalisierung in jener Zeit bei gesellschaftskritischen Äußerungen zeigt. »Unsere Gesellschaft wird von Verrückten geführt, die verrückte Ziele verfolgen. Das habe ich mit 16, mit zwölf und noch jünger behauptet. Aber ich habe es mein ganzes Leben lang auf verschiedene Weise ausgedrückt. Jetzt kann ich es in Worte fassen. Wir werden von Wahnsinnigen regiert, die Wahnsinniges wollen. Ich glaube, dass unsere Regierungen geisteskrank sind. Ich mache mich strafbar dafür, dass ich das sage, und das ist das Geisteskranke daran«, sagt John zu Jann Wenner und zwei Jahre zuvor in nahezu identischen Worten im TV-Interview am 6. Juni 1968 mit dem Schauspieler Victor Spinetti von der National Theatre Company anlässlich der Aufführung des Theaterstücks »In His Own Write«. Es ist das erste Mal, dass John Lennon so offensiv, radikal und direkt die Obrigkeit attackiert. Fortan setzt er seine Prominenz verstärkt für gesellschaftliche Veränderung ein, was nicht ohne Folgen bleibt. Der Dokumentarfilm »The U.S. vs. John Lennon« aus dem Jahr 2006 zeigt eindrücklich die Sorgen der Regierungen Großbritanniens und der Vereinigten Staaten angesichts seiner Beliebtheit und seines Engagements gegen den Krieg und damit gegen die Interessen insbesondere der Nixon-Administration.

Anfang der 70er Jahre unterstützt der Musiker politisch hochaktive Bürgerrechtler, die der Staat gerne hinter Schloss und Riegel bringen würde. Mit Yoko Ono bezieht er im September 1971 im vornehmen St. Regis Hotel zwei Suiten. Geld spielt keine Rolle, das Album »Imagine« klettert gerade weltweit in die Top Ten. Der Erfolg sorgt für Adrenalinschübe und für neue Projekte. Auf den Straßen New Yorks lernt Lennon den Bandleader von The Lower East Side, David Peel, kennen. Die Combo gibt auf ausgelassenen Happenings Satiren im Agitprop-Stil und Drogensongs zum Besten und zieht von einer Straßenecke New Yorks zur nächsten. Ende Oktober mieten John und Yoko eine Wohnung im West Village und produzieren David Peels Platte »The Pope Smokes Dope« für Apple Records, die von fast allen Radiostationen boykottiert wird. Zur selben Zeit lernt Lennon die Extremisten und Berufsrevoluzzer Jerry Rubin und Abbie Hoffman von der Youth International Party (Yippies) kennen, die seit 1968 Demonstrationen gegen den Kambodscha- und Vietnamkrieg organisieren, sich für mehr Bürgerrechte einsetzen und mit den Black Panthers kooperieren, insbesondere mit Bobby Seale. Erklärtes Ziel der Yippies ist es, die bestehende Regierung und das herrschende Bankensystem zu Fall zu bringen. Gemeinsam mit seinen neuen

Freunden veröffentlicht John Lennon Zeitungsartikel, engagiert sich für die schwarze Universitätsdozentin Angela Davis und setzt sich für den Gründer der White Panthers John Sinclair ein, die beide zu Unrecht im Gefängnis sitzen. Wenig später lernt er auch Daniel Ellsberg kennen, der 1971 berühmt wird, weil er der »New York Times« geheime Pentagon-Papiere zum Vietnamkrieg zuspielt. Unter hohem persönlichen Risiko kämpft Ellsberg für die Wahrheit hinter der veröffentlichten Meinung des Weißen Hauses, was letztlich zur Watergate-Affäre und zum Freedom Of Information Act führt, der heute noch die Freiheit der Medien in den USA garantiert. Nach dem Watergate-Skandal wird das Gerichtsverfahren gegen Ellsberg eingestellt. Der frühere MIT-Mitarbeiter und Träger des Alternativen Nobelpreises 2006 ist heute noch aktiv. Der Journalist Ted Johnson berichtet für »Variety« am 20. März 2008 von der Daniel Ellsberg Reunion. An Ellsbergs 77. Geburtstag, am 7. April 2008, wurde anlässlich des 35-jährigen Jubiläums einer Spendensammlung zur Bezahlung von Ellsbergs Anwaltskosten erneut eine Sammlung durchgeführt, diesmal mit Jackson Browne und vielen anderen. 1973 waren Barbra Streisand, Yoko, John und Ringo Ellsbergs Helfer, 2008 wurde für die Finanzierung des Dokumentarfilms über Daniel Ellsbergs Leben »The Most Dangerous Man in America« gesammelt, der inzwischen fertiggestellt ist und von der Kritik hoch gelobt wird. Darin wird das repressive Klima in den USA Anfang der 1970er Jahre wieder lebendig. Richard Nixon bangt um seine Wiederwahl und hetzt seinen FBI-Direktor Edgar J. Hoover auf alle prominenten Regierungskritiker, und damit auch auf John Lennon und Yoko Ono.

Seit der Veröffentlichung von »Two Virgins« 1969 mit dem nackten Liebespaar auf dem Cover füllen Lennon und Ono beim FBI eine schnell wachsende Akte. Doch noch ahnt der Beatle nichts davon. Er singt weiter für Frieden, Freiheit und Gerechtigkeit. Damit ist er den Herrschenden ein Dorn im Auge, die Krieg führen und sich diesen nicht vom Volk verbieten lassen wollen.

Am 10. Dezember 1970 treten John Lennon und Yoko Ono gemeinsam mit Stevie Wonder, Bob Seger und Allen Ginsberg bei einem von Jerry Rubin und Bob Seale organisierten Konzert auf und tragen ihr soeben komponiertes Lied für John Sinclair vor. Sie gehen in TV-Shows, wo sie neue Protestlieder singen, geben Interviews und setzen die größte Friedenskampagne, die die Welt je gesehen hat, mit der Plakataktion »War Is Over« fort.

Gore Vidal stützt durch seine Aussage im Film »The U.S. vs. John Lennon« die These, dass Johns und Yokos phantasievoller, begeisternder und unermüdlicher Einsatz für den Weltfrieden die US-Regierung zunehmend irritiert. Der Film arbeitet mit Kontrasteffekten und stellt die Porträts von US-Präsidenten, die den Einsatz und den Tod von US-Soldaten in fremden Ländern rechtfertigen wollen, John Lennon gegenüber, der mit enormer öffentlicher Resonanz dagegen agitiert.

Das geschieht prototypisch mit dem ersten Bed-in in Amsterdam, mit dem Lennon im Rahmen seines »privaten Protests« erklärt, dass er sich gewaltfrei für Frieden einsetzen will. Wer es mit Gewalt versuche, akzeptiere die Regeln des Systems und verliere damit zwangsläufig. Das geschieht beispielhaft im Januar 1972, als John und Yoko mehrere Tage lang als Gastgeber in der TV-Show von Mike Douglas auftreten. Sie nutzen das Forum, um Jerry Rubin oder Bobby Seale in ausführlichen Interviews zu Wort kommen zu lassen. Und immer wieder geschieht das durch Lennons Fähigkeit, den revolutionären Willen der Jugend in einprägsame Verse und Melodien zu fassen – »Power To The People« begeistert die Massen gleichermaßen, wie es die Obrigkeit beunruhigt. Der »One-Liner-King« deklariert seine Gitarre zwar nicht zur Waffe wie Woody Guthrie (»This Machine Kills Fascists«), aber er stärkt mit seinen Songs den Protestwillen seiner Hörer.

»Nichts wird mich aufhalten. Ob hier oder wo auch immer, ich werde meine Ansichten nicht ändern und sagen, was ich denke«, provoziert der Star und steht vor allem wegen der Finanzierung radikaler Initiativen in direktem Konflikt mit der Nixon-Regierung, die ihn als Instrument gewalttätiger Radikaler und damit als Staatsfeind sieht. Die Politprofis Hoffman und Rubin nutzen das Künstlerpaar für ihre Zwecke: die Beendigung des Krieges in Vietnam und die Destabilisierung im Inneren der USA. Ersteres befürwortet Lennon, Letzteres nicht. Andererseits profitiert auch Mr Imagine von den Erfahrungen der Hardliner und sticht dank ihrer Kompromisslosigkeit direkt in den Mittelpunkt der Protestbewegung, was Synergien auf beiden Seiten auslöst – für die linksextremen politischen Aufwiegler *und* für die friedensbewegten Künstler. Der Pilzkopf wird zum Revolutionär. Den Wegweiser bildet schon sein aufrüttelnder Song »Revolution« für das »White Album« mit der umstrittenen und variierten Zeile *You can count me out/in* bei der Frage, ob ein revolutionäres Engagement stattfinden soll oder nicht. Dabei verlässt Lennon nie seinen Standpunkt: Revolution ja, aber mit friedlichen Mitteln. »Ich bin in erster Linie ein Künstler, erst in zweiter Linie ein Politiker.«

CIA und FBI horchen und schreiben mit, denn immerhin definiert sich der Musiker selbst auch als Politiker. Leitende CIA-Agenten und Publizisten jener Jahre zählen auch rückblickend John und Yoko aufgrund ihrer erfolgreichen Medientätigkeit zu den gefährlichsten Gegnern für die damals herrschenden Politiker. Als Jerry Rubin 1972 ein politisches Woodstock mit John Lennon in Miami zeitgleich mit dem Nationalkonvent der Republikaner ankündigt, um Nixons Wahlkampf zu stören, dementieren John und Yoko. »Wenn wir zugesagt hätten, wäre unser Leben in Gefahr gewesen«, erinnert sich Yoko Ono.

Das Schüren von Verschwörungstheorien im Film »The U. S. vs. John Lennon« scheint jedoch fraglich, wenn man die ausführliche Dokumentation »E! True Hollywood Story – Final Days of John Lennon« dagegenstellt, worin das Leben Mark David Chapmans minutiös nachgezeichnet wird und die Möglichkeit, dass der Texaner tatsächlich dieser von John Lennon vorhergesagte »Loony« ist, sehr einleuchtend wirkt. Dann aber vernimmt man wiederum mit Staunen, dass Yoko Ono allein im ersten Jahr nach Johns Tod eine Million Dollar zu ihrer und Seans Sicherheit ausgibt.

Der kalifornische Wissenschaftler Jon Wiener veröffentlicht 1999 eine exakte Rekonstruktion der Konflikte des Paares mit der US-Regierung im Buch »Gimme Some Truth: The John Lennon FBI Files«. Die obengenannten Zweifel an den Verschwörungstheorien kann auch Wiener nicht ausräumen. Er weist aufgrund neuer Akteneinsicht nach, dass auch der Stabschef des Präsidenten der USA, H.R. Haldeman, in die Anti-Lennon-Kampagne verwickelt ist. In diesen Sphären sei alles möglich, aber mit den vorliegenden Dokumenten nicht beweisbar, so Wiener. Ein wesentlicher Teil seiner Untersuchung beschäftigt sich auch mit der mühsam erkämpften Aufenthaltsgenehmigung. »Ich wusste, wenn ich ausreise, wird es verdammt schwer, wieder reinzukommen. So war es bei Paul, bei Mick und bei George. Wenn man einreisen will, muss man schon sechs Monate vorher auf den Knien rumrutschen. So was macht mich ganz krank. Deshalb wollte ich bleiben«, erinnert sich John Lennon an seinen Dauerkonflikt um eine unbegrenzte Aufenthaltsgenehmigung in den USA. »Sie haben sogar ihre eigenen Spielregeln geändert, um uns zu kriegen, nur weil wir Kriegsgegner waren. Zum Beispiel dürfen ein paar Freunde von uns, die auch im Popgeschäft sind und wegen Marihuanabesitzes verurteilt wurden, aus- und einreisen, wie es ihnen beliebt. Sie haben nur andere Ansichten als ich, oder behalten sie für sich«, sagt Lennon zu Andy Peebles im BBC-Interview vom 7. Dezember 1980.

Nach viereinhalb Jahre währenden juristischen Auseinandersetzungen und ständiger Androhung der Abschiebung bekommt Lennon 1976 von der US-Einwanderungsbehörde die unbegrenzte Aufenthaltsgenehmigung, die Green Card. Das hat er nicht nur seinen Anwälten zu verdanken, sondern auch seiner enormen Entschlossenheit, die zum Ausdruck kommt, sobald er sich zu wichtigen Themen äußert. Sie beeindruckt seine Fans und Freunde ebenso wie seine Feinde. Der Musiker argumentiert messerscharf, und er überzeugt.

Das Geheimnis seiner Durchsetzungskraft liegt auch darin – was ihm vollkommen bewusst ist –, dass viele seiner Kritiker seine Aktionen für naiv halten. Das verleitet ihn aber nicht zu Tatenlosigkeit oder anspruchsvoller Dialektik. Es ist ihm egal, was die Leute von ihm denken, die Sache ist wichtig. Er lässt nicht locker, bis Protest patriotisch wird. Millionen von Protestierenden singen auf Anti-Kriegs-Demonstrationen seine Lieder; »Give Peace A Chance« ist für die Friedensbewegung, was »We Shall Overcome« für die Bürgerrechtsbewegung war.

Rückblickend gibt es keine US-Politiker, die den Vietnamkrieg für richtig halten. Wird rückblickend ein US-Politiker den Afghanistankrieg für gerechtfertigt halten?

»Wir wollen die Menschen bewegen«
Befreiung in Toronto

»Ich habe keine Angst vor dem Tod. Ich weiß nicht, wie es sich anfühlen wird, aber ich bin darauf vorbereitet, weil es für mich nicht das Ende ist. Es ist nur so, als steige man aus einem Auto aus und in ein anderes ein.« Seit dem 8. Dezember 1980 fährt John Lennon in einem anderen Auto. Manche glauben, ihn gesehen zu haben.

Inzwischen leuchten wir alle auf. Wir alle sind Superstars, wir alle strahlen. *We all shine on.* Auf der Stelle. Sofort. Instant. »Instant Karma« steht symbolisch für die Art, wie sich John Lennon während der Auflösung der Beatles ausdrückt. Der Song wird am 26. Januar 1970 komponiert, aufgenommen und produziert – alles an einem Tag. Die Single erscheint bereits am 6. Februar, ein »Sofort-Song«, der umgehend gespielt und auf der Stelle zum Hit wird – vom Urheber völlig ironiefrei mit Instant-Kaffee verglichen.

Die Geschwindigkeit, mit der Kunst und Musik hier entsteht und unters Volk gebracht wird, nimmt die Veröffentlichungsformen des digitalen Zeitalters vorweg, allerdings mit dem Unterschied, dass Lennon trotz der raschen Abläufe Meisterwerke gelingen, die auch als solche erkannt werden und die Menschen beeinflussen. Stephen King beispielsweise erklärte, dass er den Ausdruck »The Shining« dem Song »Instant Karma« entnommen habe. In Kings populärstem Roman, der mit Jack Nicholson in der Hauptrolle verfilmt wurde, bedeutet »Shining« in etwa »Inneres Auge« oder »Vorausahnung«. Auf der Doppel-CD »Make Some Noise – Save Darfur«, die 2007 auf Initiative von Amnesty International erschien, präsentieren über 30 Musiker ihre Versionen dieses Lennon-Titels. »Instant Karma« ist als der auf dieser CD am häufigsten gecoverte Song dreimal vertreten: Eröffnet wird das Benefiz-Album mit Bono und seiner U2-Version von »Instant Karma«, es folgen unter anderem Christina Aguilera (»Mother«), Lenny Kravitz (»Cold Turkey«), Jackson Browne (»Oh My Love«) und Black Eyed Peas (»Power To The People«). Die weiterführende Internet-Adresse zur Platte und dieser Initiative von Amnesty International lautet »instantkarma.org«.

Seit dem 8. Dezember 1980, dem Tag, an dem John Lennon stirbt, trauern Menschen rund um den Globus. Vor dem Dakota Building versammeln sich noch in derselben Nacht Tausende Fans. Ihre Gesichter drücken Fassungslosigkeit und Verzweiflung aus. Frauen, Männer, Jugendliche und Alte – die Bestürzung erfasst Personen aus allen Alters- und Gesellschaftsschichten. TV-Teams zoomen auf die Gesichter: Manche schreien, andere weinen still, manche meditieren. Nirgends sonst sieht man Liebe und Zorn so nahe beieinander. Leidenschaft für den Sänger, der die Menschen verlassen hat, Wut auf den Mann, der ihn ausgeknipst hat. Die Bilder sind Geschichte, wer sie einmal gesehen hat, vergisst sie nie wieder. Sie spiegeln das fundamentale Geheimnis des Stars wider, denn sie zeigen die Wunde, die gewaltige Verletzung, die hoffnungslose Verlassenheit, die sein Tod auslöst. Und damit zeigen sie auch all das, was diesem Schock vorausgegangen ist: Gedichte, Melodien, Bilder, Botschaften – alle der schöpferischen Kraft dieses Mannes mit Nickelbrille entsprungen. Menschen in vielen Ländern der Erde stellen sich vor, es gäbe keine Grenzen, weil der Künstler, der sie dazu auffordert, ihnen nahe ist, näher oft als eigene Verwandte. Und das, obwohl nie ein unmittelbarer Kontakt zu ihm bestand. Dieser Effekt stellt sich auch Jahrzehnte nach seinem Tod von Generation zu Generation von neuem ein. Warum?

John Lennon ist ein Enthusiast. Er begeistert sich für bestimmte Themen und Menschen, er lässt sich gerne beeindrucken. Alles, was ihm – und der Welt – Frieden bringen könnte, interessiert ihn. Jede dieser Strömungen saugt er auf, bis er übervoll ist davon. Manchmal identifiziert er sich damit bis zur – vorübergehenden – Selbstaufgabe. Denn danach hinterfragt er unerbittlich: Kunst, Musik, Religionen, Ideologien, Revolutionen, spirituelle Führer, Meditationstechniken, philosophische Theorien, Drogen, Emanzipation, Gleichberechtigung, Hausmänner, makrobiotisches Essen... Und immer ist er Avantgarde, immer den gesellschaftlichen Entwicklungen einen Schritt voraus. John Lennon ist Trendsetter. Aber meistens ist er schon vehement dabei, die Probleme und Schwächen all dieser Moden zu entlarven, während die Massen gerade anfangen, sich dafür zu interessieren. Auf die eine innere Transformation folgt die nächste persönliche Wandlung. Disziplin und Meditation helfen ihm, Engstirnigkeit und -herzigkeit zu überwinden. Mit zynischem Idealismus zielt er auf Loslösung von Führungsfiguren, auf Selbstheilung bei sich und seinen Fans, auf persönliche Unabhängigkeit, auf bewusstere Ausübung des freien Willens und auf verstärktes Verantwortungsgefühl jedes Einzelnen für übergeordnete Ziele wie den Weltfrieden. Lennon erweist sich dabei auch als Skeptiker und gibt keine Ruhe, bis jeder König nackt, bis jeder Schleier gelüftet ist, bis der Kern der Dinge, die ihn beschäftigen, frei liegt. Dabei entdeckt er viel Falsches, viel Scheinheiliges. Dann erst entscheidet er, was er vom Brauchbaren für sich bewahren will und was er – das meiste davon – über Bord wirft, um weiterzufahren mit dem nächsten Thema. Dieser Vorwärtsdrang, dieses (Sich-) Ausprobieren-Wollen, die Lust auf Grenzerfahrungen, auf Verbotenes, auf Neues begeistern seine Fangemeinde, die ihn beobachtet und sich mit ihm entwickelt. Aber hier reift nicht nur ein Individuum, hier reift ein System, eine ganze Gesellschaft. Es ist schwer auszumachen, wer auf wen reagiert, wer wen stimuliert. Fest steht, dass Lennon wie ein Seismograph feinste Beben registriert, die wenig später zu großen sozialen Erschütterungen führen. Er kleidet diese leisen Beben in Worte und Melodien. Und manchmal – so scheint es – komponiert er ohne äußeren Anlass. In diesen Fällen ist er Urheber der leisen Beben, das Epizentrum und löst Emotionen aus. Schon die Erwähnung seines Namens weckt starke Gefühle. Seine Stimme, sein markantes Gesicht, seine Brille, sein aufbrausender Charakter und die jeweils dazugehörigen Kompositionen sorgen für weiterführende Assoziationen. Generationen identifizieren sich mit seiner Naivität und Selbstüberschätzung, die manchmal einhergeht mit Meisterwerken wie »Imagine«. Sie teilen die Forderung nach sofortigem Frieden, die zu einem der berühmtesten Popsongs der Weltgeschichte führt.

Welche Bedeutung hat der 1980 ermordete Künstler im 21. Jahrhundert? Wie wachsen Kinder und Jugendliche heute mit dieser Ikone der Rockmusik auf? Wie beeinflusst das veränderte Medienverhalten das Verständnis für einen Menschen, der wie nur ganz wenige andere Künstler des 20. Jahrhunderts durch seine radikale Offenheit, durch seine zur Schau gestellte Verletzlichkeit und durch seine kompromisslose Wahrheitssuche zum Vorbild für Unzählige wurde?

Präsens und Futur spielen in dieser Biographie eine wichtigere Rolle als der Imperfekt. Seine Gedanken sind zukunftsweisend, seine Forderungen bleiben bestehen. Seine Visionen überlappen sich wie so oft mit trivialen Erkenntnissen und haben dennoch nichts von ihrer Gültigkeit eingebüßt: »Es bringt uns heute also gar nichts, uns Sorgen darüber zu machen, ob der große Finanzkollaps oder die Apokalypse in Form des großen Untiers kommen wird. Du musst es selbst tun. Das ist seit Menschengedenken die Botschaft der großen Lehrmeister. Sie können uns den Weg zeigen, uns Richtlinien und kleine Hinweise geben in ihren verschiedenen Büchern, die heute als heilig gelten und verehrt werden – allerdings nicht mehr wegen ihres Inhalts, sondern nur noch aus Prinzip. Doch die Richtlinien sind da und allen zugänglich; so ist es immer gewesen, und so wird es immer sein. Es gibt nichts Neues auf dieser Welt. Alle Wege führen nach Rom. Und andere Leute können es nicht für einen erledigen. Ich kann dich nicht aufwecken. *Du* kannst dich aufwecken. Ich kann dich nicht heilen. *Du* kannst dich heilen. Es ist die Angst vor dem Ungewissen. Das Ungewisse ist es. Und die Angst davor lässt alle herumhetzen und irgendwelchen Träumen und Illusionen nachjagen. Krieg, Frieden, Liebe, Hass, all diese Dinge – alles Illusion, alles ungewiss. Wenn man das akzeptiert, dann ist es ganz einfach. Alles ist ungewiss – dann steht einem nichts mehr im Weg. So ist es. Stimmt's?« So spricht John Lennon kurz vor seinem Tod zu Andy Peebles von der BBC. Zu diesem Zeitpunkt ist gerade sein Comeback-Album »Double Fantasy« erschienen, und er verbindet grundsätzliche Gedanken über Leben und Sterben mit der PR-Arbeit für die neue Platte. Spirituelles und Materielles sind sich in seinem Leben nie näher. Daher sind die manchmal banal klingenden Ursachen, die Kausalketten, die (Selbst-)Motivation und die Rahmenbedingungen für seinen Erfolg bemerkenswert.

John Lennon selbst reduziert seine Antriebskräfte manchmal auf den Wunsch nach Reichtum. Stellvertretend für viele Aussagen solcher Art steht der Satz, den er auf der Pressekonferenz am New Yorker Kennedy-Flughafen im Februar 1964 sagt, als die Beatles zum ersten Mal in den USA ankommen.

»Würdet ihr bitte etwas singen?« Im Chor antworten die vier:
»Nein!« Und auf weitere Nachfrage meint Lennon lakonisch:
»Nein, erst wollen wir Geld sehen!« Fast genau zehn Jahre
später singt der Rockstar auf dem Album »Walls And Bridges«
den Song »Nobody Loves You When You're Down And Out«
und thematisiert die Ängste, dem Publikum nicht mehr zu
gefallen, nicht mehr für Schlagzeilen zu sorgen oder ganz
in Vergessenheit zu geraten, was zu der Ausnahmesituation
führt, dass sogar die Liebe zynisch betrachtet wird und mit
Unterhaltung in Verbindung gebracht wird.

Ich war drüben auf der anderen Seite. Ich habe dir alles ge-
zeigt. Ich habe nichts zu verbergen. Aber du fragst mich immer
noch, ob ich dich liebe, was das soll, was es ist. Alles, was ich dir
dazu sagen kann, ist: Alles ist Showbiz.

Je mehr man sich mit John Lennon beschäftigt, desto
mehr Überraschungen gibt es. Je mehr man von ihm hört
und sieht, je mehr man über ihn liest, desto erstaunliche-
re Erkenntnisse und Fragen stellen sich ein. Manche Rätsel
bergen gar mystische Dimensionen, andere sind banal und
doch drängend, wie sein erstes Konzert seit Bestehen der
Beatles ohne Paul, George und Ringo. Als ich zum ersten Mal
Donn Alan Pennebakers Aufzeichnung des ersten und einzigen Konzerts mit der Plastic Ono Band in der Formation mit
John, Yoko, Eric Clapton, Klaus Voormann und Alan White
sah, schien es mir kein herausragendes Ereignis in der Vita
des Beatles zu sein, sondern wie ein schlecht vorbereiteter
Gig am 13. September 1969 für das »Toronto Rock and Roll
Revival«.

Ich schaute den Film, der anlässlich einer Vernissage
1988 mit Bildern und Zeichnungen Lennons und einem Interview mit Yoko Ono erschienen war, einige Male an, dann
verschwand er jahrelang im Regal. Doch das Kunstwerk ändert sich mit dem Betrachter, die Musik variiert mit dem Hörer. Die LP-A-Seite war deutlich verbrauchter als die B-Seite,
auf der Yoko Onos Gesang und Kreischen und die sich rück-

koppelnden Gitarren John Lennons, Eric Claptons und Klaus Voormanns zu hören sind.

Bo Diddley, Jerry Lee Lewis, Chuck Berry und Little Richard zeigen in diesem Film perfekt einstudierte Shows. Für Lennon ist es die Gelegenheit, seiner Gefährtin die Helden seiner Jugend vorzustellen. Sex and Rock'n'Roll in Reinkultur demonstriert Bo Diddleys Gitarrist mit seiner Tanzpartnerin, eng umschlungen, Becken an Becken mit der Gitarre an ihrem Rücken minutenlang den Diddley-Riff spielend, sie lasziv die Hüften schwingend und die Rassel im Rhythmus auf seine Pobacke schlagend. Jerry Lee Lewis mit den Cowboystiefeln überm Flügel, die Lennon vier Jahre später auf Knien küssen wird. Chuck Berry im Spagat, dass die Hose reißen müsste, Little Richard mit hochtoupiertem Haar, Glitzergewand und in Abwesenheit Elvis' mit Ambitionen auf den Königsthron der Rock'n'Roller. Schon das Woodstock-Festival hatte knapp einen Monat davor gezeigt, dass die Flower-Power-Jugend bereit ist, die alten Helden wiederzuentdecken und mit ihnen zu tanzen und zu singen. Die Band »Sha-Na-Na« weckte auf der Farm in Bethel in goldenen Seidenanzügen mit engagierten Tanzeinlagen nostalgische Gefühle.

Und John Lennon? Schulterlanges Haar, buschiger Vollbart, die Wangen halb verdeckt und nahezu eingefallen, die Nase dadurch scheinbar noch spitzer und die Grübchen über den Flügeln noch tiefer, die Miene meist ernst. Ein neuzeitlicher Messias. Ein Peace & Love Guru: *So wie die Dinge laufen, werden sie mich kreuzigen,* singt er in »The Ballad Of John And Yoko« und ruft Christus an: *Du weißt, es ist nicht leicht. Du weißt, wie schwierig das sein kann.* Die religiösen Unruhen von 1966 werden mit diesem Song, der als Single im Mai 1969 erscheint, wieder wach. Auslöser ist John Lennons berühmt-berüchtigter Vergleich vom 4. März 1966, die Beatles seien für die Jugend wichtiger als Christus. Die Sätze fallen während eines langen Interviews mit der Journalistin Maureen Cleave vom »Evening Standard«. Im Wortlaut: »Christianity will go.

It will vanish and shrink. (...) We're more popular than Jesus now. I don't know which will go first, rock'n'roll or Christianity.« Erst Monate später erregen sich darüber die Medien in den USA und in der Folge auch Teile der Bevölkerung, weshalb Brian Epstein eine Presseerklärung verliest, in der John Lennon darauf hinweist, dass seine Äußerung von den US-Medien aus dem Zusammenhang gerissen wurde.

Lennons Bemerkung weist im Kontext darauf hin, dass die Kirche mehr für Jesus und den Glauben tun sollte. Die Lennon-Phobie im »Bibelgürtel« im Süden der USA dauert Monate. »Jesus starb auch für dich, John Lennon«, steht auf Plakaten von US-Demonstranten. Die Aufregung ist so groß, dass die Beatles in die USA fliegen und in Chicago am 11. August 1966 eine Pressekonferenz geben, in der Lennon, rhetorisch geschickt, den Schaden zu begrenzen versucht. Beispielsweise argumentiert er, dass es wohl keine Aufregung gäbe, wenn er gesagt hätte, das Fernsehen sei beliebter als Jesus. Zudem sei es im Interview darum gegangen, wie andere das Phänomen Beatles einschätzten. Darüber hätten sie gesprochen, nicht über seine Meinung dazu.

Gekonnt windet er sich aus der Affäre und freut sich insgeheim über die Frage eines Journalisten, der darauf hinweist, viele Fans hätten seine Äußerung aufgegriffen und bekennen, dass sie die Beatles tatsächlich lieber mögen als Jesus. Das nutzt Lennon, um zu zeigen, dass er letztlich kein Jota von seiner Position abweicht: »Meine ursprüngliche Äußerung bezog sich auf England. Dort bedeuteten wir den Jugendlichen damals mehr als Jesus oder die Religion. Das war nicht abfällig gemeint, sondern als Feststellung einer Tatsache. Und es trifft auch zu – in England mehr als hier. Ich vergleiche uns nicht mit der Person Jesus Christus oder mit Gott als Sache oder was auch immer. Ich habe es nun einmal gesagt, es wurde missverstanden, und jetzt haben wir all diesen Ärger. Es ist falsch, mich als Anti-Christ zu sehen. Ich bin ein religiöser Typ.«

Paul beurteilt später Johns Äußerung nur kurzfristig als Fehler. Langfristig sei das in Ordnung, und Ringo fasst es pragmatisch so zusammen: »Erst haben die Kids unsere Platten verbrannt und weggeworfen, dann haben sie dieselben neu gekauft.«

Nach den Worten des evangelischen Landesbischofs Friedrich Weber war John Lennon ein »Apostel aller, die an der Veränderung der Welt interessiert bleiben«, berichtet der Deutsche Evangelische Pressedienst 2005. Der Rocksänger habe sich als »permanente Anzeigenkampagne für den Frieden« verstanden, schreibt Weber in seinem Buch »Ich und John Lennon«, das im Lutherischen Verlagshaus erschienen ist. Zusammen mit Pfarrer Dietmar Schmidt-Pultke fragt darin der Bischof nach den Ursachen der Popularität des Ausnahmekünstlers. Den Grund sehen die beiden Autoren vor allem darin, dass Lennons Musik als »Verstärker der Seele« funktioniere. Der Komponist habe sich in seinen Liedern als »Schmerzensmann« dargestellt, als verletzlichen, fragenden und suchenden Zeitgenossen. Darin hätten viele Menschen sich selbst erkannt.

Und in Toronto 40 Jahre früher? John Lennon sieht selbst wie Christus aus und seine Popularität nimmt ständig weiter zu. Nach seinem Tod sagt der 1940 in Norwich geborene Tony Sheridan, der 1959 als erster Musiker mit einer E-Gitarre in der BBC auftrat und ein Begründer der Beatmusik ist: »John war eifersüchtig auf Jesus. Er wäre gerne Jesus gewesen. Und er kam ihm so nahe, wie das nur irgend möglich ist, ohne selbst Jesus zu sein. Er war ein Jesus mit Gitarre.« Sheridan wird 1960 in Hamburg bei seinen Auftritten gelegentlich von den Beatles begleitet, verbringt viel Zeit mit ihnen und wird bis heute von Paul McCartney als »the teacher«, ihr Lehrer, angesprochen. Unter der Leitung des Musikproduzenten Bert Kaempfert nimmt Sheridan im Juni 1961 mit John, Paul, George, Stuart und Pete »My Bonnie«, »Ain't She Sweet« und »Cry For A Shadow« auf, die ersten professionellen Aufnahmen, die wenig später die Neugier Brian Epsteins wecken.

Toronto: Nach den Rock'n'Roll-Ikonen kommt John Lennon auf die Bühne. Er weiß, was er den Rock-Granden schuldet. Dave Henderson, Redakteur der Zeitschrift »Mojo«, schreibt im Booklet zur 2009 erschienenen CD »The Roots of John Lennon«: »Always a little bit more raunchy and rock'n'roll than his songwriting partner Paul McCartney, John Lennon's choice of music, from his own record collection through to the songs he nabbed to sing in The Beatles and the tracks he picked for the excellent ›Rock'n'Roll‹ album of 1975 explain much about the man and his love of primal rock music.« Diese Liebe zum urigen Rock'n'Roll kommt bei Lennon in seiner gesamten künstlerischen Laufbahn zum Ausdruck, manchmal so stark, dass Rechteinhaber Lizenzverstöße wittern. Vier Jahre nach dem Toronto-Konzert wird er gern mit dem Musikproduzenten Morris Levy, der ihn des Plagiats beschuldigte, Frieden schließen. Hört man sich beispielsweise die drei folgenden Songs in chronologischer Reihenfolge an – »You Can't Catch Me« von Chuck Berry, John Lennons »Come Together« auf »Abbey Road« und »You Can't Catch Me« auf seinem Album »Rock'n'Roll« – ahnt man etwas von der Art und Kunstfertigkeit, mit der Lennon von seinen musikalischen Wurzeln profitiert und sie für neue Songs fruchtbar machte. *Here come old flat-top ...* ist nur der verbale und freiwillige Hinweis auf Chuck Berrys Vorgänger. Bei ähnlicher Kadenz und vergleichbarem Tonfall verwandelt Lennon Teile von »You Can't Catch Me« in Teile von »Come Together«, das ursprünglich ein Werbesong für Timothy Learys Wahlkampf werden sollte. Eine Kopie ist »Come Together« deswegen noch lange nicht. Im Gegenteil: Bis auf einige Passagen handelt es sich um einen ganz eigenen und besonderen Titel mit einer außergewöhnlichen Atmosphäre. Schließlich mindert Lennon in seiner Version von »You Can't Catch Me« das Tempo, erhöht damit die Dramatik und beweist einmal mehr sein musikalisches Gespür für die Weiterentwicklung bestehender Kompositionen und für innovative Arrangements.

Klaus Voormann stimmt auf der Bühne in Toronto den Bass, John Lennon haucht am Mikro ein »Hello«, dann ruft er ein entschlossenes »Good evening!« Er trägt einen makellosen weißen Anzug mit Bügelfalte wie auf dem »Abbey-Road«-Cover, darunter ein kragenloses schwarzes Shirt. Länger war sein Bart selten. Ebenso die Haare. Mit einem leisen »Hi« testet er Yokos Mikro. Sie hält ein Bündel Papiere in den Händen, blättert und ordnet sie. Gewandet ist sie in ein fast bodenlanges rötliches Seidenkleid mit feinen Stickereien. Dann wird Klaus Voormann von Eric Clapton beim Stimmen abgelöst. Ein virtuoser Lauf. Alan White lässt nur manchmal leise die High-Hats zischen, obwohl er niemals zuvor an diesem Schlagzeug saß. Alle blicken sie immer wieder hinaus in die Nacht, hinaus zu den 25 000 Zuschauern im Varsity Stadion. Manchmal fängt die Kamera einen Sternenwerfer ein oder eine Rakete, die rot in den Nachthimmel steigt. Kanadas Nationalflagge wird in der Nähe der Bühne geschwenkt. John blickt auf Yokos Papiere, dann testet auch er die Gitarre. Drei schnell nacheinander abgefeuerte Schüsse. Der Beatles-Rock'n'Roll kündigt sich an. Es erinnert an den Einstieg zu »Revolution«. Ein Lächeln huscht über sein Gesicht. Darf das Publikum Beatles-Songs erwarten? Ist die Plastic Ono Band die Fortsetzung der noch nicht aufgelösten Fab Four? Nein, auf das Publikum warten ältere Klassiker.

»Okay. We just gonna do numbers we know. We never played together before.« Das Publikum kreischt. Es ist das Beatlemania-Kreischen. Aber auf der Bühne steht die Plastic Ono Band, die Lennon gegründet hat, obwohl die Beatles noch aktiv sind. Der Bandname geht auf eine Idee Yokos zurück, John übernimmt von ihr den Gedanken des Austauschbaren und Beweglichen – Musik von Plastikmusikern. Keine einengende Legendenbildung wie mit den Beatles sollte ihm durch eine neue Supergroup die Luft zum Atmen nehmen. Trotzdem wird die Plastic Ono Band über viele Jahre mit wenigen personellen Veränderungen Musikgeschichte schreiben.

Lennon macht auf der Bühne in Toronto einige Twistschritte, dann legt er los. Erst ganz alleine: »Well it's one for the money ...« Er reißt die Gitarre hoch, aber nicht so heftig wie früher in Hamburg und in Liverpool, als er »Blue Suede Shoes« aggressiver spielte. Alan White setzt ein, dann folgen Eric Clapton und Klaus Voormann gleichzeitig. Entspannt, gelassen findet diese Rock'n'Roll-Session statt.

Bei Erics zweitem Solo kauert sich Yoko nieder und beginnt sich unter einem weißen Leintuch zu verbergen. Sie hat das Mikro vergessen, steht auf, zieht es aus dem Ständer, kniet wieder hin, blickt ein letztes Mal mit einer merkwürdigen Begeisterung in ihren Augen zu John hoch und versteckt sich. »Blue, blue, blue Suede Shoes«, ruft John, zu seinen Füßen findet Yokos Bagism-Aktion statt. John hat es selbst schon gemeinsam mit ihr getestet und erfreut festgestellt, dass Bagism, das öffentliche Verstecken unter Tüchern und Säcken, zu ganz anderen Reaktionen führt als das gewöhnliche Auftreten eines Beatle. Ende der 1960er Jahre hat er das Beatlemania-Kreischen längst satt und probiert daher mit spitzbübischer Freude neue Formen der Performances aus.

Schon Anfang der 1960er Jahre bemerkt der Musiker, was die »Gute-Laune-Songs« der Beatles und positive Gedanken, gepaart mit einer optimistischen Ausstrahlung, bewirken können. Während ihres legendären Auftritts im Februar 1964 in der Ed Sullivan Show, bei dem in den USA 73 Millionen Fernsehzuschauer registriert werden, finden in ganz Nordamerika keine Straftaten statt, sogar die Diebe und Verbrecher machen also Pause, um die Fab Four zu sehen. Elvis Presley schickt ein Telegramm mit Glückwünschen in die TV-Show. Gleichzeitig befinden sich drei Singles auf den ersten drei Plätzen der US-Charts. Und auch wenn all die positiven Meldungen um dieses TV-Ereignis herum teilweise Legendenbildung sind, so werden sie doch als solche von der Öffentlichkeit wahrgenommen, und John Lennon weiß seither, dass er mit seiner Musik und als Person etwas bewirken kann.

Kunstausstellungen, Bagism und bald danach Bed-ins sind Ausdrucksformen, die Lennons Wünschen nach einer Beatle-freien Zukunft entgegenkommen. Es eröffnet sich ihm die Möglichkeit, nicht nur Musik und Kunst herzustellen, sondern selbst Kunst zu werden, indem er sein Leben als Werk begreift, sein Innerstes nach Außen stülpt und Privates zum Happening erklärt. Yoko Ono bringt dafür die Erfahrung und Experimentierfreude mit. Sie lässt sich durch die Lektüre des kleinen Prinzen von Antoine de Saint Exupéry für die Bagism-Aktionen inspirieren. Zwei der bekanntesten Sätze aus der Geschichte lauten: »Man sieht nur mit dem Herzen gut. Das Wesentliche ist für die Augen unsichtbar.« Ab in den Sack, lautet Yoko Onos Konsequenz. Die Wirkung ist erstaunlich: Die Journalisten hören zu, was John und Yoko ihnen sagen. Die Gespräche zu aktueller Politik und zu historischen Ereignissen finden ein internationales Echo, die Friedensbotschaften werden von den Medien aufgegriffen und vervielfacht.

Yoko Ono bewegt sich in Toronto im Sack. Auf der Bühne folgen »Money«, »Dizzy Miss Lizzy« und schließlich »Yer Blues«. Zusammen mit »Come Together« ist das der Song, den Lennon am liebsten während des Auflösungsprozesses der Beatles spielt, unter anderem im »Rock and Roll Circus« der Rolling Stones mit Eric Clapton und Keith Richards bereits im Dezember 1968: *Ja, ich bin einsam. Ich will sterben. Falls ich nicht schon tot bin – Mädchen, du weißt, warum.* Seine Stimme ist während des gesamten Toronto-Konzerts in Hochform: Sie hat den Blues, den Crisp und überschlägt sich, wo die Dramatik es erfordert. Es ist kein Zufall, dass John Lennon den »Yer Blues« in dieser Phase seines Lebens so oft singt. Komponiert hat er ihn für das »White Album« nach Brian Epsteins Tod, nach den letzten Live-Konzerten der Beatles und kurz vor der endgültigen Gewissheit, dass seine erste Ehe gescheitert ist. »Yer Blues« fällt ihm ein, als er Yoko Ono schon gut kennt und weiß, dass er sich mit ihr künstlerisch und menschlich weiterentwickeln könnte. Am 1. Juli 1968 outet er seine Liebe zu Yoko bei seiner ersten Kunstausstellung in der Robert Fraser Gallery.

Vor der Indienreise im Februar 1968 ist die Stimmung zwischen John und Cynthia noch gut. Wenige Tage vor dem Flug findet ein Treffen mit einem Assistenten des Maharishi statt, um die Einzelheiten zu besprechen. Als Cynthia und John den Raum betreten, sieht sie in einem Eckstuhl eine kleine, ganz in Schwarz gekleidete Japanerin sitzen: »Ich erriet sofort, dass es Yoko Ono war, aber was tat sie hier? Hatte John sie eingeladen? Yoko stellte sich vor, beteiligte sich dann aber nicht am Gespräch. John schien sie nicht zu beachten. Was war los? Hatte er regelmäßig Kontakt mit dieser Frau?« Kurz darauf stößt Cynthia in der Fanpost auf einen Brief von Yoko. »Sie ist übergeschnappt, bloß eine verrückte Künstlerin, die will, dass ich sie sponsere. Noch so eine Irre, die Geld für diesen Avantgardemist will. Es hat nichts zu bedeuten«, versucht der Beatle seine Frau zu beruhigen. James Woodall untersucht in seinem Buch »John Lennon und Yoko Ono – Zwei Rebellen – Eine Poplegende« akribisch Yoko Onos Aktivitäten, um in John Lennons Privatsphäre einzudringen. Die Japanerin kämpft hart und aggressiv um die Aufmerksamkeit und Zuneigung des Musikers. Eine Frau, die so offensiv wie Yoko Ono damals um einen Mann wirbt, ist oft auch erfolgreich, wenn weniger Gemeinsamkeiten bestehen als zwischen »Jock und Yono«, wie Lennon später spaßeshalber die Symbiose bezeichnet. »Es ging langsam los. Ich blätterte öfter in ihrem ›Grapefruit‹-Buch, aber mir war nicht klar, was da mit mir vorging. Dann veranstaltete sie etwas, das sie ›Dance Event‹ nannte. Jeden Tag bekam ich eine andere Karte, auf der dann ›Atme‹ stand oder ›Tanze‹ oder ›Beobachte die Lichter bis zur Morgendämmerung‹. Je nachdem, wie ich mich fühlte, machten mich diese Karten froh oder sie ärgerten mich. Manchmal regte ich mich darüber auf, dass das Ganze so intellektuell oder so verdammt avantgardistisch war; mal gefiel es mir und mal nicht. Dann ging ich mit dem Wischiwaschi-Maharishi nach Indien, und wir schrieben uns. Die Briefe waren noch sehr förmlich, aber sie hatten so einen gewissen Unterton. Ich hätte Yoko fast nach Indien mitgenommen, aber ich war mir nach wie vor nicht ganz sicher, warum eigentlich – ich machte mir immer noch ein bisschen was vor, von wegen ›künstlerische Gründe‹ und so.«

Ende Mai schickt der Star seine Frau mit Freunden in Urlaub nach Griechenland. »Ich dachte mir, wenn ich Yoko näher kennenlernen will, dann ist jetzt der richtige Zeitpunkt. Sie kam, und ich wusste nicht so recht, was ich tun sollte, also gingen wir hoch, und ich spielte ihr die ganzen Aufnahmen vor, die ich gemacht hatte, all dieses abgedrehte Zeug, ein paar Comedy-Nummern und ein bisschen elektronische Musik. Sie war ziemlich beeindruckt und schlug dann vor, dass wir zusammen etwas aufnehmen sollten. Also spielten wir ›Two Virgins‹ ein. Wir fingen um Mitternacht damit an, waren im Morgengrauen fertig, und dann schliefen wir miteinander. Es war sehr schön.«

Als Cynthia aus dem Urlaub zurückkehrt, ist die Haustür nicht zugesperrt. Sie erwartet John, Julian und ihre Mutter zu sehen und ruft, bekommt aber keine Antwort. Drinnen sind die Vorhänge zugezogen, der Raum liegt im Halbdunkel. Es dauert einen Moment, bis sie etwas sieht, dann erstarrt sie. John und Yoko sitzen sich mit gekreuzten Beinen am Boden gegenüber, neben sich einen Tisch mit schmutzigem Geschirr. Sie tragen die Bademäntel aus dem Schwimmbad. John blickt Cynthia ausdruckslos an und sagt »Oh, hi.« Yoko regt sich nicht. Cynthia: »Sie hatten eindeutig geplant, dass ich sie so finden sollte, und ich konnte schier nicht fassen, dass John zu einer solchen Grausamkeit imstande war. Ihre Intimität war erschreckend. Ich spürte, dass sie eine Wand umgab, die ich nicht durchdringen konnte.«

Lennon widmet den von seiner japanischen Avantgardekünstlerin inspirierten Event am 1. Juli 1968 in der Robert Fraser Gallery »Yoko in Liebe«. Das Motto der Ausstellung, das auf vielen Paketkarten geschrieben steht, lautet »You are here«. 300 Ballons lässt man mit dieser Botschaft in den Londoner Himmel steigen. Knapp zwei Monate später sagt er in einem Interview mit dem TV-Journalisten David Frost: »Kunst gibt es nicht. Wir sind alle Kunst. Kunst ist ein Etikett, das man den Dingen anhängt.« Und in Erinnerung an Duchamps »Pissoir« fährt der frühere Kunststudent fort: »Eine Skulptur kann alles sein, was man so bezeichnet. So, wie wir hier sitzen, das ist auch eine Skulptur, das ist ein Happening. Wir sind hier, das ist Kunst.«

Yoko Ono betont rückblickend, dass manches vielleicht naiv wirkt, aber dass John und sie Künstler und damit narzisstisch sind und im Augenblick des Geschehens immer an die Sache glauben. Die Medienresonanz auf Lennons Ansichten und Aktionen ist zwar groß, aber oft auch ablehnend und negativ. Die eher konservativen Fans reagieren mit Unverständnis. Sogar die Redaktion des offiziellen Fanmagazins der Beatles gesteht, viele irritierte Briefe und Telefonanrufe von Lesern bekommen zu haben. Für den Musiker ist die negative Kritik mehr als willkommen. Er erkennt, dass sich die Tür zu einer neuen Zukunft einen Spaltbreit öffnet. Ab sofort besteht die Möglichkeit, sich vom Image des lustigen Popsängers zu lösen, er bricht alte Kontakte ab und wendet seine Aufmerksamkeit ganz auf die neue Gefährtin, auf sich selbst und auf seine erweiterten künstlerischen Ausdrucksmöglichkeiten.

Manche Verwandte, Freunde und Bekannte zeigen Verständnis. Tante Mimi beispielsweise lässt ihn gewähren und freut sich, dass er sich regelmäßig bei ihr meldet. Halbschwester Julia Baird hingegen, die John wie aus dem Gesicht geschnitten ist, erinnert sich an ein langes Telefonat mit ihrem Bruder kurz nach dem Outing. Danach sei er für viele seiner Bekannten und Verwandten verschwunden. Erst acht Jahre später habe sie wieder direkten Kontakt zu ihm gehabt, dazwischen gab es immerhin Briefe und Telefonate, aber keine Treffen. Julia Baird betont andererseits, wie wichtig vor allem Sohn Julian und Tante Mimi für John auch in den USA bleiben. John habe sich oft bei den beiden gemeldet, wollte Mimi sogar nach New York locken und suchte nach Möglichkeiten, den Kontakt zu Julian zu verstärken, der während des Lost Weekends mehrfach in die USA kam und auf »Walls And Bridges« am Schlagzeug zu hören ist. »Es war mir unmöglich, längere Zeit mit John böse zu sein. Besonders, nachdem er später zugab, dass er während dieser Zeit ziemliche Probleme mit sich gehabt hatte, vor allem mit dem Trinken.«

Cynthia ist empört, wenn sie sich an die Übergangzeit nach der Trennung und die Phase vor dem Absprung ihres Mannes in die USA erinnert. Sie schimpft über »The Ballad Of John And Yoko« und erinnert daran, dass der Song wegen Blasphemie in Australien verboten wird. »Warum riskierte er wieder den Zorn der Öffentlichkeit? Er hatte sich mit Yoko so sehr verändert, dass er sich offenbar nicht mehr um die Meinung anderer Leute scherte.« Den Höhepunkt erreicht Cynthias Zorn im Juli 1969, als John und Yoko mit Sohn Julian und Yokos Tochter Kyoko, ohne Cynthia zu informieren, London verlassen und Urlaub in Schottland machen. In der Zeit spielt John mit dem Gedanken, Julian zu sich zu nehmen. Aber eine Tante mütterlicherseits in Schottland aus dem Mimi-Clan wäscht ihm gründlich den Kopf, was Julia Baird als Hauptursache für eine Beinahe-Katastrophe hält, die jedoch mehrere Auslöser hat: John ist ein schlechter Autofahrer, während der Ehe mit Cynthia sitzt meist sie oder ein Chauffeur am Steuer. In Schottland setzt er das Auto prompt in den Straßengraben. John und Yokos Wunden müssen im Krankenhaus genäht werden, die Kinder bleiben unverletzt. Cynthia erfährt aus den Fernsehnachrichten von dem Unfall und nimmt sofort ein Flugzeug nach Edinburgh, um Julian abzuholen. Allerdings hat sie keine Gelegenheit, ihre Wut an John auszulassen, er drückt sich vor der Begegnung mit der Mutter seines Sohnes.

Unmittelbar nach der Rückkehr aus seiner Meditationsphase in Rishikesh beichtet John der verblüfften Cynthia erstmals seine Seitensprünge, sagt aber noch nichts von Yoko. Seiner Jugendliebe weh zu tun, tut ihm selbst weh. In jener Zeit denkt er an Selbstmord: *Morgens will ich sterben, abends will ich sterben ... Fühle mich so »suicidal«, hasse sogar meinen Rock'n'Roll*, singt er im »Yer Blues«. An dieser Stelle beschleunigt Lennon den Rhythmus, die Aussagen bleiben zwar ›suizidal‹, aber der Swing deutet an: die Kunst und die Musik werden ihn retten. Von eigener Hand, solange er eine Gitarre halten und singen kann, wird er diese Erde nicht verlassen. »Yer Blues« hält diesen Widerspruch zwischen Text und Sound nicht nur aus, sondern ist selbst der beste Beweis dafür, was Kreativität bewirken kann: In tiefster Verzweiflung den hoffnungslosesten Song komponieren und genau mit diesem Lied den Kopf aus der Schlinge ziehen. »Yer Blues« nimmt stilistisch die Titel vorweg, die der Musiker später als Solist komponieren wird: wild, heftig, intensiv, direkt, ausdrucksstark und karg instrumentiert. Ein schnörkelloser Sound weit abseits von den gekünstelten Studioproduktionen auf »Sgt. Pepper«.

»Yer Blues« drückt noch viel heftiger als »Help!« die Schmerzen des Künstlers aus. Er ist auch ein Hilferuf an Yoko Ono in einer Zeit zwischen zwei Frauen. Auf der Bühne in Toronto fühlt sie mit ihm, entsteigt dem Leintuch und kreischt, seine Verzweiflung betonend, an passenden Stellen. Zum Vibrato ihrer Stimme schlenkert er mit den Beinen.

Das »Girl« im »Yer Blues« ist Yoko Ono. Doch die Zeit der Entscheidungsfindung ist schwierig, Lennons Ehe existiert zwar noch und ebenso seine Band, aber beides ist im Begriff, sich aufzulösen. Zu jener Zeit verfolgt der Beatle die Absicht, seinen Sohn zu sich zu nehmen. Aber bald wird ihm klar, dass das nicht klappen wird. Vier Monate später wird die Ehe geschieden, und Julian bleibt bei Cynthia.

1969 ist auch für John und Paul das schwierigste Jahr. Sie spüren, dass ihre Freundschaft langsam in die Brüche geht und haben Angst vor den Folgen, denn sie wissen, dass sie musikalisch zwei sich ergänzende Hälften sind. Das zeigt sich wie nie zuvor im April 1969, als John seinem Freund die Ballade von John und Yoko erklärt und die beiden kurz darauf zu zweit – George ist im Ausland und Ringo dreht einen Film – in einem Rutsch den Song in den Abbey Road Studios aufnehmen.

Die Ballade handelt ausschließlich von Johns und Yokos Erlebnissen, erklärt sogar die Basis, von der aus John ein neues Leben ohne die Beatles beginnen wird, und trotzdem macht Paul mit. Zeitzeugen berichten, dass die beiden großen Spaß hatten: Paul übernahm die Rhythm-Section und John die Gitarrenparts: »Ringo, bitte etwas langsamer«, bat John, und Paul erwiderte: »In Ordnung, George.«

Die gute Stimmung mag auch damit zusammenhängen, dass Yoko Ono ausnahmsweise nicht dabei ist. Im Studio sind die Beatles wie vier Brüder, mit Yoko werden sie vier plus eins. Pauls Partnerin Linda Eastman ist die Tochter einer wohlhabenden New Yorker Familie, deren Vater eine Anwaltskanzlei betreibt und viel Kundschaft aus dem Showbusiness betreut. Die junge Fotografin holt die Fab Four zwar vor ihre Kamera, lässt sie im Studio aber in Ruhe. Linda, die vor allem Rockstars ablichtet, trifft Paul erstmals bei einem Pressetermin im Mai 1967. Am 12. März 1969 heiraten Paul und Linda. John findet das gut und will es Paul so schnell wie möglich nachmachen. Aber überall sind Vorlaufzeiten von mindestens zwei Wochen notwendig. Der einzige Ort in ganz Europa, wo man von einem Tag auf den anderen eine Heiratsurkunde bekommen kann, ist Gibraltar, und dort heiraten John und Yoko am 30. März. Trotzdem sind es weniger die Eheschließungen und Frauen, die die Freundschaft belasten, sondern viel mehr die Streitereien um das Management und die sich in verschiedene Richtungen entwickelnden Persönlichkeiten der vier Freunde.

Wäre Brian Epstein nicht gestorben, hätte Paul nicht seinen Schwiegervater als neuen Apple-Betreuer gewollt und hätte John nicht den Stones-Manager Allen Klein favorisiert, wären die Beatles dann vielleicht noch einige Jahre zusammengeblieben? Hätten sie Georges »My Sweet Lord«, Ringos »It Don't Come Easy«, Pauls beste Songs mit den Wings und Johns alles überstrahlendes »Imagine« gemeinsam aufgenommen?

Die Alben »Abbey Road« und »Let It Be« zeigen einerseits das künstlerische Auseinanderdriften der Fab Four, andererseits beweisen sie, dass alle musikalischen Ideen noch zur Marke Beatles passen.

Trost für das Ende des erfolgreichsten Rock-Quartetts des 20. Jahrhunderts bietet bis heute die Tatsache, dass die vier als Einzelgänger, deren Wege sich immer wieder – auch im Studio – kreuzen, in den Jahren unmittelbar nach der Trennung kreativ geradezu explodieren, sich gegenseitig Konkurrenz machen und dadurch zu Höchstleistungen antreiben.

Auf der Bühne in Toronto bildet »Yer Blues« den Übergang zu »Cold Turkey«, dem eindrücklichsten Song der Popgeschichte über Entzugserscheinungen bei Drogenabhängigen. John Lennon schreibt ihn im August 1969. Cold Turkey bedeutet sinngemäß »kalter Entzug«, verursacht durch den abrupten Abbruch des Drogenkonsums. »Heroin hat nicht besonders viel Spaß gemacht. Ich habe es nie gespritzt. Wir haben nur ein bisschen geschnupft, als es uns wirklich schlechtging. Alle haben es uns schwergemacht. Ich habe mir so viel bieten lassen müssen. Und Yoko auch«, klagt John. »Als ich es geschrieben hatte, ging ich zu den anderen drei Beatles und sagte: ›Hey Leute, ich glaube, ich habe eine neue Single für uns.‹ Aber sie meinten alle bloß: ›Hmmm, äähh, na jaaa ... ‹, weil es mein Projekt war. Also dachte ich mir, leckt mich doch am Arsch, ich bringe sie selbst heraus.« Etwa zwei Wochen nach dem Toronto-Festival entsteht die Studioversion. Die Beatles existieren noch, als am 30. September 1969 »Cold Turkey« von der Plastic Ono Band aufgenommen wird: Lennon singt und spielt Rhythmusgitarre, Eric Clapton spielt Leadgitarre, Klaus Voormann am Bass und Ringo Starr am Schlagzeug. Obwohl sie im amerikanischen Radio verboten wird, erreicht die Single in den USA Platz 30 und in England Position 14. »Sie dachten, ich würde für Heroin werben. Wenn es um Rauschgift geht, drehen sie völlig durch. Sie sperren kleine Dealer oder Kinder wegen ein paar Joints ein. Man versucht nicht, die Ursache für das Drogenproblem zu ergründen. Warum nehmen die Leute Drogen? Wovor flüchten sie? Ist das Leben so schrecklich? Leben wir in einer derart schrecklichen Situation, dass ohne die Hilfe von Alkohol oder Nikotin oder Pillen nichts mehr geht? Ich will nicht darüber predigen. Ich sage nur, dass Drogen Drogen sind, verstehst du? Warum wir sie nehmen ist entscheidend und nicht, wer sie an wen auf der Straße verkauft.«

Fast 40 Jahre später nimmt Lenny Kravitz »Cold Turkey« neu auf. Mit gebrochener Stimme schleppt er sich durch die Qualen, die mit zeitloser Ironie auch von John Lennon als »Kalter Truthahn« bezeichnet wurden und an die Trostlosigkeit nach Weihnachtsfeiern erinnern.

Fünf erfahrene Künstler stehen im September 1969 auf der Konzertbühne in Toronto. Auf Anhieb erscheint das als die Demonstration von Routine. Fünf Persönlichkeiten – John Lennon und die Plastic Ono Band – zeigen Kanada zunächst das britische Rock'n'Roll-Erbe. Songs, die urtümlicher von Bo, Jerry, Chuck oder Little Richard zum Besten gegeben worden wären, werden von einer Kapelle vorgetragen, die sich als erste Nachfolgegeneration den Rock'n'Roll anverwandelt hat. Wären es nicht Johns Stimme, Erics Gitarre, Klaus' Bass, Alans Schlagzeug und Yokos Kreischen, könnte man das Konzert bis zum »Yer Blues« als eher bedeutungslos abtun. Allerdings erinnern diese Musiker bei den Klassikern an ihre Rock'n'Roll-Wurzeln, die ihnen zu Grundlagen für eigenständige Meisterwerke wie »Yer Blues« oder »Cold Turkey« werden.

Alle Künstler bis auf Lennon, die in Toronto auf der Bühne stehen, leben noch und sind bis heute aktiv. Yoko Ono kommt mit ihren neuen Songs im 21. Jahrhundert regelmäßig in die Top-Ten der US-Club-Charts, die heutige Jugend entdeckt auch ihr altes Werk neu. Und ihre Remixes von »Give Peace A Chance« begeistern DJs auf aller Welt. Auch ihre Performances gewinnen im Rückblick an Bedeutung, auf der Biennale in Venedig bekommt sie im Sommer 2009 den Goldenen Löwen für ihr künstlerisches Lebenswerk.

»Venedig ist die schönste Stadt der Welt«, sagt die Künstlerin vor der Verleihung. Ich durfte bei der Zeremonie in den Giardini dabei sein. Als ich mich danach mit Sean Lennon unterhielt, bekam ich die unheimliche Präsenz dieser kleinen Frau zu spüren. Sean wurde nämlich zunehmend nervös, weil sich Yokos Tochter aus erster Ehe, Kyoko, verabschiedete, um mit ihren Kindern Eis zu kaufen, und Yoko selbst nicht mehr zu sehen war. »Sie ist winzig. Wo ist sie?«, klagte Sean und blickte sich nach ihr um. Sean war zwar beunruhigt, aber mächtig stolz auf seine Mutter und die Auszeichnung. Er hat als Musiker und Produzent großen Anteil daran, dass Yoko Ono heute ein Popstar auch für nachkommende Generationen ist.

Kurz vor der Biennale, im Mai 2009, erhält Yoko Ono bei ihrem Auftritt mit der im 21. Jahrhundert neuformierten Plastic Ono Band beim legendären Meltdown Festival in London prominente Unterstützung: Mark Ronson verstärkt die Band um sie, ihren Sohn Sean und sieben weitere Musiker. Der Produzent, Songwriter, Multi-Instrumentalist und DJ Ronson ist Sean Lennons bester Jugendfreund. Heute arbeitet Ronson mit Musikern wie Jay-Z, Puff Daddy oder Amy Winehouse. Ihre von Ronson produzierte Single »Rehab« wird wie das ganze Album zu einem der größten Hits des Jahres 2007. Mit einer Coverversion von »Valerie« gelingt Ronson mit Winehouse zudem ein gemeinsamer Single-Hit, 2008 wird der 34-jährige Engländer mit dem Grammy als Produzent des Jahres ausgezeichnet. Yoko Ono lotet mit der Musikelite der Gegenwart akustische Grenzen neu aus und bietet auf ihren Alben ein breites Spektrum zwischen avantgardistischen Spielereien und eingängigem Pop. Eric Claptons Neuveröffentlichungen sind ohnehin jedes Mal weltweite musikalische Sensationen. Und Klaus Voormanns 2009 erschienenes Album »A Sideman's Journey«, das er mit Paul und Ringo und vielen weiteren Freunden aufgenommen hat, ist ein internationaler Überraschungserfolg. Alan White, der Drummer der Plastic Ono Band in Toronto, tourt in diesen Jahren mit seinen Yes um die Welt. Im Dezember 2009 konnte ich mich von seiner ungeheuren Vitalität in der Münchner Philharmonie überzeugen.

Zehren diese Menschen, die 1969 gemeinsam auf der Bühne in Toronto stehen, auch heute noch von John Lennons Kraft? Hat er ihnen die Energie zum Weitermachen auf höchstem Niveau und bis ins hohe Alter gegeben?

Als Alan White bei der letzten Zugabe in München, »Starship Trooper«, wie wild über seine Trommeln und Becken wirbelt, kommen die Sterne, kommen der Himmel und das Universum ins Spiel. Steve Howe, mit schütterem langen Haar, blickt auffordernd ins Publikum, so wie er es schon immer tat. Im Schatten der Spots reibt er sich den rechten Unterarm und spielt heute lieber nicht die spanische akustische Gitarre, weil der Anschlag härter ist. Howe schont seine Sehnen, aber auch die den Akustik-Sound nachahmende E-Gitarre klingt fabelhaft. Er ist nur sieben Jahre jünger, als John es jetzt wäre, und spielt virtuos wie eh und je. Steve blickt zu Alan White. Sie lachen. Starship. Sie haben überlebt. Sie sind leibhaftig hier. Und John ist immer in der Nähe.

»Live Peace in Toronto« ist mehr als nur ein improvisierter Gig. Es ist auch der erste öffentliche und entsprechend angekündigte Live-Auftritt eines Beatle seit dem 29. August 1966. Nach »Yer Blues« sagt Yoko das nächste Stück an: »Das ist das neueste Lied, das John geschrieben hat.« Und sie fährt fort: »Wir haben das noch nie gespielt.« Bei dieser ersten Aufführung von »Cold Turkey« am 13. September zeigt sich nun beispielhaft, wie fabelhaft Yokos Gesang und Johns Stimme ineinander übergehen. Mit gefletschten Zähnen und teils zittriger Stimme verspricht John Lennon, ein guter Junge zu sein, verspricht alles, wenn er nur aus dieser Hölle herausgeholt wird. Dieser Song ist bis heute für viele Jugendliche eine eindringliche Warnung vor Heroin, vor Drogen allgemein. Glaubhafter hat kein Rockmusiker die Schmerzen und Qualen beim Versuch, vom Gift loszukommen, vertont. *Ich wünschte, ich wäre ein Baby, ich wünschte, ich wäre tot.*

»Give Peace A Chance« erscheint vor dem Toronto-Gig am 4. Juli 1969 als erste Veröffentlichung der Plastic Ono Band. Auf der Bühne in Toronto zählt Lennon aggressiv auf Deutsch ein: »Eins, zwei, eins, zwei, drei, vier«, wonach der schleppende Rhythmus für die bis heute eindringlichste Hymne der Friedensbewegung einsetzt. Niemand hat gefragt, warum er diese Reminiszenz an Hamburg an den Anfang dieses Stücks in Toronto gestellt hat. Gewiss nicht, um seinen deutschen Freund am Bass auf den Einsatz vorzubereiten. Es ist die Gegenüberstellung von Sehnsucht nach Gewaltfreiheit und zackiger Sprache der Kriegstreiber, ein Wink, nicht die Gefahr vor lauter Blumen zu übersehen – egal woher sie kommen könnte. Es ist der Kontrast zwischen Krieg und Frieden. Auf der Platte, die am 1. Juni 1969 im Queen-Elizabeth-Hotel in

Montreal aufgenommen wird, zählt Lennon englisch ein: »Two, one two three four.«

Auf der B-Seite von »Give Peace A Chance« befindet sich das Stück »Remember Love«. Lennon spielt akustische Gitarre, und Ono singt wie nur selten melodiös und mit glockenheller Stimme dieses sehr einfache, aber bezaubernde Lied. Es erinnert ein wenig an »Good Night«, an »Julia« oder »Across The Universe«, aber im Gegensatz dazu ist es eine Rohfassung. Nichts ist gefiltert, Yokos Lippen hört man, wenn sie sich öffnen, ihre Zunge, wie sie gegen den Gaumen schlägt, den Atem, den sie tief in ihre Lungen zieht. Und das Quietschen der Saiten, wenn Johns Finger sie auf den Gitarrenhals drücken. *Denk an die Liebe. Erinnere dich an die Liebe. Es braucht die Liebe, um zu sehen ... um zu leben ... um zu träumen.*

Ich kann mich an »Remember Love« nicht satthören. Jetzt, nachdem ich es wiederentdeckt habe, unterbreche ich die Arbeit an diesem Buch und spiele es wieder und wieder. Es versetzt mich in eine friedliche Stimmung, rührt in seiner Kindlichkeit und Harmlosigkeit an das Wesentliche, das Visionäre, das Poetische, das immer wieder auf das Reale, auf die sogenannte Realpolitik trifft. Passend dazu »Song for John« und »Mulberry« von 1968, beide erstmals von Yoko Ono 1997 veröffentlicht, beide nur mit John an der akustischen Gitarre und Yoko singt. Besonders das neunminütige Stück »Mulberry« überzeugt. Ich kenne keinen anderen Titel, in dem Lennon sein Instrument so heftig traktiert und ihm die seltsamsten Töne entlockt.

John und Yoko veranstalten kurz nach ihrer Hochzeit im März 1969 in der Präsidentensuite im neunten Stock des Hilton in Amsterdam ein einwöchiges »Bed-in für den Frieden«. Die Journalisten fragen die beiden immer wieder: »Was ist ein Bed-in? Was macht ihr hier?« Und Lennon antwortet wortwörtlich: »Alles, was wir sagen, ist – gebt dem Frieden eine Chance.« Er prägt sich seine eigenen Worte ein und entwickelt daraus den Song »Give Peace A Chance«, der sich im

Sommer in Windeseile zum populärsten musikalischen Friedensappell entwickelt. Das Publikum in Toronto klatscht begeistert den Takt mit. Auf der Single sind Petula Clark, Timothy Leary und viele andere zu hören, die im Hotelzimmer anwesend waren. Auf der LP sind es 25 000 Fans. *Kommt zusammen, alle zusammen. Wir schaffen es morgen, heute. Alles, was wir sagen, ist, gebt dem Frieden eine Chance ... All we are saying is give peace a chance.*

Am Ende des letzten Songs des Toronto-Gigs »John, John (Let's Hope For Peace)« hat sich der Sound verselbständigt. Die drei Gitarren lehnen an den Verstärkern und erzeugen einen gleichbleibenden schwingenden Klang. Die Kameras filmen die verwaisten Mikrophone, Textblätter im Wind und die vereinzelten Flammen der Streichhölzer und Feuerzeuge im Publikum, das damals noch ohne Handys auskam.

Im Dezember 1969 erscheint die Live-Aufnahme des Konzerts als LP »Live Peace in Toronto 1969« und schafft es auf Platz 10 der US-Charts. Das Cover: blauer Himmel, nur der notwendigste Text, das Apple-Logo, und auf der Rückseite eine weiße Wolke. In der Erstausgabe befindet sich ein Kalender für das Jahr 1970 mit Zeichnungen und Texten von John und Yoko. In den USA bekommt das Album Gold; in Großbritannien ist es nacheinander die vierte LP des Ex-Beatles, die es nicht in die Charts schafft. Und die Zeiten sind restriktiv: Auf dem Cover der Single muss »Masturbation« (Selbstbefriedigung) durch »Mastication« (Zerkleinerung) ersetzt werden. Ein Jahr später muss im »Working Class Hero«-Text das Wort »fucking« entfallen. Nach Diskussionen mit der Plattenfirma gibt Lennon nach, setzt aber durch, dass es durch einen Stern ersetzt wird und unten an der Seite neben dem Stern steht: »Weggelassen auf Drängen von EMI.«

Das Konzert in Toronto kann man als Lennons spontane Unabhängigkeitserklärung von den Beatles verstehen. Das Jahr 1969 macht deutlich, dass eine Band nicht groß genug ist, um die schöpferische Kraft der vier Musiker zur vollen Entfaltung zu bringen. Die Persönlichkeiten sind jede für sich zu begabt und zu verschieden, um weiterhin in einer Band ihre Kräfte zu bündeln. Der positive Kreislauf, der gebildet wird von einer künstlerischen Idee über deren eher handwerklichen Ausformung bis hin zu ihrem Erfolg, stimuliert die Kreativität. So gelingt ein Song nach dem anderen, auch wenn sich die Fab Four immer wieder auf musikalisches Neuland begeben. George Harrison formuliert das auf seine eindrückliche Weise für die »Anthology Special Features«. Als er sich im Mai 1995 im Abbey Road Studio 2 mit Paul und Ringo trifft, um alte Erinnerungen aufzufrischen: »Das Experimentieren wurde einfacher, weil wir einige Hits hatten. Das ist der Schlüssel zum Verständnis. Wir waren bereits sehr erfolgreich. Dann standen uns alle Türen offen. Und je mehr Erfolg wir hatten, desto eher konnten wir ausgefallene Ideen ausprobieren. Als dann auch diese Einfälle erfolgreich waren und die Leute sagten: ›Wow! Das ist Klasse!‹, machten wir so weiter und probierten die nächste Idee aus. Wir hatten hier deshalb ein offenes Haus und wir testeten alles, was uns gefiel.« Das gilt insbesondere und in doppelter Hinsicht auch für John Lennon, der nicht nur seine Band zum ersten rückwärtsgespielten Stromgitarrensolo der Musikgeschichte animiert, sondern die unzähligen Erfolgserlebnisse in seine Zeit als Ex-Beatle mitnimmt. Lennon überträgt nahtlos das seit Anfang der 1960er Jahre bestehende All-Time-High in die 70er Jahre. Der anhaltende Erfolg vermittelt ihm ein nicht nachlassendes Selbstvertrauen, auf dessen Basis er weiter schöpferisch tätig sein kann. Sogar (Selbst-)Zweifel kann er in dieser Situation in Meisterwerke verwandeln. Alles – von der Zeitungsschlagzeile bis zur intimsten Gefühlsregung – kann Kunst werden. Dank George Martin und der Möglichkeit, auch technisch immer an vorderster Front zu sein, findet das zu Beatles-Zeiten mit vielen, oft auch komplexen innovativen Elementen statt, was insbesondere im Studio-Meisterwerk »Sgt. Pepper« deutlich wird.

Toronto ist ein wesentlicher Wendepunkt. Nun realisiert Lennon seine Vorstellungen von Performance auch musikalisch und live in Stadion-Dimensionen. Er koppelt Bagism mit Rock'n'Roll, verschmilzt Yokos Kunst mit seiner Musik. Nach den eher harmlosen Beatles-Jahren deutet alles auf eine Politisierung und Radikalisierung hin.

Je intensiver ich John Lennons Entwicklung betrachte, desto stärker scheint mir die Zäsur von Toronto zu sein. Es wird immer deutlicher, dass es ihn viel Mut und Überwindung kostet, ohne vorherige Proben, ohne die Texte von »Cold Turkey« und »Give Peace A Chance« auswendig zu können – er liest zwischendurch immer von Yoko Onos Blättern ab –, vor das Rock'n'Roll-verwöhnte kanadische Publikum zu treten. Etwa die Hälfte des Gigs der Plastic Ono Band besteht aus Songs aus der Feder seiner Gefährtin. Darf er mit einem so vagen Konzept vor 25 000 Fans und vor die TV-Kameras treten?

Als 2003 Klaus Voormanns Buch erscheint, werden neue Einzelheiten zum Toronto-Gig bekannt. Tatsächlich ruft Lennon die Mitglieder in spe der Plastic Ono Band nur einen Tag vor dem Abflug an. Psychologisch geschickt, bittet er zuerst um grundsätzliche Zustimmung zur Bandmitgliedschaft und erst danach verkündet er, dass das erste Konzert bereits am folgenden Tag stattfinden soll. Vorausgegangen war ein Missverständnis: Der kanadische Veranstalter glaubte, John Lennon mit einer Band für ein Konzert gebucht zu haben, John hingegen war überzeugt, als Besucher eingeladen worden zu sein.

Das Missverständnis ist von enormer Tragweite. Klaus erinnert sich, wie sie schließlich in der letzten Reihe im Flugzeug sitzen: Allen, Eric, John und Klaus. »Der Schnappschuss ist fabelhaft!«, freut sich der Bassist, der auf der Schwarzweißaufnahme sein Instrument fast senkrecht hält.

Das Foto, auf dem die Musiker bei den »Proben« mit den Gitarren neben und über den Flugzeugsesseln zu sehen sind, geht um die Welt. Auf dem Flug nach Toronto erzählt John erstmals vom Stück »Cold Turkey«; als die Single im Oktober des Jahres erscheint (auf dem Cover die Lennon-Brille mit Schädel als Röntgenaufnahme) imitiert er gegen Ende Yokos Kreischen. Nervosität bei den Mitmusikern löst John aus, als er ankündigt, dass Yoko als Sängerin den zweiten Teil des Konzerts bestreiten würde. Die drei wollen von John wissen, was genau denn Yoko singen wird: »Na ja, singen kann man das nicht nennen. Natürlich wird sie singen, aber eben nicht im üblichen Sinne, es wird ganz anders sein. Nicht nur bloßer Gesang. Es wird eine Botschaft sein. Also, ihr müsst das so sehen: Was wir machen, hat auch etwas sehr Avantgardistisches. Ja, es wird ein Anti-Krieg-Happening. Wir wollen die Menschen bewegen, ihre Gefühle in Wallung bringen, sie provozieren.«

Das gelingt, denn die Betroffenheit am Ende des Konzerts in Toronto ist bei vielen Zuschauern nach der Rückkoppelungsorgie groß. Das Publikum hatte Zeit nachzudenken, »Give Peace A Chance«, die einfache Melodie konnte im minimalistischen Yoko-Sound nachhallen. Die Botschaft konnte sich entfalten – stärker noch als in den Bed-ins, die ja ursprünglich einen Kontrapunkt zu den täglichen Schlagzeilen über den Krieg setzen sollten.

Johns und Yokos Schlagzeile lautet immer wieder in vielen Varianten: Es ist Frieden. Oder: Es könnte Frieden sein. Solche Überlegungen münden im Dezember 1969 in die Werbeaktion »War Is Over! If You Want It. Happy Christmas from John & Yoko«. Politiker erklären Kriege, John und Yoko den Frieden. Für die großangelegte »War-Is-Over«-Kampagne wird in verschiedenen Sprachen in vielen Städten der Welt mit Plakaten, Reklametafeln und Flugblättern geworben. »In den sechziger Jahren waren wir wie naive Kinder. Enttäuscht zogen wir uns in unser Kämmerlein zurück und dachten:

›Nichts ist mit der Welt aus Blumen, Frieden und Schokolade. Es wird nicht immer nur schön und wunderbar sein.‹ Wir verkrochen uns wie kleine Kinder und schmollten. ›Wir bleiben in unserem Kämmerlein, spielen Rock'n'Roll, und sonst tun wir gar nichts mehr, denn die Welt ist böse, weil sie uns nicht alles gibt, was wir fordern.‹ War es nicht so? Nur, zu fordern war nicht genug. Die sechziger Jahre haben uns die Möglichkeiten aufgezeigt, aber auch die Verantwortung vor Augen geführt, die wir alle tragen. Eine Antwort brachten sie nicht. Sie gaben uns nur einen flüchtigen Eindruck von dem, was möglich wäre«, erklärt Lennon die Geisteshaltung, die zur »War-Is-Over«-Kampagne führte.

Der Toronto-Gig ist kein musikalischer Höhepunkt, wenn auch »Cold Turkey« und »Give Peace A Chance« die Richtung hin zum folgenden Album von 1970 »John Lennon/Plastic Ono Band«, einem Meilenstein der Rockmusik, weisen. Er ist aber ein Friedensappell, das Vorspiel zu einem sich verstärkenden Engagement für Gewaltfreiheit. Vor allem aber ist er ein Schlüsselevent im Leben des Stars, in dem es 1969 brodelt. Zum Zeitpunkt des Konzerts steht für ihn das Ende der Beatles bereits fest. Die Abwendung von der Martinschen Studio-Verliebtheit und die Abkehr vom Image des Beatles-Leaders und -Clowns nehmen deutliche Formen an. Existentielle Fragen treten für Lennon in den Vordergrund: Er beschließt, seine Popularität zu nutzen. War sie in Beatles-Zeiten noch Selbstzweck und geeignet, die Fab Four und ihre im Apple-Imperium immer unübersichtlicher werdende Entourage zu bereichern, kanalisiert er fortan seine Kreativität in zwei Hauptbereiche: Selbsterkenntnis und politische Aktionen. Die Möglichkeit, das Beatle-Image abzulegen, kommt einer Befreiung gleich.

Viele Jahre lang hatte sich die psychische Belastung kumuliert und 1969 kulminiert sie: Von Cynthia noch nicht getrennt, mit Yoko noch nicht zusammen, von den Beatles noch nicht weggekommen und noch nicht zu sich gefunden.

Gewaltiger kann der Bruch in der Vita eines Künstlers kaum sein. Zum Glück gelingt es Lennon, seine Situation kontinuierlich in Bilder, Gedichte und Melodien zu übertragen. Zudem setzt bei aller Emotionalität und Spontaneität ein rationales und erbarmungsloses Nachdenken ein, was letztlich zu einer erlösenden Persönlichkeitsfindung und zu einem höheren Bewusstseinsgrad führt, der es ihm ermöglicht, sich selbst besser zu verstehen und einen Song wie »Mother« zu singen. Vor Toronto sah es düster aus: »Es ging John richtig dreckig in der ›White-Album‹-Zeit kurz nach der Entlarvung des Maharishi. Er hatte auf den Höhepunkten der Beatles-Erfolge die Lebensfreude verloren«, sagt Klaus Voormann, der ihn oft besuchte und erschüttert ob der Hoffnungslosigkeit seines Freundes war.

Replay: Zurück zu den Niederungen des Alltags von Rockmusikern. Eric, Klaus und Alan sitzen im Flugzeug auf dem Weg nach Toronto zum Konzert. Sie haben Spaß und sind doch auch ein wenig misstrauisch und nervös, weil John so vieles im Unklaren gelassen hat und sie in dieser Zusammenstetzung noch nie miteinander gespielt haben. Die Taktzahl im Leben des Stars ist jetzt noch höher als in den 1960er Jahren, für ausgereifte Ideen oder sorgfältige Proben ist keine Zeit. Die Woodstock-Veranstalter hätten den Beatles jede gewünschte Gage bezahlt, lehnten jedoch Lennons Angebot, »solo« mit der Plastic Ono Band aufzutreten, ab. Jetzt hat er die Gelegenheit – wenn auch für alle überraschend –, die verpasste Chance nachzuholen. Und er improvisiert und erwartet von seinen Kollegen dieselbe Flexibilität. Mit dem Regisseur Don Alan Pennebaker und seiner Crew steht der renommierte Dylan-Filmer bereit, das Ereignis für die Nachwelt festzuhalten. Die Einleitung zum Film »Sweet Toronto« ist dementsprechend stimmungsvoll: Rocker holen auf Motorrädern John Lennon und die Seinen in ihrer schwarzen Stretch-Limousine am Flughafen ab. Mehrere Kameras begleiten den wilden Konvoi bis zum Stadion.

Leider schneidet Pennebaker viel Filmmaterial von den Auftritten weg – Gene Vincents Gig fehlt ganz –, und es wäre an der Zeit, das Toronto Revival in einer ausführlichen Fassung zu veröffentlichen. Es sind so viele Kameras rund um die Bühne postiert, dass möglicherweise auch der Gang der Plastic Ono Band von den Garderoben zur Bühne filmisch festgehalten ist. Zu sehen wäre dann John Lennon, der plötzlich anfängt hysterisch zu lachen. Er entschuldigt sich kurz, rennt um die Ecke und übergibt sich. »O Gott, dachte ich, bitte nicht auf den schönen weißen Anzug«, erinnert sich Klaus Voormann. Auf meine Nachfrage, ob das eine Folge des Heroinkonsums und -entzugs war oder Lampenfieber, lässt Klaus keinen Zweifel: »Es war einfach nur die Nervosität vor dem Konzert. Garantiert.« Lennon kommt zurück, als sei nichts gewesen: »Okay, lads. Let's go!«

Alles zurück auf Start: Lennon testet die Mikros, begrüßt die Menge, lässt seine Gitarre kurz knallen. Zur Coolness des Auftritts mischt sich nun das Bewusstsein im Betrachter, wie aufgeregt der wohl prominenteste Rockmusiker des Jahres 1969 bei diesem Gig ist. Das liegt nicht nur an der kurzen Vorbereitungszeit. Es liegt vor allem an der gewaltigen Umbruchsituation, in der sein Leben in jenen Monaten ist, und an den inneren Beben, die Lennon spürt und die den bevorstehenden Ausbruch des Jahres 1970 ankündigen.

John Lennon will als bald 30-Jähriger definitiv herauskommen aus der Teenie-Beatle-Phase, egal, was die Fans denken, und Yoko Ono ist dabei sein Katalysator. Ihr wird man die Schuld in die Schuhe schieben für etwas, das er wollte: nie mehr »She Loves You« trällern. In späteren Interviews betont der Musiker immer wieder, wie sehr er sich erniedrigen und verleugnen musste, um ein Beatle bleiben zu können. Insofern bedeutet das Ende der berühmtesten Popband der Weltgeschichte für ihn den großen Befreiungsschlag.

»Liebe ist Sehnsucht nach Liebe«
Urschrei und Wiedergeburt

»Ich glaube, das ist das Beste, was ich je gemacht habe«, äußert sich John Lennon in einem seiner letzten Interviews am 5. Dezember 1980 dem Magazin »Rolling Stone« über sein 1970er Album »John Lennon/Plastic Ono Band«. Und er fährt fort: »Das bin ich und sonst niemand, darum mag ich das so.« Eigentlich sollte er sein gerade erschienenes Album »Double Fantasy« promoten, aber indem er sein Solo-Debüt ins Gespräch bringt, rückt er die Verhältnisse zurecht: Qualität vor Aktualität.

Wenn man bedenkt, dass Lennon aus der Distanz fast alles vehement kritisieren konnte, Fremdes wie Eigenes, bis hin zu einem hässlichen Verriss von »Imagine«, ist allein diese Aussage Grund genug, genauer hinzuhören. Roh, kraftvoll, energisch, mutig, hoch emotional und realistisch sind die Songs auf seinem Debüt »John Lennon/Plastic Ono Band«. In äußerster Verknappung erreichen sie einen bislang nicht gekannten Grad an Ehrlichkeit und Wahrheitsliebe. »Help!« war eine Vorstufe davon, erscheint aber im direkten Vergleich artifiziell.

Kompromiss- und schnörkellos schreibt Lennon jetzt über seine Gefühle. Damit bekommen seine Erkenntnisse über das echte Wesen der eigenen Person einen für die Zuhörer überwältigenden künstlerischen Ausdruck. Seine stimmlichen Fähigkeiten konnten sich nie davor und auch nie wieder danach so stark entfalten. Balladen, Liebeslieder, Rock- und Protestsongs wechseln einander ab. Jedes Lied auf dieser Scheibe wird zu einem Lennon-Klassiker. Dabei geht alles im neuen und unheimlich hohen Tempo vonstatten. Musiker und Techniker werden nicht mehr durch endlose Studio-Sessions wie in alten Beatles-Zeiten zermürbt, stattdessen lautet die Devise höchste Effizienz. Keine Mischpult-Mätzchen, nur die notwendigsten Overdubs und Abmischungen. Und die Medien fragen: »Ersetzt die Plastic Ono Band die Beatles?«

Das Meisterwerk – »all songs written by John Lennon« – hat eine Vorgeschichte: Die drei Singles »Give Peace A Chance«, »Cold Turkey« und »Instant Karma« waren die direkten Vorläufer. Mit ihnen hat sich der Singer-Songwriter vor den drei anderen Beatles und vor dem offiziellen Ende der Band als Solo-Künstler etabliert. Alle drei Singles wurden internationale Hits, ihr Einfluss ist bis heute ungebrochen. Lenny Kravitz' schleppend langsame Interpretation von »Cold Turkey« geht durch Mark und Bein. »Give Peace A Chance« ist ein Klassiker auf allen Friedensdemonstrationen rund um den Globus. 1991 bildeten Rockstars wie Terence Trent D'Arby, Peter Gabriel, Bruce Hornsby, Al Jarreau, Little Richard, Randy Newman, Tom Petty, Iggy Pop, Bonnie Raitt, Dave Stewart, Little Steven Van Zandt, Don Was, Ahmet Zappa, The Peace Choir und sangen ihre Version von »Give Peace A Chance«, um gegen den Golfkrieg zu protestieren; auf der von Amnesty International initiierten Doppel-CD von 2007 »Make Some Noise – Save Darfur«, auf der ausschließlich Songs von John Lennon interpretiert werden, findet sich eine besonders originelle Fassung von Aerosmith.

Weniger leicht als Grundlage erkennbar, auch weil sie sich kommerziell gesehen nicht durchsetzen, sind die drei experimentellen Alben »Two Virgins«, »Life With The Lions« und »Wedding Album«. Wer sich die vermeintliche Mühe macht – im Abstand von über 40 Jahren wirken die Alben aktueller und frischer als in den vergangenen Jahrzehnten – erkennt den Einfluss von Yoko Onos Schreien auf Lennon.

Er hat dank ihr das spätpubertäre »Twist-and-Shout«-Gekreische ersetzt durch ausdrucksstarke, expressive und inhaltsreiche Lust- oder Schmerzensschreie. Trotz vieler Beteuerungen des Rockpoeten, die ihren starken, nicht nur künstlerischen, sondern auch musikalischen Einfluss auf sein Schaffen belegen – bis hin zur Aussage, das Copyright an »Imagine« hätte er mit Yoko teilen müssen, da es ihre Phrasierungen aus dem Buch »Grapefruit« waren, die ihn inspirierten –, wird immer noch zu wenig auf das Talent der japanischen Künstlerin geachtet. Immerhin entsteht parallel zu Lennons erstem Post-Beatles-Solo-Album »John Lennon/ Plastic Ono Band« ihre Platte »Yoko Ono/Plastic Ono Band«. Äußerlich unterscheiden sie sich nur durch den Namen und die Position auf dem Cover: Auf Johns Ausgabe lehnt sie am Baum und er liegt in ihrem Schoß, auf Yokos Ausgabe ist es genau umgekehrt.

Akustisch besonders faszinierend ist Onos »Why«, das auch als B-Seite von Lennons »Mother« erscheint. John, Klaus und Ringo jammen im September 1970 in den Abbey Road Studios, als Yoko das Mikro nimmt und ihren typisch zittrigen Schreigesang über den rockenden Soundteppich des Trios legt. John weist im »Rolling-Stone«-Interview stolz darauf hin, dass mehrfach nicht zu erkennen ist, wo seine Gitarre endet und wo Yokos Stimme beginnt und umgekehrt.

Johns letzte Arbeit im Studio am 8. Dezember 1980 gilt Yokos Song »Walking On Thin Ice«, den er komponiert hat. Er äußert sich begeistert über den kraftvollen Sound und

Beat und prophezeit Yoko eine große musikalische Zukunft. Wenn ich den Song heute höre, wundere ich mich, dass die Dance Musik sich seither kaum weiterentwickelt hat, und finde es nur folgerichtig, dass Yoko Ono regelmäßig noch in den 2010er Jahren die Top-Ten der US-Dance-Charts belegt mit Beats und Sounds, die »Walking On Thin Ice« zum Verwechseln ähnlich sind. Und es ist nur ein Gedankenspiel, wie sie sich an der Seite ihres Mannes hätte weiterentwickeln können.

September 1970: John und Yoko sind soeben aus Los Angeles von ihrer Therapie bei Arthur Janov nach London zurückgekehrt und beschließen, die Erfahrungen künstlerisch umzusetzen. »Sein Schmerz war gewaltig. Ich habe viel erlebt, aber so etwas noch nie. Es war schlimm und gut zugleich, da es ihm Antrieb gab«, erinnert sich Janov. Was sich in Lennons Psyche jahrzehntelang aufgestaut hatte, bricht sich bei ihm jetzt Bahn. In wenigen Wochen – schon während der Therapie in Los Angeles – schreibt er die wohl wichtigsten Songs seines Lebens: »Mother«, »God«, »Working Class Hero« und neun weitere.

Das musikalisch-sentimentale Verschmelzen übt das Paar gründlich auf dem »Wedding Album«, die dritte von ihnen gemeinsam produzierte Platte, die im Oktober 1969 erscheint. Sie beginnt mit den Herztönen der beiden. Nicht Klaus, nicht Ringo, nicht Alan – die Pulsschläge Johns und Yokos geben den Rhythmus vor. Über diesem Klangteppich schlagender Klappen und fließenden Blutes nennen sich die beiden ungezählte Male beim Namen: John sagt Yoko, Yoko sagt John. Mehr passiert nicht. Über 22 Minuten lang proben sie alle denkbaren Modulationen und flüstern, sprechen, hecheln, raunen, stöhnen, seufzen, knurren, schreien, brüllen – John trainiert unbewusst schon für den Song »Mother« –, schmatzen, zischen gegenseitig ihre Namen. Sie versuchen alle möglichen Gefühlsregungen mit ihren Stimmen

1. What is the utmost misery for you?   *with Yoko* *jealousy* / *jealousy with John*
2. Where would you like to live?   *with Yoko* / *with John*
3. What is your ideal of earthly happiness?   *Yoko* / *John*
4. What kind of faults do you sympathize with?   *Yoko's + mine* / *John + mine*
5. Who are your favorite personalities in litterature   *Yoko* / *John*
6. Who is your favorite historical personality?   *Yoko* / *John*
7. Who are your favorite heroïnes in litterature?   *Yoko* / *John (!)*
8. Who are your favorite heroïnes?   *Yoko* / *John (!!)*
9. Who is your favorite painter?   *Yoko + me* / *John + me*
10. Who is your favorite composer?   *Yoko + me* / *John + me*
11. What characteristics do you appreciate in a man?   *Yoko* / *John*
12. What characteristics do you appreciate in a woman?   *Yoko* / *John (!)*
13. What is your favorite virtue?   *Yoko* / *John*
14. What is your favorite occupation?   *Yoko* / *John*
15. Who would you have liked to be?   *Yoko* / *John*
16. What is your most importent characteristic?   *Yoko* / *John*
17. What do you appreciate most in your girlfriend?   *Yoko to keep off John* / *John*
18. What is your greatest fault?   *Yoko* / *John*
19. What is your dream of happiness?   *Yoko* / *John*
20. What would be your greatest disaster?   *no Yoko* / *no John*
21. What would you like to be?   *Yoko* / *John*
22. What is your favorite colour?   *Yoko* / *John*
23. What is your favorite flower?   *Yoko* / *John*
24. What is your favorite bird?   *Yoko* / *John*
25. Who are your favorite authors?   *Yoko + me* / *John + me*
26. Who are your favorite poets?   *Yoko + me* / *John + me*
27. Who are your heroes in real life?   *Yoko* / *John (!!!)*
28. Who are your heroines in history?   *Yoko* / *John*
29. What are your favorite names?   *Yoko* / *no John*
30. What do you dislike most?   *no Yoko* / *no John*
31. Which historical personality do you detest most?   *Sam Smith* / *nobody*
32. What military event do you admire most?   *Sam Smith* / *none*
33. What reform do you admire most?   *Yoko* / *John*
34. What natural gift would you like to possess?   *Yoko* / *John*
35. How would you like to die?   *with Yoko* / *with John*
36. What is your present state of mind?   *Yoko* / *John*
37. What is your motto?   *Yoko + John forever*

" Yoko + John = BAGISM".
John Lennon

signature:
Yoko Ono Lennon

austscher Fragebogen, ausgefüllt von John & Yoko während des Bed-ins in Amsterdam, 1969

auszudrücken. Nicht nur die Lautstärke variiert von unhör-
bar bis überdreht, auch die Emotionen tasten die verbor-
gensten Seelenfelder ab.

Auf dem »Wedding Album« findet sich ein beeindruckendes Beispiel für Yoko Onos Ideenreichtum. Kurz nach
der siebten Minute, nachdem schon viele Gefühlsregungen
durchgespielt wurden – von Liebesgeflüster bis zu Zornes-
ausbrüchen –, ändert sie maßgeblich und als Erste den Tonfall und erweitert das Spektrum, indem sie Johns Namen
traurig, weinerlich und dann wie tatsächlich weinend aus-
spricht, worauf John nur zögerlich eingeht. Auch später er-
greift Yoko mehrfach die Initiative, gibt neue Impulse, weist
die Richtung für den Fortgang des dreisilbigen Gesprächs in
Stereo. Frage – Antwort, Trauer – Trost, Aufforderung – Ablehnung, Einklang – Zweiklang, Begehren – Begehren, Vorwurf –
Zurückweisung. Die Platte ist ein großer Dialog mit nur zwei
Namen, der in seiner Ausdruckskraft und Intensität an Be-
ckett erinnert: minimalistisch und weitläufig zugleich. Ihren gemeinsamen Vokal, den Buchstaben »O«, ziehen beide
mal lustvoll, mal schmerzensreich in verschiedensten Tonla-
gen in die Länge oder stottern ihn. Sie erzeugen rhythmische
Spiele mit dem Buchstaben »O«, der neunmal – die Neun ist
Johns Glückszahl – in ihrer beider Vor- und Nachnamen auftaucht, nachdem John seinen verhassten, an den Krieg ge-
mahnenden zweiten Vornamen »Winston« notariell beglau-
bigt durch »Ono« hat ersetzen lassen.

»Guten Morgen, meine Damen und Herren«, beginnt der
Musiker in einschmeichelndem und akzentfreiem Deutsch
auf der B-Seite im Verlauf des Stücks »Amsterdam« und fährt
fort: »This is the peace call.« Davor singt Yoko Ono »Let's
hope for peace«, und wohlmeinende Kritiker entdecken in
ihrem Klagen, Wimmern und Zittern Kriegsgeräusche ebenso wie in Jimi Hendrix' Woodstock-Finale. Aber Ono zitiert
nicht die US-Nationalhymne, sondern japanische Motive
und nutzt ihre Stimme als Instrument. Danach erläutern sie

ihr Friedenskonzept: Frieden mit Witz und mit friedlichen Mitteln erzielen und die Gewalt, die jeder in sich trägt, kanalisieren; es folgt eine akustische Collage.

Das »Wedding Album« ist ein experimentelles Hör- und Vorspiel, das seinerseits seine Wurzeln in »Unfinished Music No. 1 – Two Virgins« hat. Dieses Album wird berühmter durch seinen Umschlag als durch seinen Inhalt, der Geräuschecollagen und Lärm wie auf »Revolution 9«, nur ausführlicher, ungebremst mixt. Die Improvisationen entstehen in Johns und Yokos erster Liebesnacht in Kenwood. Die Klänge sind eine Bekräftigung der auf dem »White Album« angedeuteten Kehrtwende: der radikale Bruch mit jeglicher Art von Wohlklang. Diese »Revolution-9«-Abkehr von der Beatles-Tradition ist notwendig, um Neues zu schaffen. Und das Cover, für das sich John und Yoko vollkommen nackt von vorne und von hinten angeblich mit Selbstauslöser (auf weiteren Aufnahmen ist zu sehen, dass sie beim Shooting mindestens zu dritt waren) fotografieren, ist ebenfalls ein Teil dieses Abschieds von den Konventionen. Ein sich selbst Zurückwerfen auf das Wesentliche. Schutzlosigkeit. Natürlichkeit. Verletzlichkeit. Eine Provokation für George Martin und alle Beatles-Fans. Untermauert durch biblische Zitate: »Und sie waren beide nackt, der Mann und seine Frau, und sie schämten sich nicht.« John Lennon betont, dass bei der Fotosession zahlreiche andere, sehr viel ästhetischere Fotos entstanden seien, aber sie wollten bewusst nichts beschönigen. Dieser Mut löst heute nur noch selten Kopfschütteln aus, sondern viel öfter Erstaunen und Bewunderung. Nachdem der »Playboy« zur Jahrtausendwende das erste Playmate mit rasierter Vagina abbildete und seither immer mehr Mädchen und Frauen bis auf die Kopfhaare nur blanke Haut zeigen wollen, stellt das Cover über 40 Jahre nach seiner Entstehung für heutige Teenager eine noch größere Provokation dar, als zu Flower-Power-Zeiten als »Hair« mit den (unrasierten) Nackten auf der Bühne einen der letzten großen Angriffe gegen die Prüderie in den westlichen Zivilisationen gelang. Der gegenwärtige Trend zu »Schönheitsoperationen« im Genitalbereich umfasst auch die vollständige Depilation, weshalb Hornfäden jeglicher Art und Länge immer häufiger als unästhetisch gelten, ja, abstoßend wirken, obwohl mit Ausnahme der Schleimhäute, des Lippenrots, der Handflächen, der Fingerinnenseiten, der Fußsohlen und der Brustwarzen die gesamte äußere menschliche Haut behaart ist.

Lennon und Ono ahnen nichts von den Schönheitsidealen des 21. Jahrhunderts: Schlaffe Arschbacken, hängende Brüste und dichtes Schamhaar können dem vorhergehenden und nachfolgenden Starruhm der beiden »Jungfrauen« nichts anhaben. Im Gegenteil: Insgeheim bewundern viele ihrer Fans die auf diesem Cover demonstrierte Aufrichtigkeit.

Alles, was das Paar in den nachfolgenden zwölf Jahren gemeinsam – und für 15 Monate während des »Lost Weekends« auch getrennt – unternimmt, profitiert von der auf »Two Virgins« kommunizierten Ehrlichkeit. Die beiden Künstler beginnen, ihr Leben sebst als Kunstwerk zu begreifen und sind fortan zu ihrer weltweiten Fangemeinde authentischer, direkter und offener als viele Menschen in ihren familiären Mikrokosmen. Nicht nur Fans, auch eher zufällige Lennon-Ono-Hörer haben daher oft das Gefühl, die beiden besser zu kennen und besser zu verstehen als eigene Freunde, Verwandte oder Lebenspartner. Diese Bindung an die Menschen, an das Publikum ist mit ein Geheimnis für die nicht nachlassende Strahlkraft des Mythos John Lennon.

Die Behörden hingegen wittern Obszönitäten hinter dem »Two Virgins«-Cover. Der Wirbel um das Album – angefangen bei Vertriebsfragen bis hin zu mutwilligen Zerstörungen ganzer Lagerbestände – ist enorm. Nicht nur die Regenbogenpresse berichtet ausführlich, auch die Feuilletons fühlen sich herausgefordert.

Ähnliches wiederholt sich zwölf Jahre später, als die Starfotografin Annie Leibovitz wenige Stunden vor Lennons

Tod Porträtfotos des Paars macht. Eines davon erscheint auf dem Umschlag der Ausgabe des »Rolling Stone« vom 22. Januar 1981. Es zeigt den nackten John, der sich in fötaler Haltung an die bekleidete Yoko schmiegt. Das Bild spaltet die Betrachter, es dauert noch einmal 25 Jahre, bis die »American Society of Magazine Editors« die damalige Ausgabe zum besten Cover der vergangenen 40 Jahre kürt. Die Jury aus renommierten amerikanischen Chefredakteuren, Artdirektoren, Künstlern und Verlegern wählt dieses ungewöhnliche und ergreifende Bild aus 450 eingesandten Motiven aus. Für die Winterausgabe 2009/10 des Modemagazins »Purple« posieren Sean Lennon und seine Freundin Charlotte Kemp Muhl für den Fotografen Terry Richardson: Sean nimmt die Stellung seiner Mutter Yoko ein, bekleidet, während Charlotte wie John Lennon agiert – nackt, wie dieser einst vor der Linse von Annie Leibovitz. Unter Feministinnen und Psychologen ist ein Streit über die Aussagekraft dieses Fotos entbrannt, der sich unter anderem mit dem Rollentausch der Paare befasst.

Ende der 1960er Jahre wissen John Lennon und Yoko Ono, dass ihre Popularität kein Selbstzweck sein muss, sondern eine Botschaft enthalten kann: Erinnert euch an die Liebe. Gebt dem Frieden eine Chance. Warum nicht den Frieden im Kontrast zu all den hässlichen Schlagzeilen über Krieg und Gewalt herbeireden? Warum nicht die Medien in neue Richtungen lenken? Im November 1968 nehmen sie »Unfinished Music No. 2: Life With The Lions« auf. Das fast halbstündige »Cambridge 1969« ist ein atonales, aber kraftvolles Gespräch zwischen seiner Stromgitarre und ihrer jaulenden Stimme. Eine Bekräftigung des Abschieds von alten Gewohnheiten und Regeln. Bewusstes Enttäuschen jeglicher Erwartungshaltung an einen Beatle. Anklage, Befreiung und Publikumsbeschimpfung in einem.

Alles kann jetzt zu Kunst und zur Schlagzeile werden: Die Komplikationen bei Yoko Onos Schwangerschaft; die Solidarität John Lennons, der mit ihr vor und nach der Fehlgeburt mehrere Tage im Klinikzimmer lebt; der Herzschlag des Ungeborenen; makrobiotische Kost; Johns Scheidungsklage gegen Cynthia; Yokos Konflikte mit Tony Cox wegen des Sorgerechts für ihre Tochter Kyoko; Rauschgiftbesitz bei den Fab Four, die von den Behörden nicht mehr geschont werden, seitdem sie das Image der braven Beatles abgelegt haben; hymnische Kritiken, die John und Paul mit Schubert vergleichen und ihrerseits in einer ansteigenden Medienspirale kommentiert werden; Gerüchte um Live-Konzerte oder um die Wiedervereinigung; private Telefongespräche; die Bestellung eines Frühstücks vom Hotelbett aus – alles, bis hin zu »Two Minutes Silence«, das vorletzte Stück auf »Unfinished Music No. 2«.

Eine weitere wesentliche Vorgeschichte für das 1970er Album bildet die Urschrei-Therapie. Als man ihnen das Buch »The Primal Scream. Primal Therapy: The Cure For Neurosis« von Arthur Janov zuschickt, lautet Johns erste Reaktion: »Ah, Yoko, der Urschrei. Das bist du!« Seine Neugier ist sofort geweckt, er liest das Buch, nimmt mit dem Autor Kontakt auf und begibt sich mit Yoko zu ihm in Behandlung. Janov ist schockiert vom Ausmaß der seelischen Schmerzen, die Lennon mit sich trägt. Andererseits sind sie der Motor für viele seiner künstlerischen Höhepunkte.

Während der Therapie schreibt der Musiker neue Songs. Ob es ihm gelungen ist, die Schmerzen seiner Geburt noch einmal zu erleben, wie Janov es in der Theorie wünscht, sei dahingestellt. Fest steht, dass ihm die Gespräche mit dem Psychiater eine viel größere geistige Entwicklung ermöglichen, als davor alle Erfahrungen als Beatle inklusive Indien-Aufenthalt.

»Janov hat mir gezeigt, wie ich meine Ängste und meinen Schmerz spüren kann, und dadurch kann ich jetzt besser mit ihnen umgehen als vorher, das ist alles. Ich bin derselbe geblieben, bloß habe ich jetzt eine Art Ventil. So staut sich nicht mehr alles in mir an, sondern es löst sich und kommt heraus. (...) Die Primärtherapie hat uns in ständigen Kontakt mit unseren Gefühlen gebracht, und diese Gefühle führen meistens dazu, dass man weint. (...) Vorher habe ich nicht richtig gefühlt. Ich habe Gefühle abgeblockt, und wenn die Gefühle hochkommen, dann weint man. So einfach ist das«, erklärt John im »Rolling-Stone«-Interview.

Aber natürlich ist es komplizierter. Im selben Interview gesteht er, dass es sich um einen langwierigen Prozess handelt, den er durchläuft. Er ahnt, was Janov weiß. In seinen Statements für die DVD »John Lennon/Plastic Ono Band: Classic Album« sagt der Arzt: »John hätte noch etwa ein Jahr Therapie gebraucht.« Demnach bleibt genügend Unaufgearbeitetes bei Lennon, eine stetige Unzufriedenheit, eine Neugier, die unaufhörliche Suche nach Überraschungen, nach Veränderung zeichnen die Post-Beatles-Zeit aus. Und das ist exakt die Eigenschaft, die auch die Beatles als Kollektiv besaßen. George Martin berichtet wiederholt über diese Besonderheit der Fab Four, sich nicht wiederholen zu wollen und von Album zu Album Neues auszuprobieren. Das betrifft nicht nur die Art der Kompositionen, die Aussage der Texte, die Arrangements, sondern auch ganz konkret technische Finessen wie den Klang der Stimme oder Soundcollagen.

Lennon bewahrt sich diese Lust am Experiment, Überraschungen sind ihm wichtig. Dafür ist Yoko Ono die ideale Impulsgeberin. Was heute wie selbstverständlich zu seiner Vita gehört und ihn ehrt, war im Moment der Darbietung oft sehr umstritten. Ob Aktfotos auf Plattenumschlägen, ob Bagism in seiner Nude-Version, in der die Protagonisten unter den Tüchern nackt sind bis hin zum Experimentalfilm über seinen sich in Zeitlupe erigierenden Penis: Vieles schockiert die jungen, naiven Beatles-Fans ebenso wie die Elterngeneration, wobei die Bagism-Aktionen und die Filme dazu von der Hochkultur teilweise sehr ernst genommen werden. Im »London Evening Standard« erscheint eine Besprechung des

75 Minuten langen Filmes »Rape« (Vergewaltigung), worin eine Kamera ununterbrochen auf dramatische Weise ein Mädchen verfolgt, die Kamera ist der Vergewaltiger. »Rape‹ ist für die TV-Ära, was Kafkas ›Prozess‹ für die Zeit des Totalitarismus war«, schreibt Willi Frischauer im »Evening Standard«. Der Film wirkt heute noch beängstigend und bedrückend und ist der einzige in Yoko Onos Werk, von dem sie sich insofern distanziert, als sie ihn nicht mehr sehen will. Dazu beigetragen haben mag die Tatsache, dass die Hauptdarstellerin, die 1943 in Ungarn geborene Eva Rhodes, im wirklichen Leben ein noch viel grausameres Schicksal ereilte.

Eva Rhodes Familie war 1956 aus Budapest geflüchtet. Nach einigen Jahren in Österreich ging Eva nach London, wo sie zum Starmodel avancierte und für John und Yoko die Opferrolle in »Rape« übernahm. Anfang der 1990er Jahre kehrte sie nach Ungarn zurück, wo sie erfolgreich ein Tierheim betrieb. Im September 2008 wurde sie von einem ihrer Angestellten brutal ermordet, verbrannt und unweit des Tierheims vergraben. Erst Wochen später fand man ihre Leiche.

Zwischen diesem Verbrechen und dem Film besteht kein direkter Zusammenhang. Aber der Mord an Eva Rhodes hat »Rape« erneut in die Schlagzeilen gebracht. Wie schon der bei seiner Erstausstrahlung gnadenlos verrissene Film »Magical Mistery Tour« entwickeln sich die cineastischen Experimente von damals zu modernen Klassikern. Für Steven Spielberg beispielsweise gehören die späten Beatles- und die Lennon-Filme ganz selbstverständlich zur Ausbildung.

Nicht nur cineastisch, auch musikalisch sind John & Yoko zu Lehrmeistern nachfolgender Generationen geworden und fordern dabei ihre Hörer immer noch heraus. Erwähnt sei nur der Abbey-Road-Tontechniker Richard Lush, der in seinen Erinnerungen im Jahr 2008 am damaligen Mischpult sitzend über seinen Gitarrensound in »Well Well Well« sagt: »Das ist Nirvana. Das ist, was junge Gitarristen heute suchen, wie die Arctic Monkeys und andere. Das ist typischer Kurt-Cobain-Sound. Auch Radiohead könnten so etwas Schräges machen. Das ist keine reine Verzerrung. Es trägt eine Musikalität in sich. Er spielte auf einer National-Gitarre mit Holzkorpus, die aber eine Metalldecke hatte. Dazu benutzte er einen Fender Vibro Champ. Das ist ein kleiner tragbarer Lautsprecher mit integriertem Verstärker. Aber man konnte ihn richtig laut aufdrehen.« Es stimmt, kein anderer Gitarrenklang könnte den damaligen Gemützstand des Ex-Beatles besser wiedergeben. Martin Scorsese nutzt 2006 den Song für seinen Film »The Departed«, in dem das Spiel um Identitäten und die Menschen und ihre Einstellung zum Leben wichtiger sind als der Plot.

Paul McCartney gilt gemeinhin als der Erzähler, John Lennon als der Philosoph der Fab Four. Als sich die Beatles, diese »universelle kulturelle Vereinbarung« (so formuliert »Der Spiegel« im Mai 2010) auflösen, wird John darüber hinaus zum Psychologen mit professioneller Hilfe. 1970 kommt er seiner Kindheit und sich selbst während seiner Entwicklung im Verlauf der Therapie bei Arthur Janov so nahe wie nie zuvor. Und er reduziert komplexe Sachverhalte auf ihre Essenz, wie in »Mother«: *Mutter, du hattest mich. Aber ich hatte nie dich. Ich wollte dich, aber du wolltest mich nicht.* Im Live-Konzert der Plastic Ono Band 1972 im Madison Square Garden in New York kündigt er den Song mit den Worten an: »Manche denken, das sei ein Song nur über meine Eltern. Nein. Das ist ein Song über 99 Prozent aller Eltern.«

Nicht nur in »Mother« reduziert er auf die ihm eigene, unnachahmliche Weise schwierige psychologische Überlegungen und philosophische Gedanken zu grundlegenden Aussagen, die den Menschen die Möglichkeit geben, eigene Geschichten hineinzuprojizieren, sondern auch in mehreren anderen Songs auf seinem ersen Solo-Album. Dieses Talent bewahrt er sich und beweist es auch noch in seinen posthum veröffentlichten Liedern.

»Gute Gitarristen interessieren mich nicht. Ich stecke mittendrin in dem Spiel, bei dem es um all diese Sachen geht, um
Konzept und Philosophie, um Way of Life und historische
Bewegungen. Genau wie van Gogh oder all diese anderen ir-
ren Typen – sie sind nicht mehr und nicht weniger, als ich es
bin oder als Yoko es ist – sie haben ganz schlicht und ergrei-
fend in ihrer Zeit gelebt. Ich habe ein Interesse daran, mich
so auszudrücken, wie sie es getan haben – in einer Weise, die
den Menschen in allen Ländern, ganz gleich welcher Sprache, ganz gleich zu welchem Zeitpunkt in der Geschichte, etwas sagt.« Was Lennon 1970 als Absichtserklärung gegenüber Jann Wenner äußert, gelingt ihm auf einzigartige Weise
ein Jahr später mit »Imagine«. Aber auch in dem gigantischen
Erfolg und in der weltweiten Anerkennung liegt wieder ein
tiefer Schmerz. Sein ganzes Leben lang leidet John Lennon
darunter, dass seine Mutter den künstlerischen Erfolg ihres
Sohnes nicht miterleben kann. Als Vierjähriger wurde er zum
ersten Mal von seiner Mutter getrennt, mit knapp 18 Jahren
verlor er sie ein zweites Mal und für immer. Der Kino-Film
»Nowhere Boy« aus dem Jahr 2009 beschäftigt sich mit dieser
Phase in seinem Leben. Eine der Grundlagen für den Film bildet folgende Erinnerung: »Sie kam ums Leben, nachdem sie
meine Tante besucht hatte, bei der ich wohnte. Ein Polizist
hat sie überfahren. Er war nicht im Dienst und betrunken.
(...) Ein Polizist kam zu uns an die Tür und berichtete uns von
dem Unfall. Es war genau, wie man es erwartet – so, wie es
im Film immer abläuft: Ob ich der Sohn sei, all diese Fragen.
Dann sagte er es uns, und wir wurden beide bleich. Es ist das
Schlimmste, was mir je passiert ist. Ich dachte, jetzt bin ich
niemandem mehr verantwortlich. Ich habe sie ja zweimal
verloren: Mit fünf, als ich zu meiner Tante zog, und dann
noch mal, als sie tatsächlich starb. Das hat mich wirklich
verbittert, und ich wurde noch dünnhäutiger und aggressiver, als ich es vorher schon war. Gerade war ich dabei, wieder

eine Beziehung zu ihr aufzubauen, und da wird sie überfahren.«

Arthur Janov berichtet auf der DVD »John Lennon/Plas-
tic Ono Band«, viel mit John über Julia und Mimi gesprochen zu haben. In diesem Zusammenhang unterläuft ihm
übrigens ein interessanter Versprecher, als er den Künstler zitiert: »Mother, I had you, but you never had me.« Janov
fühlt sich durch Lennons Verhalten an andere Patienten mit
verführerischen Müttern erinnert. Sie heiraten äußerlich wenig attraktive oder fremd aussehende ausländische Frauen,
um – meist unbewusst – der Inzest-Gefahr zu entgehen. Die
war bei John Lennon gegeben. Im Gegensatz zu Tante Mimi
war seine Mutter bis zu ihrem Tod eine attraktive Frau, die
sehr gern flirtete. Als Heranwachsender nimmt der Sohn
erstmals bewusst die erotische Ausstrahlung seiner Mutter wahr. Als sie eines Nachmittags ein Nickerchen macht,
legt er sich neben sie: »Ich werde nie vergessen, was sie damals anhatte. Einen kurzärmligen schwarzen Angorapull-
over mit einem runden Kragenausschnitt und ihren engen
dunkelgrün-gelb gesprenkelten Rock. Während wir so da-
lagen, berührte ich zufällig ihre Brust, und ich fragte mich,
ob ich noch etwas anderes tun sollte. Es war ein eigenarti-
ger Moment, denn ich war zu der Zeit gerade scharf auf eine
Frau, die auf der gegenüberliegenden Straßenseite wohnte.
Ich denke immer, ich hätte es tun sollen. Vermutlich hätte
sie es mir erlaubt.«

Mit Paul McCartney hätte Arthur Janov wahrscheinlich
nicht so viel Arbeit gehabt wie mit John Lennon. Und doch
verlief auch dessen Kindheit nicht besonders glücklich. Die
Mutter war an Brustkrebs gestorben, als der spätere Beatles-
Bassist 14 Jahre alt war. John und Paul waren also schon zu
Beginn ihrer Freundschaft beide Halbwaisen. Nicht nur das
musikalische Talent, auch das familiäre Schicksal verband
die beiden, die zum erfolgreichsten Komponistenduo des

20. Jahrhunderts werden sollten. Davor stellt Mutter Julia die Weichen hin zum Phänomen der Beatlemania.

Sie ist es, die ihm erste Lieder vorspielt. »Mit fünfzehn habe ich mit einem Banjo angefangen. Meine Mutter brachte mir ein paar Akkorde bei«, erinnert sich John.

Vater, du hast mich verlassen. Aber ich habe dich nie verlassen. Ich brauchte dich. Du brauchtest mich nicht, heißt es in »Mother«. Bei den gefilmten Darbietungen des Songs »Mother« kaut John demonstrativ einen Kaugummi. Vielleicht sind nur so die Sehnsucht und Verzweiflung erträglich, die er darin schildert.

Mama, geh nicht weg. Papa, komm nach Hause.

Neunmal wiederholt John diesen gebrüllten Wunsch. Wenige andere Rocksänger sind dieser Stimmgewalt – hier verbunden mit echter Verzweiflung und echtem Zorn – in diesen zwei Sätzen auch nur annähernd so nahe gekommen. Niemand vor Lennon und niemand nach ihm hat jemals in einem Lied so direkt sein eigenes Schicksal auf so erschütternde Weise in die Welt hinausgeschrien. Die Abwesenheit eines Leadgitarristen und die Zurückhaltung des Schlagzeugers und des Bassisten eröffnen ihm darüber hinaus noch größere Möglichkeiten, seine Stimme als dominierendes Instrument einzusetzen. Die Aufnahmen zu diesem Album sind eine Art Privatangelegenheit: Drei Musiker – John Lennon, Klaus Voormann und Ringo Starr. Ein Trio, live im Studio. Die ungefilterte Atmosphäre ist auf Platte zu hören. Elf Kompositionen, elf klar konturierte Songs. Keiner will das Projekt aufblasen, jeder gibt sein Bestes.

Auf »Hold On« beispielsweise spielt Klaus Voormann auf dem Bass nicht einzelne Noten, sondern Akkorde, was dem Stück die zauberhafte Stimmung verleiht. Sie macht es möglich, sich an die Welt zu wenden, sie aufzufordern, durchzuhalten und ihr zu sagen, dass alles in Ordnung kommen wird. Sanfter, geerdeter Optimismus. Die Ermunterung, Pausen zu machen, auf das Augenblicksglück zu achten, Inseln im Alltag zu schaffen, bewusster zu leben. Jeder Moment könnte der letzte sein.

Tag für Tag im Herbst 1970 – auch am 9. Oktober, Lennons 30. Geburtstag – trifft sich das Trio im Studio zum Proben. John ist kein guter Klavierspieler, hat aber die Freude am Piano neu entdeckt, Yoko liest Noten und ist im Vergleich zu ihm eine Klaviervirtuosin. Für den Song »God« spielt Billy Preston das edlere Piano, Lennon klopft hier eher den Takt. Die Musiker kommen den Endfassungen meistens rasch nahe. John Lennon singt jede Version mit, es ist Arbeit und Vergnügen in einem. Als Ungeübter an den Tasten findet er mit seinem Talent die fabelhaftesten Akkorde, beispielsweise für »Isolation«, worin er die Selbstzweifel des Künstlerpaars thematisiert: *Die Leute sagen, wir hätten es geschafft. Wissen sie nicht, wie viel Angst wir haben? ... Nur ein Junge und ein kleines Mädchen, die versuchen, die große Welt zu verändern.*

Die Worte sind wichtig, ebenso die Melodien und die Stimmungen. Hörer sollen hineinfinden in Lennons Welt, die sich mächtig verändert hat. Dafür eignet sich die sparsame Instrumentierung. *Ich erwarte nicht, dass du mich verstehst. Obwohl du mir so viel Schmerz zugefügt hast. Aber dich trifft keine Schuld. Du bist nur ein Mensch, Opfer des Irrsinns ... Isolation.*

Missverständnisse, Trennungen, *Verlassenheiten.* »Ich singe über mein Leben, das ist alles. Wenn es für andere Menschen von Bedeutung ist, all right«, äußert er später während seiner Arbeit am »Imagine«-Album gegenüber einem Fan, der tagelang vor seinem Anwesen kampierte. Die Szene wird gefilmt und vielfach in Dokumentationen verwendet, sie zeigt in aller Kürze das Problem, das Lennon mit dem Starrummel während seiner intensiven Selbstfindungszeit durchstehen muss: juristische Auseinandersetzungen um den Firmenkomplex Apple; der – letztlich verlorene –

Kampf um die Rechte der Lennon-McCartney-Kompositionen; Medien, Fans und Freaks am Telefon. Alle wollen etwas von ihm. Und er will seine Ruhe.

Lennon geht hart mit jenem müden und verfilzten Jungen um, versucht ihm klarzumachen, wie gewöhnlich auch ein Rockstar ist. Er verbessert viele Aussagen des Fans, macht ihn zur Schnecke, aber am Ende fragt er ihn: »Bis du hungrig?«, und lädt ihn zum Essen ein.

The freaks on the phone ... Im Song »I Found Out« bittet er die Leute fernzubleiben, bittet sie, sich auf sich selbst zu verlassen: *Es gibt keinen Jesus, der vom Himmel herunterkommt ... Es gibt keinen Guru* ... Das ist die Verstärkung der in Interviews geäußerten Botschaft an die Fans, keinen Führern zu trauen, keine Idole zu verehren, auch nicht die Beatles und schon gar nicht ihn selbst. Jeder soll selber zurechtkommen, jeder soll selber schwimmen. *Niemand kann dir weh tun. Spür deinen eigenen Schmerz.*

Ringo Starr erinnert sich an einen Fan bei der Tour in Australien 1964, der auf Krücken geht und hinauf zu den Fab Four hoch oben auf einem Hotelbalkon schreit. In seiner lakonischen Art erzählt der Beatles-Drummer von diesem Erlebnis. Der Fan ist erregt und wirft die Krücken weg, so, als sei er geheilt. Dann fällt er einfach hin und schlägt mit dem Gesicht auf. Mit dieser 1994 erzählten Begebenheit legt Ringo auf beeindruckende Weise nahe, was auch Johns ständiges Anliegen ist: Glaubt nicht an Wunderheiler. Glaubt nicht an die Beatles. Heilt euch selbst.

Von Jann Wenner auf den Song »God« angesprochen, erklärt John: »Ich hatte die Vorstellung *God is a concept by which we measure our pain,* und wenn man einen solchen Satz im Kopf hat, setzt man sich halt hin und singt die erstbeste Melodie, die einem einfällt. (...) Und das ging dann so weiter mit *I don't believe in Bible.* Ich weiß nicht mehr, wann mir klar wurde, dass ich da all die Sachen abtat, an die ich nicht mehr glaubte. Ich hätte auch weitermachen können. (...) Ich ließ einfach Lücken und sagte, an der Stelle könnt ihr eure eigenen Sachen einsetzen, an die *ihr* nicht glaubt. Das Ganze geriet ein bisschen außer Kontrolle. Aber die Beatles kamen als Letztes dran, weil das eigentlich heißt: Ich glaube nicht mehr an Mythen, und die Beatles waren eben auch zu einem Mythos geworden. Ich glaube nicht mehr an ihn. Der Traum ist ausgeträumt. Und ich meine nicht nur die Beatles. Ich meine dieses ganze Generationsding.«

Der fanatische Zeitungsleser ist wissensdurstig und neugierig. Er lässt nicht locker, bis er die Dinge durchschaut, die ihn beschäftigen. Mit dieser Einstellung gelangt er 1970 zu einer Einsicht, die heute noch so aktuell, banal und fundamental ist wie damals: Weil man unter Schmerzen geboren werde und die meiste Lebenszeit unter Schmerzen leide, brauche man Idole. Je größer die Schmerzen, desto mehr Götter würden verehrt. Doch diese Götzen gehörten durchschaut.

Der Song »God« raubt einem in seiner reduzierten Radikalität den Atem. Nach der obengenannten Eingangsthese *Gott ist eine Vorstellung, an der wir unseren Schmerz messen* – ein Satz, der tiefschürfendes Grübeln nach sich ziehen kann – folgt die Litanei, woran der Sänger nicht glaubt: Magie, Hitler, Jesus, Buddha, Elvis und viele mehr. Der letzte Popanz vor dem Melodiewechsel: *I don't believe in Beatles.* Der Schock bei den Fans angesichts dieses Satzes ist heute kaum noch nachvollziehbar. Ohnehin konnten sie sich ein Ende der Beatles nicht vorstellen, Lennon zerstört damit öffentlich die Hoffnungen auf eine Wiedervereinigung der Fab Four.

In der Coda bietet er dann etwas Trost, gleichsam eine Erläuterung seiner harten und knappen Worte: Er glaube nur an sich, an Yoko und an sich. Auf dem frühen Demo-Tape, das später als Bonusmaterial auf verschiedenen CDs veröffentlicht wird, erwähnt er nur sich. Noch kein Wort von der Gefährtin. Wie gut hat John auf Arthur Janov gehört? Dieser sagte ihm deutlich: Wenn du alle Schleier abgenommen hast, bleibst am Ende nur *du.* Du kannst nur an *dich* glauben.

Und Yoko? Je größer die private und öffentliche Ablehnung, desto mehr idealisiert er sie: »Yoko ist eine Frau und eine Japanerin; die Leute haben rassistische Vorurteile gegen sie, und sie haben Vorurteile gegen sie als Frau. Ihre Arbeit ist ungeheuer intensiv – Yokos Film mit den Hintern (»Bottoms« entstand 1966 und zeigte als Protest gegen den Vietnamkrieg 365 nackte Gesäße) ist so wichtig wie ›Sgt. Pepper‹. Leute, die Ahnung haben, wissen das. Aber im Allgemeinen kann sie nicht akzeptiert werden, weil sie zu intensiv ist. Ihre Sachen sind schwer zu ertragen. Darum konnten sie auch van Gogh nicht ertragen, die Sachen sind zu real, sie tun weh; darum werden solche Leute umgebracht.«

Der Zeitpunkt – so zynisch das klingen mag –, zu dem John ermordet wird, könnte für den Mythos Lennon nicht besser sein. Seine Liebeslieder, seine Friedenssehnsucht und seine Kreativität erreichen nach langem väterlichen Hausmannsschweigen einen neuen Höhepunkt: »Starting over!« Just in dieser Aufbruchsstimmung wird die lebende Legende ausgelöscht.

Niemand weiß, was uns das Allround-Genie in den seither vergangenen 30 Jahren beschert hätte. Aber die Wahrscheinlichkeit, dass es nach dem »Lost Weekend« von Oktober 1973 bis Januar 1975 zu erneuten Ehekrisen mit Yoko Ono gekommen wäre, ist groß. Spätestens mit Seans Pubertät und dem damit in seiner Enge und Intensität zu Ende gehenden Familienidyll hätte sich der Musiker neu orientiert.

Solange John mit der gut sieben Jahre älteren Yoko zusammen ist, bekommt er von ihr die erotische und die Ersatzmutterliebe im Doppelpack. Spätestens bei einem erneuten Treffen mit Arthur Janov hätte er erkannt, dass auch seine Yoko-Zweisamkeit eine Phase ist, von der aus er sich weiterentwickeln kann. Und das ist ja sein Antrieb: Der Welt und sich selbst auf den Grund gehen und alle Attitüden, alle Lügen, alle Missverständnisse ent- respektive aufdecken. Vollkommen nackt will er sein: *Gimme Some Truth!,* schreit er im Sommer 1971 in das Mikro seines Hausstudios in Tittenhurst Park.

»Gimme Some Truth!«, schreien Jakob Dylan und George Harrisons Sohn Dhani 2007 ins Mikro in ihrer rührenden Version, die John, George und Bob mit der nachfolgenden Generation auf so seltsame Weise in Beziehung setzt. Lennons Kompromisslosigkeit, Harrisons Gitarrenklänge gespielt vom Nachwuchs und Dylans Phrasierung verschmelzen zu einem unerhörten Hard-Rain-Sweet-Lord-Gefühl, und über allem thront der tote Beatle.

Zurück zur ersten richtigen Solo-LP, die im Dezember 1970 mit dem Eröffnungsstück »Mother« erscheint, mit jenen berühmten Totenglocken, die zehn Jahre später für »Starting Over« beschleunigt werden. Trotz ihrer intimen Atmosphäre erreicht die Platte in den USA Platz zwei der Hitparade. Lennon kehrt thematisch immer wieder zu seiner Mutter zurück. Eine Hauptinspiration ist der Schmerz, den er in »My Mummy's Dead« auf die Zeile reduziert: *I can't explain – so much pain.* Und weil er den Schmerz nie ganz wird erklären können, bleiben die Dämonen und Qualen die Quellen für seine Arbeit. »Ich habe mich nicht hingesetzt und gedacht, ich schreib jetzt mal was über meine Mutter. Die Songs sind einfach gekommen. Die besten Sachen, sei es ein Artikel oder was auch immer, entstehen auf diese Weise; gerade die besten Sachen kommen einfach so raus. Und dies alles kam einfach so raus, weil ich die Zeit dafür hatte – und wenn man Zeit hat, wenn man Ferien hat oder eine Therapie macht – egal, was immer du machst, du musst dir die Zeit nehmen.«

Die Melodie passt zu einem Kinderlied. Aus diesem Kontrast erwächst die Wirkung, die John Lennon als Singer-Songwriter immer wieder auf verschiedenste Arten zu erzeugen vermag.

»God« – *der Traum ist vorbei.*

John war das Walross, jetzt ist er John.

Reborn – wiedergeboren.

Dieses Album markiert John Lennons Wiedergeburt. Aber zuvor müssen die falschen Götter getötet werden. Ringos Fills zwischen jedem negierten Mythos unterscheiden sich alle voneinander. Er trommelt nach momentaner Stimmung jedes Mal etwas anderes. Für Drummer ist »God« eine Herausforderung der besonderen Art. In diesem Jahrtausend hat sie Mick Fleetwood gemeinsam mit Jack's Mannequin angenommen. *And so dear friends, you'll just have to carry on. The dream is over.*

Ganz grundsätzlichen Trost, wie er sich in der Popmusik nur selten findet, bietet auch der einfache, einprägsame Song »Remember« mit dem Hinweis, Mama und Papa seien nur Möchtegern-Filmstars gewesen, und den Sätzen: *Erinnere dich, als du jung warst, als der Held nie gehängt wurde.*

Der Traum ist vorbei. Diese banale Erkenntnis macht das Album zu einem Schlüsselwerk und Wendepunkt in Lennons Schaffen. Er weiß, nach dem Traum, nach den Fab Four beginnt die Wirklichkeit. John Lennon erwacht in diesen Jahren, er kommt zu sich selbst. Kompromissloser könnte er nicht sein. Auch die schönen, die melodiösen, die zärtlichen Songs auf der Scheibe sind nicht das Ergebnis kompositorischer Anstrengungen auf der Suche nach hübschen Liedern wie zu Beatles-Zeiten, sondern spontaner und roher Ausdruck seiner Leidenschaft. Und die rockigen Stücke wie »Well Well Well« nehmen mit der extrem krächzenden Gitarre den allerbesten Grunge-Sound der 90er Jahre vorweg. Härter und zugleich noch nicht vollkommen verzerrt, lässt sich mit Stromgitarren nicht rocken. Play loud! So wird der Klang auf Vinyl gepresst.

Die Botschaft in »God« ist persönlich, so als spreche der Star mit diesem Song jeden Einzelnen seiner Fans an. Das ist direkte Kommunikation. Noch weniger Abstand zwischen dem unberührbaren Superstar des Jahres 1970 auf Sinnsuche und seiner ihn begleitenden Fangemeinde lässt sich kaum denken. Mit dieser Unmittelbarkeit geht eine inhaltliche Radikalisierung einher. Lennon zeigt auch sein stetig wachsendes politisches Engagement in den Songs: »Working Class Hero« erzählt von den Verlockungen, sozial aufzusteigen, oben sei immer noch Platz. Der Musiker will das als Warnung verstanden wissen: *They keep you doped with religion and sex and TV.* Zugleich ist der Song ein nostalgisches Statement zu seiner Vergangenheit, zu seiner Herkunft aus einfachen Verhältnissen, von denen er sich als Rockstar für immer verabschiedet hat.

Und immer wieder Liebe pur. Ist ein schlichteres Liebeslied denkbar als »Love«? John findet darin mit zarter Engelsstimme das Fundament, die Beziehung zu Yoko ist ihm wichtiger als alles andere. *Liebe ist Sehnsucht nach Liebe.*

Auf fast allen Aufnahmen von John und Yoko, egal ob für Interviews, Rockkonzerte oder private Filme ist immer er der Dominante, der Tonangebende. Sie folgt gestisch und verbal seinen Vorgaben. Die siebeneinhalb Jahre ältere Frau, die gleichermaßen klug wie kreativ und gebildet ist und hinter den Kulissen einen so großen Einfluss auf ihn hat, zögert vor der Kamera, steht lieber dahinter, führt Regie und lässt ihrem jungen ungestümen Mann den Vortritt. Wäre er in dem New-York-Video in seiner grünen Khakijacke mit den Militärabzeichen ins Wasser gerannt, sie wäre ihm gefolgt. So bremst er aber in letzter Sekunde ab, sie folgt seinem Beispiel, auch beim Kratzen der Herzen und ihrer Namen in den Sandstrand. Und die Kamera fokussiert auf dem Wort »Love«, das von den Wellen gleich wieder verwischt wird.

Das Album ist ein Seelenstrip, das Idol zeigt sich in seiner Verletzlichkeit. Auch das löst bei Fans Bewunderung aus. Es gibt nicht viele Rock-Alben aus jener Zeit, die man heute so gerne hört; dieses lebt von seiner Wahrhaftigkeit und von seiner Radikalität.

Als die Schallplatte vorliegt, schickt John eines der ersten Exemplare an Arthur Janov. Statt die gerade bei ihm in Los Angeles stattfindende Gruppentherapie fortzuführen, legt der Psychologe die Platte sofort auf und sieht, wie seine rund 50 Klienten hingerissen sind, wie sie lachen und weinen.

Ein weiterer Instant-Song erscheint als Single im Februar 1971: »Power To The People« ist Ausdruck puren Protests. Ein großer Chor mit John Lennon und Rosetta Hightower an der Spitze führt die Menge mit dem monotonen »Alle-Macht-dem-Volk«-Gesang an. In einer Version für das 21. Jahrhundert lassen die Black Eyed Peas Füße stampfen und eröffnen das Stück mit scheinbar schrägen Akkorden, die sich auf erstaunliche Weise zu einer musikalischen Einheit fügen. In einem Rap-Zwischenspiel wird dem Refrain der Aufruf »free yourself« zur Seite gestellt. Aufgenommen haben die Black Eyed Peas den Titel im »John Lennon Educational Tour Bus«.

Zorn und Revolutionsgedanken fließen in diese weitere Demonstrationshymne Lennons ein, sie distanziert sich von den Ereignissen um »Revolution« auf dem »White Album«. John Lennon war wütend, dass der Song damals nicht als A-Single erschien, weil er angeblich zu langsam war, und versuchte, wo es nur möglich war, an seinem *you can count me in* festzuhalten, das auf Platte zu *you can count me out* verstümmelt worden war. Paul McCartneys und George Martins Bedenken kamen der PR-Abteilung von EMI entgegen, die sich mit Schaudern an den Christus-Skandal erinnerte. Nur immer sauber bleiben, war und blieb die Beatles-Devise bis zuletzt.

Mit »Power To The People« gibt John Lennon Gas und platziert gleich am Anfang die Zeile: *You say we want a revolution, we better get on right away.* Vorwegnahmen in diesem Song bilden einerseits musikalisch das Saxophon, andererseits inhaltlich der Hinweis auf die Situation der Frau: *I'm gonna ask you comerade and brother: How do you treat your own woman back home? She got to be herself so she can give herself.* Innerhalb der Revolutionseuphorie lenkt Lennon die Aufmerksamkeit auf Emanzipation und Gerechtigkeit innerhalb der Privatsphäre. Später mündet dies in den monothematischen Song »Woman Is The Nigger Of The World«. Zudem fühlt er sich durchgängig dem Ideal der Gewaltfreiheit verpflichtet – zumindest offiziell und theoretisch, denn sein Temperament bleibt unberechenbar.

»Was ist los, New York?«

John vs. USA: Die Radikalisierung

Welcher Song fällt einem spontan ein, wenn man an den jeweils größten Hit der Fab Four auf Solo-Pfaden denkt? Bei George ist alles klar: »My Sweet Lord«.

Bei Ringo: »It Don't Come Easy« oder doch »Back of Bogaloo«, der 1972 Platz zwei in den englischen Charts erreichte?

Bei John, keine Frage: »Imagine«, die unübertroffene Peace-Hymne bis heute und wohl bis in alle Ewigkeit.

Die drei Ex-Beatles besteigen Anfang der 1970er Jahre den Pop-Olymp jeder für sich alleine. Sie behaupten sich und beweisen, dass sie auch ohne die anderen großartige Musik schaffen, die nicht aus dem Gedächtnis der Popgeschichte verschwinden wird.

Aber bei Paul? In den frühen 70ern oder gar von der Trennung 1970 bis heute? Ein Refrain, ein Songtitel, eine Melodie? »Another Day«, vielleicht?

Paul McCartney versank unmittelbar nach dem Ende der Beatles in Depressionen. Seine Verspieltheit, seine Schöpferkraft, mit der er »Yesterday«, »Hey Jude« oder »Let It Be« und viele andere Hits geschaffen hatte, waren wie weggeblasen. Energie, Spontaneität und vor allem die Aufgabe, die anderen drei für neue gemeinsame Projekte zu begeistern, waren entfallen. Er war wie ein Motor ohne Fahrzeug: Leerlauf. Funktionslosigkeit. Aus seiner Feder flossen vorwiegend »Silly Lovesongs«, von denen keiner auch nur annähernd die Magie seiner Beatles-Lieder erreichte. Bemerkenswert ist allenfalls »Mull of Kintyre«, das aber in den USA floppte und erst 1977 erschien, zu einem Zeitpunkt, als sich die anderen drei schon zufrieden zurücklehnten. George und Ringo hatten alles erreicht, was für sie erreichbar war, Paul hingegen wühlt sich heute noch – zur großen Freude der Beatles-Fangemeinde – mit Höhepunkten wie »Flaming Pie« durch die verstaubten Harmonien aus alten Fab-Four-Tagen, ohne den wahren Befreiungsschlag je geschafft zu haben. Die Tatsache, dass er als erfolgreichster lebender Songwriter der Popmusik gilt, hat er zu großen Teilen seinem Alter Ego John Lennon zu verdanken.

Holy John. Es geht eine Magie von ihm aus, die Menschen in seiner Nähe inspiriert und Großartiges aus ihnen hervorlockt. Ob das eine seiner verbalen Attacken ist, eine giftige Kritik oder ein Kompliment, eine leichthin geäußerte Bemerkung im Rahmen Lennonscher Situationskomik oder die Ernsthaftigkeit, mit der er über die Gegenwart nachdenkt, immer springen Funken von ihm auf andere über. Ohne den Sternenwerfer John war Paul verloren. So lange die beiden zusammen waren, konnten sie die gemeinsamen kompositorischen Erfolgserlebnisse aus der Frühzeit, wo sie gleichzeitig im selben Raum Lieder schufen, retten in die Phase, in der sie die Songs getrennt schrieben und erst später im Studio zusammenführten. Immer gab es kleine Retouchen, mit denen sie sich gegenseitig halfen. Paul denkt heute jedes Mal an John, wenn er »Hey Jude« singt, weil der Freund ihn dazu brachte, die Nonsens-Füllzeile mit dem Reim auf »shoulder« zu belassen. Zu Höchstform steigerten sie sich, wenn John komponierte wie Paul und umgekehrt. John bewahrte sich diese Fähigkeit bis zuletzt, Paul verlor sie nach »Helter Skelter« weitgehend.

John Lennon inspiriert nicht nur andere, seine Autosuggestionskraft ist enorm: Er findet Wege, seine Gefühle und Gedanken direkt in Musik zu kanalisieren. Die ersten Akkorde von »Imagine« auf dem Klavier genügen, um die Hörer in eine Art Trance zu versetzen. Es stellt sich augenblicklich Ruhe ein und ein Gefühl, dass Frieden und Freiheit eigentlich möglich sein müssten. »Imagine« ist der Song, der auch einen Realpolitiker dazu bringt, wieder an seine Visionen zu glauben. Hätte Barack Obama seine Rede vor dem Nobelpreiskomitee im Herbst 2009 rechtzeitig mit John Lennons Soundtrack überarbeitet, hätte er vielleicht einen hoffnungsvolleren Vortrag gehalten und den sofortigen Rückzug der US-Truppen in Afghanistan angeordnet.

»Imagine« ist das Wunder, das ein Gedicht und eine Melodie gemeinsam vollbringen können. Eifersucht, Gewalt, Hass, Missgunst, Neid, Wut und Zorn verfliegen im Schall dieser einfachen Melodie und dieser kindlichen Verse. Sie berühren Menschen auf der Welt, unabhängig von Kultur und Religionszugehörigkeit, unabhängig auch von seinen Englischkenntnissen beispielsweise beim Beurteilen des Unterschieds zwischen »heaven« und »sky«. Beim Hören von »Imagine« versteht man auch, warum John Lennon der größenwahnsinnigen Vision verfiel, er könne zusammen mit Yoko Ono tatsächlich in kurzer Zeit den Weltfrieden herstellen. Schon am 14. Juni 1969 sagt der Beatle auf seine einzigartig eindringliche Weise: »Wir versuchen Frieden wie ein Produkt zu verkaufen, so wie andere Seife oder Limonade. Das ist die einzige Möglichkeit, den Leuten klarzumachen, dass Frieden möglich ist und dass es nicht einfach nur unvermeidbar ist, dass Gewalt herrscht.« Und weiter in seinen eigenen Worten: »We're all responsible for everything that goes on, you know, we're all responsible for Biafra and Hitler and everything. So we're just saying ›sell peace‹ – anybody interested in peace just stick it in the window. It's simple but it lets somebody else know that you want peace too, because you feel alone if you're the only one thinking ›wouldn't it be nice if there was peace and nobody was getting killed‹. So advertise yourself that you're for peace if you believe in it.« Jemand, der einen Song wie »Imagine« komponiert, hat das Recht, über das irdische Ziel hinauszuschießen und die kleinlichen Gedankenspiele realitätsnaher Skeptiker weit unter sich zu lassen.

Auf »Imagine« ist zum ersten Mal die neugegründete Streicherformation Flux Fiddlers zu hören. Sie setzen erst nach der ersten Strophe, nach dem Schlagzeug, nach dem Bass ein. Es ist die bewusste Entscheidung, dieser Platte Zuckerguss zu verleihen, um kommerziell noch erfolgreicher zu werden. Lennon will verkaufszahlenmäßig »My Sweet Lord« und »It Don't Come Easy« toppen, er will dem jüngsten Ex-Beatle George zeigen, dass auch er sich spirituell ausdrücken und die »Let-It-Be«-Romantik überbieten kann. Und so streichen die Flux Fiddlers herzerweichend mit und lassen im Zuhörer Hoffnung auf Frieden und Liebe aufsteigen.

Der Grund für den nicht nachlassenden Erfolg dieses Liedes liegt aber viel mehr in seiner Paradoxie. So berührend wie hier hat John Lennon seinen Wunsch nach Frieden musikalisch nie geäußert. So gewaltsam wie er sterben die wenigsten von uns. Dieser Kontrast wirkt sich aus: Der friedliebende Mensch John Lennon wird 1980 brutal niedergeschossen. Bei »Imagine« läuft seitdem also im Zuhörer oft auch der Film seiner Ermordung ab. Alle Bilder, die uns dazu bekannt sind, stellen sich in unserem Gedächtnis ein. Dazu trägt Yoko Ono nicht unwesentlich bei, die in ihren letzten Ausstellungen dazu übergegangen ist, immer privatere Gegenstände im Zusammenhang mit der Ermordung ihres Mannes zu zeigen:

Nebst seiner blutverschmierten Brille beispielsweise auch den Sack mit seinen Kleidern, den sie von der Klinik bekommen hat.

Die Bilder des Attentats wirken sich wie ein Katalysator für die Ausstrahlung dieses – übrigens mit nur drei Minuten sehr kurzen – Songs aus. Sie verstärken unsere Emotionen in einer Weise, wie das sonst bei Popmusik nicht geschieht: In »Imagine« vereint sich nach John Lennons Tod der Ursprungsgedanke des Friedensliedes mit Mord und mit Trost. Denn seit dem 8. Dezember 1980 ist die neu hinzugekommene Aufgabe dieses Liedes, uns Zurückgebliebene zu trösten.

Und der Text? Die Geschichte? Das Original gekritzelt auf eine Seite Briefpapier von The New York Hilton at Rockefeller Center. Eine alternative Version mit kleinen Varianten wie »earth« statt »world« hat der Musiker auf einer Hotelrechnung aus Mallorca vom 20. April 1971 notiert. Hierbei handelt es sich vermutlich um den ersten Entwurf, verfasst während seines Aufenthalts mit Yoko auf der Balearen-Insel. Dort hält sich Tony Cox mit seiner Tochter auf. John findet Kyoko auf einem Spielplatz und fährt mit ihr nach Palma. Doch Cox informiert umgehend die Polizei, woraufhin John und Yoko auf der Wache der Entführung beschuldigt und verhört werden. Man nimmt ihnen die Pässe weg; ohne die vermutlich großzügige Intervention des Managers Allen Klein, der mit viel Geld den Staatsanwalt bestochen haben soll, wäre es wohl zu einem Verfahren und zu einer Gefängnisstrafe für John gekommen, der die Entführung gestand. Merkwürdige Umstände für die Entstehung der Friedenshymne: *Stell dir vor, da ist kein Paradies. Es ist einfach, wenn du es versuchst. Keine Hölle unter uns. Über uns nur Himmel. Stell dir alle Menschen vor, wie sie im Hier und Jetzt leben. Stell dir vor, es gibt keine Länder. Es ist ganz einfach. Nichts, wofür man morden oder sterben muss. Und auch keine Religionen. Stell dir alle Menschen vor, wie sie ihr Leben in Frieden leben. Sag nur, ich sei ein Träumer. Aber ich bin nicht alleine. Ich hoffe, du schließt dich uns*

eines Tages an. Und die Welt wird eins sein. Stell dir vor, es gibt
kein Eigentum. Ich bin gespannt, ob du das kannst. Kein Grund
für Gier und Hunger. Eine Menschheit aus Brüdern und Schwes-
tern. Stell dir alle Menschen vor, wie sie sich die Welt teilen. Viel-
leicht sagst du, ich sei ein Träumer. Aber ich bin nicht der einzi-
ge. Ich hoffe, eines Tages wirst du uns finden. Und die Welt wird
in Einheit leben.

Die musikalische Entstehung dieser kleinen Geschichte
der Hoffnung lässt sich streckenweise filmisch verfolgen, weil das Paar seinen Alltag während den Arbeiten am
»Imagine«-Album 1971 in ihrem Tittenhurst Estate in Ascot
filmen lässt. Am Rande eines großen Parks mit See und einer Insel befindet sich die langgestreckte, nur zweistöckige,
weißgestrichene georgianische Villa, neben der sich die beiden Künstler in einem Anbau ein Tonstudio einrichten lassen. »Die Leute fragen mich: ›Warum lässt du dein Leben wie
ein Tagebuch filmen?‹ Als Beatle war es so, dass jedes Lied
und jedes Album und jeder Film einem Tagebucheintrag von
uns entsprach. Er stellte dar, wie wir in jener Zeit fühlten.
Dessen wurden wir uns jedoch erst später bewusst. Als es mit
Yoko anfing, wollten wir den schöpferischen Prozess von innen beleuchten«, erinnert sich John im Film »Imagine«. Die
beiden sitzen mit Freunden an ihrem langen Holzküchen-
tisch und diskutieren über einen Cover-Entwurf für die LP
»Imagine«. Statt der Pupillen befinden sich blauweiße Him-
melsstücke in den Augen des Musikers. »Das sind zwei Son-
nenuntergänge«, erklärt Yoko Ono, die den Entwurf gestaltet
hat. »Ist das nicht freaky?«, stellt John fest. Das Bild wird nie
veröffentlicht. Die Arbeit am Cover geht weiter.

Jemand will wissen, wie »Imagine« klingt, und John
summt die Melodie im Schnelldurchgang vor, ersetzt das
Klavier durch »Didelidum« und bricht ab: »Wie auch immer.
Du wirst ihn später auf Platte hören.«

Im »Playboy«-Interview im September 1980 mit David
Sheff spricht der Singer-Songwriter ausführlich über seine

Arbeitsweise: »Songs zu schreiben ist für mich so, als müsste ich einen bösen Geist austreiben. Ich bin wie besessen. Ich versuche zu schlafen, aber der Song lässt mir keine Ruhe. Ich muss aufstehen und etwas daraus machen. Erst dann darf ich schlafen. Es überfällt mich immer mitten in der Nacht, im Halbschlaf oder wenn ich müde bin und der kritische Verstand ausgeschaltet ist. Wichtig ist, dass man es einfach laufen lässt. Jedes Mal, wenn man versucht, es in den Griff zu bekommen, entschlüpft es einem. Man knipst das Licht an, und die Küchenschaben huschen davon. Man erwischt sie nie. (...) Ich habe alle meine Arbeiten veröffentlicht. Ich habe keine Kisten mit unveröffentlichtem Material. Ich habe nichts in den Schubladen. Ich halte nie etwas zurück, es sei denn, ich mag den Sound nicht oder es taugt nichts. Wenn ich es einem Tontechniker vorsingen kann, kann ich es auch allen anderen vorsingen.«

Im Studio in Ascot geht John Lennon voraus zu einem Raum, in dem zwei Pianos stehen. Nicky Hopkins, der zum Teil gemeinsam mit ihm, zum Teil alleine für die Klavierparts verantwortlich ist, folgt. »Vielleicht sollten wir einfach mit ›Imagine‹ weitermachen«, schlägt Lennon vor. »Was ist das? Eine Ballade?« – »Ja, genau. Ich zeige es dir.« Er raucht, das Textblatt liegt vor ihm. Und er beginnt mit den unvergleichlichen Akkorden. Hinter ihm stehen neben Nicky Hopkins auch der Bassist Klaus Voormann und Yoko Ono. John Lennon singt mal mit hoher, mal mit tiefer Stimme. Es ist noch nicht ganz klar, wohin die Melodie letztlich führen wird, doch ihre Qualitäten sind den privilegierten Anwesenden sofort bewusst. Fragend blickt sich John nach dem letzten Akkord um. »Das ist wirklich schön«, sagt Nicky. »Ja«, gibt John zurück. »Dieses Stück gefällt mir am besten.« Yoko wirft ein: »Vielleicht sollten wir es mit zwei Pianos spielen? Beim anderen eine Oktave höher? Anstelle der E-Gitarren. Weil es ein so feinfühliges Lied ist.« John blickt sich um, schaut zum anderen Klavier. »Ja, er könnte es eine Oktave höher spielen.«

Da spricht Klaus seinen berühmten Satz in fragendem Duktus: »Du könntest es oben auf dem weißen Klavier spielen?«, worauf Yoko und John unisono »Yeah!« rufen und John anfügt: »Ja, ich werde auf dem weißen spielen. Das wollte ich sowieso tun.« Das berühmte Video, in dem Yoko Ono langsam die Fensterläden öffnet und John Lennon »Imagine« singt und spielt, wurde so verwirklicht, die veröffentlichte Aufnahme wurde jedoch aus akustischen Gründen auf dem Studio-Klavier eingespielt.

Ono-Skeptiker müssen akzeptieren, dass die Phrasierung dieses Songs in ihren »Instructional Poems« vorweggenommen wird, die sie schon Anfang der 1960er Jahre veröffentlichte. John selbst gesteht später, wie viel er von Yoko »geklaut« habe, und dass er ein Feigling gewesen sei, sie nicht als Co-Autorin genannt zu haben. Er übernimmt den Duktus mancher Verse aus ihrem Buch »Grapefruit« und entwickelt im Dialog mit ihr seine eigenen Ideen.

Das Buch »Grapefruit« erschien erstmals 1964 in einer Auflage von nur 500 Exemplaren bei Wunternaum Press in Tokyo. Doch die darin enthaltenen Anweisungen an die Leser vervielfältigte die Autorin seither regelmäßig im Rahmen ihrer Avantgarde-Aktionen oder schrieb sie auch auf die vielen Postkarten, die sie John Lennon schickte, bevor sie ein Paar wurden. Schließlich veröffentlichte sie eine erweiterte Fassung des Buches 1970 bei Simon & Schuster mit einem Vorwort ihres Mannes. »Imagine the clouds dripping. Dig a hole in your garden to put them in«, oder »Imagine one thousand suns in the sky at the same time«, lauten manche jener Aufforderungen, aus denen im Gespräch mit John die späteren »Imagine«-Verse werden.

Je länger man sich mit der künstlerischen Beziehung des Paares beschäftigt, desto deutlicher wird die gegenseitige Befruchtung. John hat mit Yoko in kreativer Hinsicht tatsächlich einen mehr als gleichwertigen Ersatz für Paul gefunden. »Yoko ist mindestens so wichtig für mich wie Paul McCartney und Bob Dylan zusammen. Ich fürchte, bis zu ihrem Tode wird kein Mensch Notiz von ihr nehmen. Ich kann die Leute an einer Hand abzählen, die außer mir auch nur einen blassen Schimmer davon haben, wer sie ist, oder wie sie denkt, oder was ihr Werk an Bedeutung für die Generation von Vollidioten hat«, überspitzt er im Jann-Wenner-Interview.

Ebenso scharfzüngig äußert er sich 1971 in einem Interview für die BBC-Sendung »Scene and Heard« kurz nach Erscheinen von »Imagine«: »In ›Imagine‹ heißt es: ›Stellt euch vor, es gäbe keine Religion, keine Länder, keine Politik mehr.‹ Das ist praktisch das kommunistische Manifest, obwohl ich mich nicht gerade als Kommunist bezeichnen würde und auch sonst keiner Bewegung angehöre. ›Imagine‹ hat genau dieselbe Botschaft, bloß mit Zuckerguss. Und jetzt ist es fast überall der große Hit – ein anti-religiöser, anti-nationalistischer, anti-konventioneller, anti-kapitalistischer Song, aber eben mit Zuckerguss, und deshalb wird er akzeptiert. Jetzt ist mir klar, wie man vorgehen muss: Man muss ein bisschen Honig auf seine politische Message schmieren. Was wir – Jerry, Yoko und die anderen – in erster Linie versuchen, ist, die Jugendlichen aus ihrer Apathie zu reißen. Aus der Apathie, die in Amerika herrscht, die sich aber überall breitmacht, weil jeder dem amerikanischen Vorbild folgt, und zwar läuft das vor allem über die Musik. Der Lebensstil in unserem Jahrhundert ist von Amerika geprägt worden. Die Jugendlichen sind apathisch. Sie glauben, dass nichts mehr einen Sinn hat, dass alles zu spät ist. Sie wollen sich in die Drogen flüchten und sich so selbst zerstören. Es ist unsere Aufgabe, ihnen klarzumachen, dass noch Hoffnung besteht und dass es noch viel zu tun gibt.«

Aber zurück zum Einfluss der Gefährtin. Die Befürchtung, Ono steuere als Nachlassverwalterin heute zu sehr das Bild des Idols, ist abwegig. Alle haben die Möglichkeit, von ihr unabhängige und gar ihr feindlich gesonnene Quellen zu konsultieren. Deren gibt es viele (siehe auch die Bibliographie im Anhang). Einer der heftigsten Gegner ist Frederic Seaman, der in den letzten eineinhalb Lebensjahren im Dakota Building der persönliche Assistent des Musikers war und ihn unter anderem auf die Bahamas begleitete, wo er die Entstehung der ersten Stücke für »Double Fantasy« miterlebte. In »John Lennon – Living on Borrowed Time – A Personal Memoir« schildert er detailliert, aber gegen Ende auch reichlich konfus den Alltag des Stars und lässt am Ende an Yoko Ono kein gutes Haar. In diesen erstmals 1991 erschienenen Memoiren wurden in nachfolgenden Publikationen über den Künstler von verschiedenen Lennonisten zahlreiche Fehler entdeckt. Wie subjektiv die Ansichten des Assistenten sind, erschließt sich unabhängig von sachbezogener Seriosität jedem Leser schon nach wenigen Seiten. Immerhin vermittelt Seaman etwas von der Stimmung im Dakota, von der kreativen Zurückhaltung seines Arbeitgebers und schließlich der erneuten schöpferischen Explosion für »Double Fantasy«.

Gut fünf Jahre vor Erscheinen von Seamans Buch, am 9. Oktober 1985, wurde der John-Lennon-Friedensgarten »Strawberry Fields« offiziell eröffnet. Yoko Ono hatte zusammen mit der Stadt New York innerhalb des Central Parks den nach dem Beatles-Song »Strawberry Fields Forever« benannten Garten eingerichtet. Damals bat sie alle Staatspräsidenten unter dem Motto »Give Peace A Chance« ein Bäumchen zu spenden. Der Schweizer Bundesrat beantwortete die Bitte abschlägig. In einer Anfrage zum 25. Todestag Johns im Dezember 2005 erkundigte sich ein Schweizer Parlamentarier, ob der Bundesrat wenigstens jetzt bereit sei, einen Baum in diesem »Weltfriedensgarten« anpflanzen zu lassen. Der Schweizer Bundesrat zeigte daraufhin im Februar 2006 zwar Sympathien für John, weigerte sich aber, den Baum pflanzen zu lassen. Wörtlich heißt es in der Antwort auf die diesbezügliche parlamentarische Anfrage: »Der Bundesrat anerkennt den Beitrag der Beatles und insbesondere John Lennons zur Herausbildung einer weltweiten Friedensbewegung. Er betrachtet das Pflanzen eines Schweizer Bäumchens in den ›Strawberry Fields‹ im Central Park jedoch als wenig wirksame Maßnahme der Friedensförderung.«

Es gibt immer wieder Widerstände – egal ob in der Schweiz oder anderswo – gegen die Anerkennung von Lennons Wirken. Und doch wachsen in dem einen Hektar großen Gelände innerhalb des Central Parks heute über 160 Bäume, die an eben so viele Länder der Erde erinnern und von den entsprechenden Dienststellen, Botschaften oder Konsulaten für gut geheißen wurden. Finanziert wurde der Garten mit 500 000 Dollar, die Yoko Ono stiftete. Den gleichen Betrag stellte sie zusätzlich für seine Erhaltung und Pflege bereit. Jedes Jahr besuchen etwa eine Million Menschen aus aller Welt »Strawberry Fields« und das »Imagine«-Mosaik im Central Park. Seaman würdigt weder Yoko Onos posthumes Engagement – wofür »Strawberry Fields« nur eines von vielen Beispielen ist – noch ihre positiven Einflüsse auf ihren Mann zu dessen Lebzeiten. Stattdessen schildert er, wie er sich wenige Tage nach John Lennons Tod neben ihr aufs Bett legt, in der Hoffnung, sie trösten zu können und von ihr abgewiesen wird. Das könnte eine Erklärung für seine Bitterkeit sein.

Seamans Beitrag zur Erinnerung an John Lennon ist nicht ganz unbestritten, Onos Initiativen hingegen sind entschlossen, kraftvoll und beeindruckend. Aktuell leuchtet der »Imagine Peace Tower«, eine Lichtsäule, auf der Reykjavík (Island) vorgelagerten Insel Videy für den Weltfrieden. »Als ich zum ersten Mal in Johns Haus war, sprach er darüber, einen Leuchtturm zu bauen. Ich habe nie geglaubt, dass das Wirklichkeit werden könnte. Eines Tages wird dieser Leuchtturm 365 Tage im Jahr, 24 Stunden am Tag leuchten.« Videy ist mit einer Fläche von 1,7 Quadratkilometern die größte der Inseln in der Bucht von Reykjavík und seit Ende der 1950er Jahre unbewohnt. Das beliebte Ausflugsziel und Wandergebiet ist von der isländischen Hauptstadt aus mittels Fähre in rund fünf Minuten erreichbar.

Die engagierte Witwe organisiert heute noch weltweit Ausstellungen, nimmt an Friedensaktionen anderer Initiatoren teil oder weiht neue Lennon-Initiativen ein. 2009 betreut sie die Ausstellung »John Lennon: The New York City Years« in der Rock'n'Roll Hall of Fame Annex New York. »Bag of Clothes, December 8, 1980« ist zu sehen, eine fleckige Papiertüte mit dem Aufdruck »Patient's Belongings«, hinter Glas und in Plastikfolie eingeschweißt. Yoko Ono bekommt sie vom Leichenbeschauer Anfang 1981 und schreibt dazu: »John, der alles hatte, was ein Mann sich je wünschen kann – dieser Mann kam am Ende zu mir in einer braunen Papiertüte zurück.« Unweit davon ist der Songtext zu lesen, den John Lennon 1980 auf den Bermudas schrieb: »Grow Old With Me«. Johns blutverschmierte Brille, von Yoko im Februar 1981 an einem Fenster ihres Apartments im Dakota Building fotografiert, blickt den Besucher an. Daneben steht: »Mehr als 932 000 Menschen sind in den USA durch Schusswaffen getötet worden, seit John Lennon am 8. Dezember 1980 erschossen wurde.« Das sind 16-mal mehr als alle in Vietnam getöteten amerikanischen Soldaten.

Je mehr Zeit vergeht, desto direkter werden ihre Äußerungen bezüglich John Lennon, und auf ihre etwa für 2013 angekündigten Memoiren darf man gespannt sein. Im Mittelpunkt soll ihre Beziehung stehen und selbstverständlich werden dann weitere Details ihres Einflusses auf seine Songs bekannt werden.

»Imagine« – nicht das Gedenk-Mosaik im Central Park, sondern der Song – entsteht in wenigen Tagen im neuen Studio in Tittenhurst Park. Die Atmosphäre ist kreativitätsfördernd: Wohnbereich und Arbeitsräume – alles nahe beieinander. Der bewegendste Moment während der filmisch festgehaltenen musikalischen Ausformung zwischen Privat- und Studioatmosphäre ist Lennons Ankündigung, er habe dieses Stück, »Imagine«, geschrieben, es sei vielleicht das beste des Albums, es gefalle ihm jedenfalls ganz gut. Er wirkt ein wenig schlaftrunken, die Musiker haben gerade gemeinsam gefrühstückt. Hier beherrscht ein Genie der Popmusik seine Vorfreude perfekt. Der Musiker unterdrückt die Begeisterung über das Geglückte, aber die Gewissheit, etwas Großes geschaffen zu haben, ist im Inneren da und für den Betrachter spürbar.

Ein ähnlicher Moment, eine vergleichbare Stimmungslage wurde eingefangen, als Jimi Hendrix vor der Veröffentlichung von »Electric Ladyland« interviewt wurde – dieselbe leicht schelmische Mimik für den, der genau hinschaut, die andeutet: »Ihr werdet euch noch wundern, wenn ihr das hört.« Und die Welt wundert sich bis heute, Milliarden von Menschen auf dem Erdball kennen »Imagine«. Je länger sein Schöpfer tot ist, desto mehr Menschen singen mit und lassen sich von der Poesie verzaubern.

Für John Lennon ist »Imagine« wie ein Kinderlied. Er will ganz bewusst, dass es Erwachsene und Kinder verstehen können. Es ist derselbe Ansatz wie bei »All You Need Is Love« oder bei »Yellow Submarine«. Es gibt daher auch die Attitüde des Kenners, der den Kitsch des Stücks zu entlarven versucht. Diese Musikliebhaber befinden sich in guter Gesellschaft, denn der Komponist tut es selbst. Es ist vollkommen legitim, das Schnulzenhafte von »Imagine« zu betonen. Eine solche Analyse entfernt sich allerdings weit vom Ursprungsgedanken, vom Entstehungsmoment und von John Lennons Stolz schon Tage vor der Aufnahme bis hin zu seinem Tod. Von kurzen selbstironischen Aufwallungen unterbrochen, weiß er um die Strahlkraft von »Imagine«. Verständlich ist aber, dass er darauf nicht festgelegt werden will und – wie es seine Art ist – sich weiterentwickeln möchte, auch musikalisch. Die Gefahr, als alternder Rockstar seine frühen Hits live reproduzieren – etwa so, wie es McCartney heute tut – und Kitschproduzent für Backfische und Nostalgiefaktor für Altersgenossen sein zu müssen, ist ihm verhasst. Also distanziert er sich gelegentlich von seiner und Yoko Onos Friedenshymne. Lennons Forscherdrang ist zu groß, um nach dem »Imagine«-Höhepunkt aufzuhören. Der Höhepunkt wird trotzdem zum Höhenflug und lässt bis heute weltweit nicht nach. 2004 wird die Friedenshymne von den Lesern der Tageszeitung »Sydney Daily Telegraph« mit großem Vorsprung zum besten Song aller Zeiten gewählt. 2005 tun es ihnen etwa 7000 Hörer des britischen Senders »Virgin Radio« gleich und 2007 schließen sich auch die Leser des amerikanischen Magazins »Performing Songwriters« dem Votum an. Diese und ähnliche Ehrungen nehmen auch in nicht-englischsprachigen Ländern kein Ende. Sie sind nicht nur damit zu erklären, dass John Lennon Pop-Kompositionen und -Texte von zeitloser Schönheit schuf, sondern dass er sehr früh damit begann, an der Front, gleichsam als seine eigene einsame Avantgarde, nach neuen Klang- und Wortkombinationen zu suchen.

Bemerkenswert für seine Innovationsfreude ist die Äußerung George Harrisons auf der Special-Features-DVD der »Beatles Anthology«, John habe eines Abends das Band mit der Rohmischung der Hintergrundspur von »I'm Only Sleeping« mit dem Ende zuerst in sein Gerät zu Hause eingefädelt, weil er nicht wusste, dass es nicht zurückgespult worden war. Pauls Gesicht, der mit Ringo neben George sitzt und aufmerksam zuhört, wirkt in diesem Moment wie versteinert. Am nächsten Tag habe John den anderen drei von dem speziellen Sound berichtet, das Band rückwärts vorgespielt und George gebeten, irgendetwas auf der Gitarre zu spielen. John nimmt es auf und legt es wieder falsch herum ein, wodurch das erste rückwärts gespielte Gitarrensolo in einem Beatles-Song – und in der Popmusik überhaupt – erklingt. Später wird diese Technik für den zunehmend psychedelisch werdenden Sound auf »Magical Mistery Tour« noch oft und auch für alle anderen Instrumente eingesetzt.

Die künstlerische Intuition und Vorreiterrolle John Lennons beschränkt sich nicht auf musikalische Errungenschaften. Die technischen Versuche der Beatles und George

Martins kulminieren in »Sgt. Pepper«, dem ersten Pop-Album, auf dem die Songtexte abgedruckt werden, und wo auch das Cover mit den vielen Persönlichkeiten Horizonterweiterung und Experimentierfreude ankündigt. Allerdings wurde die Collage mit den Prominentenköpfen überinterpretiert. Ganze Bücher befassen sich mit der Gesamtkunstwerk-Ästhetik. Weitere Besonderheiten wie Lennons Wunsch, auch Gandhi, Jesus und Hitler abzubilden, werden in zahlreichen Essays analysiert.

Kaum ein Wort hingegen zum Cover von »Imagine«. Zugegeben, auf den ersten Blick wirkt es harm-, ja einfallslos: Ein unscharfes Foto von John Lennons Kopf, weder schwarzweiß noch in Farbe, sondern grünlich und bläulich, wie von weit her blickt der Musiker den Betrachter an. Das Blitzlicht des Fotografen spiegelt sich in seiner Brille. Die Distanz ergibt sich zum einen aus der Unschärfe, zum anderen aus den Wolkenfetzen, die zwischen dem Betrachter und Johns Gesicht vorbeiziehen. Es stellt sich die meist unbewusst wahrgenommene Wirkung ein, der Star blicke vom Himmel aus zu uns. In der größten Wolke stehen drei Worte, deren Anordnung nicht zufällig ist. Sie ergeben selbst einen überraschenden, ja prophetischen Satz: »imagine john lennon«. Stell dir John Lennon vor. Es ist, als sei er schon tot und als könnten wir damit beginnen, uns ein Bild von dem Verstorbenen zu machen. Auf der Rückseite wird dieser Eindruck verstärkt, sein Kopf ist waagrecht, wie auf die Erde hingestreckt »above him only sky«.

Roman Polanski dreht 1968 im Dakota Building Teile seines Films »Rosemary's Baby«. Der Starregisseur wählt nicht zufällig dieses Gebäude für den Horrorstreifen. Das Dakota scheint dem Satanismus-Thema entgegenzukommen. Polanskis Filmplakat zeigt einen Kopf genau in der Stellung wie Lennons Kopf auf dem »Imagine«-Cover. Weil das Pressefoto des Ermordeten, herausgegeben von der Klinik am 30. Dezember 1980, wiederum seinen Kopf in einer ähnlichen Stellung zeigt, gehört die Verbindung dieser drei Motive zu einer obskuren Theorie, die von Joseph Niezgoda im Buch »The Lennon Prophecy« vertreten wird. Der Autor behauptet, Lennon habe in seiner Jugend einen Pakt mit Satan geschlossen: Ruhm und Reichtum gegen sein Leben. In seinem hier schon mehrfach zitierten letzten Interview sagt John: »I don't wanna sell my soul again to create a hit record.«

Niezgoda hat jahrzehntelang Material gesammelt, und es gelingt ihm, die Leser zum Schmunzeln zu bringen. Er versucht nämlich nachzuweisen, dass Indizien auf den nahenden Tod an vielen Stellen zu sehen und zu hören sind. Beeindruckend sind die drei Buchstaben MDC unter dem Slogan »the best way to go«: John verlässt im Film »The Magical Mistery Tour« gerade das Reisebüro mit dem Kürzel an der Wand, das auf Marc David Chapman hinweisen soll.

In dieselbe Kategorie obskurer Indizien und Prophezeiungen fällt die auch schon vor Niezgoda erwähnte Jahreszahl 1881 über dem Eingang zum Dakota Building, vor dem der Star 1980 ermordet wurde. Das Baujahr wird numerologisch überinterpretiert als 99 (zweimal 8 plus 1). Die Neun steht für Lennons Glückszahl, für die höchste Ziffer im Dezimalsystem und für Veränderung. 1881 plus 99 ergibt das Todesjahr 1980.

Trotz der offensichtlich übersteigerten Einbildungskraft von Lennon-Fans, die solch bizarre Theorien in die Welt setzen, beschäftigen sich viele Menschen damit. Ein Kritiker meinte einmal lakonisch dazu, dass dieser von Niezgoda erwähnte Satan eine Engelsgeduld gehabt haben muss, um Friedenssongs wie »Give Peace A Chance« oder »Imagine« zuzulassen.

Etwas Auftrieb bekam obige Theorie durch Bob Dylan, der bei Erscheinen seiner Memoiren »Chronicles« 2004 nach vielen Jahren wieder sein erstes langes TV-Interview gab. Auf die Frage von Ed Bradley in der Sendung »60 Minutes« von CBS, wie lange er denn noch weitermachen wolle mit neuen Alben und seiner Never-Ending-Tour, antwortete Dylan, das gehe zurück auf so eine Schicksalsgeschichte, er habe vor langer Zeit eine Vereinbarung mit dem »Chief Commander« getroffen, eines Tages der zu sein, der er heute ist. Jetzt versuche Bob, sein Ende aufzuhalten, hinauszuzögern. Ob der Commander nun der liebe Gott oder der Teufel ist, liess Dylan offen: »Die Abmachung ist auf dieser und auf einer Welt gemacht worden, die wir nicht sehen.« Und von der »Crossroad« und von der »Cloud Number 9« aus winken die (früh) verstorbenen Veteranen des Jazz, Blues und Rock.

Auf der Rückseite des Covers von »Imagine« befindet sich dieselbe Wolke von der Vorderseite. Unten links steht der »Grapefruit«-Satz: »Imagine the clouds dripping. Dig a hole in your garden to put them in. yoko '63.« Dieses frühe Zitat ist Lennons Hommage an seine Muse, mit der er ihr das Album widmet. »Imagine« bildet die Fortsetzung seines Solo-Debüts, indem er den trockenen Sound nicht nur mit Streichern, sondern auch mit zusätzlichen akustischen Gitarren, mit Harmonium, Maracas, Tambourin oder Vibraphon und vor allem mit King Curtis am Saxophon ergänzt. Besonders der Sax-Sound ist die Fortsetzung einer Tradition, die im Nr. 1 Hit »Whatever Gets You Thru' The Night« gipfeln wird.

»Imagine« bildet auch deshalb die naheliegende Fortsetzung, weil der Songwriter seine Erkenntnisse aus der Janov-Therapie weiterverarbeitet, unter anderem in »Crippled Inside«, das er unmittelbar auf die träumerische Eröffnung folgen lässt. Knallhart thematisiert er darin Schein und Sein. Alles könne man verbergen, nur nicht, wenn man innerlich verkrüppelt ist: *You can live a lie until you die …*

Meilenweit ist er damit vom äußerlichen Krüppel entfernt, den er mit Gestik und Mimik Mitte der 1960er Jahre bei Live-Konzerten auf erschreckend realistische Weise nachzuahmen weiß. Mit verdrehten Beinen stampft er auf die Bühne, klatscht unbeholfen mit den Händen und schneidet Grimassen, wie man sie von behinderten Kindern kennt. Seine

Bewegungen sind kindlich und unkoordiniert, und Paul fordert gleichzeitig das Publikum auf, im Takt zu klatschen und zu stampfen. Genau genommen beleidigt John Lennon mit seinem Verhalten die Zuhörer und auch die Behinderten allgemein. Aber niemand ärgert sich darüber. Im Gegenteil: Man freut sich über den Spaßvogel. Für ihn ist es aber mehr als ein Gag. Mit dieser subtilen Publikumsbeschimpfung schafft er Abstand zwischen sich und den Fans, zwischen sich und der ganzen Beatlemania nach dem Motto: erniedrige deine Fans, und du wirst noch größer, noch sicherer, noch besser.

Wie zwiespältig die Situation ist, zeigt sich auch daran, dass nach dieser einführenden Spastiker-Persiflage oft der Feger »I Saw Her Standing There« folgt und John und Paul an einem Mikro kurz vor Georges Gitarrensolo dermaßen wild die Köpfe schütteln und dabei kreischen, dass allein beim Betrachten dieser Szene die Beatlemania besser zu verstehen ist. Klugerweise haben die Beatles sowohl in vielen ihrer Kompositionen bis »Rubber Soul« und in etwa jedem dritten adaptierten Song einen solchen Kreisch-Kopfschüttler eingebaut (allen voran »Twist And Shout«), der live seine Wirkung nie verfehlt. Die Mädchen ahmen genau dieses Kreischen nach. Und in Live-Konzerten stimmen sie so laut sie können mit ihren Idolen ein.

Der Schauspieler und »Twilight«-Star Robert Pattinson sagt kurz nach dem frenetischen Empfang durch rund 20 000 vorwiegend weibliche Fans im Herbst 2009 in der vollbesetzten Münchner Olympia-Halle, er wisse jetzt, warum die Beatles aufgehört haben, Live-Konzerte zu geben. Tatsächlich finden bei »Twilight«-Events ähnlich hysterische Jungmädchen-Szenen statt wie in der frühen Beatles-Zeit, weshalb die Begeisterung für die Vampir-Romanze oft mit der Beatlemania verglichen wird.

Das dritte Stück auf dem »Imagine«-Album verbindet die Qualitäten der beiden vorangegangenen Nummern: Zauberhafte Melodie und rücksichtslose Selbsterkenntnis. »Jealous

Guy« wurde nicht so oft gecovert wie »Imagine«, aber im Gegensatz zu den Cover-Versionen der Friedenshymne (»die Originalversion kann man nicht übertreffen«, Klaus Voormann) kommt beispielsweise Brian Ferrys Interpretation von »Jealous Guy« nahe an John Lennons Ausdruckskraft heran. Nicht zuletzt, weil auch Ferry ein eifersüchtiger Charakter ist.

Bemerkenswerte Cover-Versionen entstehen jedes Jahr neue, zuletzt unter anderem vom australischen Schauspieler und Sänger Ben Lee, der eine ruhige Fassung von »Woman Is The Nigger Of The World« aufgenommen hat oder von Sinéad O'Connor, die »Mind Games« neu interpretiert. Auch Country-Music-Stars versuchen sich in diesem Jahrhundert vermehrt an Lennon-Songs. Dolly Parton singt »Imagine« und Glen Campbell »Grow Old With Me«. Auf dem Album »Working Class Hero – A Tribute To John Lennon« von 1995 zollen etablierte Bands und Formationen wie die Red Hot Chili Peppers oder Cheap Trick Tribut. Lennons Kompositionen faszinieren Musiker aller Genres, bekannte und unbekannte. Die russische Band The OZ beispielsweise veröffentlichte 2009 ein Album mit Songs von John und Yoko. »Che Lennon« enthält 13 Stücke, unter anderem »Jealous Guy«, »Working Class Hero«, »Power To The People«, »God«, »Cold Turkey«, »Happy Xmas (War Is Over)« und »Gimme Some Truth«. Zudem hat sich das Quintett aus St. Petersburg im Punk-Stil auch an Raritäten wie »Stranger's Room«, »Serve Yourself«, und »Do The Oz« gewagt. Ziel des Albums ist eine »Punk-Oper«, bei der überwiegend politische und eher selten gespielte Lennon-Songs im Mittelpunkt stehen. »Unser Ziel war es, zu verstehen zu geben, welche Arten von ›Revolutionen‹ John Lennon in seinem Leben erfahren hat«, sagt der Sänger Igor Salnikov.

»Jealous Guy« erweitert das Spektrum der von Bob Dylan geprägten »Love-Hate-Songs« um »Love-Sorry-Songs«. Nach dem Streit folgt die Verunsicherung *you might not love me anymore,* und die Entschuldigung verbunden mit der Einsicht: *Ich bin eben ein eifersüchtiger Typ.* Und der Hörer pfeift im Mittelteil die Melodie mit. Es tut weh, aber es hängt auch die seltsame Melancholie der Erleichterung über dem Lied, weil es die Situation durchschaut, weil der schwierige Moment überstanden ist. Der Sänger drückt damit aus, dass er seine besitzergreifende Art und seine Unsicherheit hinter sich gelassen hat.

Das wäre ohne die Bekanntschaft mit Arthur Janov nicht möglich gewesen: »Wir machen das fast jeden Tag. Ich will diese Sache mit der Primärtherapie nicht an die große Glocke hängen, denn das Ganze ist wirklich peinlich. Kurz gesagt: Die Urschreitherapie hat uns in ständigen Kontakt mit unseren Gefühlen gebracht.« Yoko Ono bestätigt, dass die Therapie bei Arthur Janov viel bewirkt hat, Johns Besitzanspruch zeige sich nur noch selten: »Lagen wir im Bett und er begann mich zu kritisieren – ›warum hast du den Typen angelächelt?‹ –, bemerkte er den Rückfall sofort selbst, nahm ein Kissen und schlug darauf ein und schrie. John erinnerte sich daran, dass er nicht mit mir böse war, sondern wütend auf bestimmte Ereignisse in der Vergangenheit, die stattfanden, lange bevor er mich kennenlernte.« Das Album »Imagine« bedeutet für ihn die entspannte künstlerische Umsetzung der vorangegangenen psychischen Erfahrungen und zudem die umfassende Anerkennung, die er sich gewünscht hat und die rückwirkend seine Führungsrolle bei den Beatles bekräftigt. Er glänzt mit weiteren Selbstfindungssongs, mit Protestsongs, mit purem Blues, mit schlichten Liebesliedern oder mit einem harten Angriff auf Paul.

In »How?« fragt er: *Wie kann ich vorwärts gehen, wenn ich nicht weiß, in welche Richtung ich schaue … Wie können wir uns auf etwas einlassen, von dem wir nicht überzeugt sind … Wie kann ich Liebe geben, wenn ich einfach nicht weiß, wie man gibt.*

In »I Don't Wanna Be A Soldier« schreit er: *Ich will nicht sterben … Ich will kein Jurist sein. Ich will nicht lügen … Ich will kein Mann der Kirche sein. Ich will nicht weinen.* Erdigen Blues musiziert er in »It's So Hard«: *Du musst leben. Du musst lieben. Du musst jemand sein ... Du musst essen. Du musst trinken. Du musst fühlen.* In »Oh My Love« übersteigert er seine bisherigen Liebeslieder mit der Zeile: *Zum ersten Mal kann mein Verstand fühlen.* Und in »How Do You Sleep?« reagiert er böse auf Pauls zweite Solo-LP »Ram«, auf der Paul ihm indirekt Fehler vorwirft. John revanchiert sich unter anderem mit der Zeile: *Die Freaks hatten recht, als sie sagten, du seist tot.* Im »Playboy«-Interview 1980 kommentiert Lennon: »Ja, ich glaube, dass er im gewissen Sinne kreativ am Ende ist.«

Wie die beiden letztgenannten Lieder zeigen, korrespondiert John Lennons Sehnsucht nach Liebe und Zärtlichkeit mit dem Hass und der Gewalt, die er in sich trägt. Wen sein Bannstrahl trifft, ist nicht zu beneiden. Schlägereien geht er nicht aus dem Weg. Ich werde nie Cynthias Gesicht vergessen, als sie mir erzählte, dass sie in Johns Augen *HASS* gesehen hätte. Ihre weichen Züge zuckten zusammen in der Erinnerung an die Unbarmherzigkeit, die das Idol der Massen manchmal an den Tag legte, wenn er sich für einen Weg entschied, der andere benachteiligt und verletzt: körperlich, als er sie schlägt, oder seelisch, als er ihr die neue Geliebte vorsetzt.

Die Begegnung von Cynthia und John ist das Aufeinandertreffen von Güte mit Urgewalt. Aber wie von jeder wichtigen menschlichen Begegnung schneidet er sich auch von ihrer Empathie ein Stück ab und nimmt es mit auf seinen weiteren Lebensweg. Die Fehler, die er in seiner ersten Ehe gemacht hat, versucht er mit Yoko Ono zu vermeiden. Und mit seiner hingebungsvollen väterlichen Daueranwesenheit für Sean scheint er gleichsam die Versäumnisse bei Julian wettmachen zu wollen. So, als könnte ein Übermaß an Fürsorge für den zweiten Sohn das Manko beim ersten ausgleichen.

John ist sich seines Fehlverhaltens bei Cynthia bewusst und lernt daraus. Als nämlich ihre erste autobiographische

Buchveröffentlichung angekündigt wird, droht er vorab – ohne den Text zu kennen – mit einem Gerichtsverfahren. Aber als er dann das Buch liest, ist er positiv überrascht. In der zweiten Hälfte der 1970er Jahre verbessert sich das Verhältnis zwischen ihnen wieder, Lennon nimmt vor allem einen intensiveren Kontakt zu Sohn Julian auf. Doch der darf nicht in Begleitung seiner Mutter zum Vater – Yoko lässt Cynthias Anwesenheit nicht zu. Auch 1980 muss Julian allein zu den Trauerfeierlichkeiten nach New York fliegen.

Als Johns Trennungswut Paul trifft, ist es noch schlimmer als bei Cynthia. Der Song »How Do You Sleep?« ist gnadenlos: *Du lebst mit Schleimern, die dir sagen, du seist ein König ... Das Einzige, was du jemals vollbracht hast, war ›Yesterday‹, und seitdem du weg bist, bist du nur noch ›Another Day‹.* Das war Pauls erste Solo-Single; Johns Umfeld muss den zornigen Ex-Beatle daran hindern, nicht wie von ihm geplant noch Schlimmeres zu singen. Phil Spector und Allen Klein weisen ihn darauf hin, dass Paul einen Prozess anstrengen könnte, wenn John andeuten würde, dass Paul »Yesterday« geklaut habe. Ein interessantes Hörerlebnis bietet der 2006 erschienene Soundtrack zum gleichnamigen Film »The U. S. vs. John Lennon«, worauf sich eine bis dahin unveröffentlichte Fassung von »How Do You Sleep?« ohne Johns Gesang befindet. Jeder Hörer darf da karaokeartig selber den Grad an Wut, an Hass in Sätze wie *Die Freaks hatten recht, als sie sagten, du seist tot ... Deine Musik ist nur Muzak für mich. Du musst doch etwas gelernt haben in all den Jahren* hineinlegen.

»How Do You Sleep?« ist ein Beispiel dafür, wie Lennon allmählich lernt, Witz, Ironie, Wut, Gewalt, Hass und Zynismus in seinen Liedern zu kanalisieren. Der Weg seines musikalisch-politischen Engagements vom Song »Revolution« bis beispielsweise »Sunday Bloody Sunday« ist weit und führt unter anderem über sein einziges Weihnachtslied, »Happy Xmas (War Is Over)«. Im Sommer 1971 entsteht dieser weitere Beweis für die gute Zusammenarbeit zwischen John und

Yoko. Gemeinsam schreiben sie »Happy Xmas«, das im Oktober aufgenommen wird und am 1. Dezember erscheint. Sie flüstert ganz am Anfang, noch bevor das erste Instrument erklingt: »Frohe Weihnachten, Kyoko.« Er flüstert: »Frohe Weihnachten, Julian.« Dann sorgt Phil Spector für einen Sound wie auf »Try Some, Buy Some« inklusive Glockenspiel wie live vom Pferdeschlitten, verstärkt durch den Harlem Community Kinderchor. Ein fabelhaftes John-und-Yoko-Duett folgt, das andeutet, was in den 1980ern von den beiden noch zu erwarten gewesen wäre.

Das also ist Weihnachten, stellt Lennon zu Beginn mit seiner so besonderen Stimme fest, die immer auch eine eigenwillige Autorität ausstrahlt. Es schwingt Ironie mit, die rein akustisch nicht wahrnehmbar ist, aber in etlichen Videos zu diesem Stück durch kontrastierende Szenen von Krieg, Armut und Hunger deutlich wird. Man kann es auch Sarkasmus und Zynismus nennen und könnte auf der Stelle ein schlechtes Gewissen bekommen.

Direkte Ansprache. Ein bisschen Verhör. Ein paar gute Wünsche. Auftakt: Sprechgesang.

Das also ist Weihnachten. Und was hast du getan? Ein weiteres Jahr endet, und ein neues fängt an. Dieser Übergang ermöglicht Hoffnung. Der Kinderchor singt im Hintergrund *war is over if you want it* und Yoko setzt ein: *A very Merry Xmas and a happy New Year, let's hope it's a good one without any fear.* Am Ende singen die Kinder: *War is over now.* Kurz vor seinem Tod sagt Lennon über diesen Song: »Wir wollten etwas schaffen, das jedes Jahr neben ›White Christmas‹ gespielt wird. Und irgendwo ist immer Krieg und immer wird irgendjemand gefoltert oder erschossen. Darum kann man es jedes Jahr wieder auflegen und der Text berücksichtigt das und verliert nie seine Gültigkeit.«

Prophet John behält einmal mehr recht. Der Song gilt heute nach wie vor als eines der meistgespielten Pop-Weihnachtslieder. Zudem zeigt seine Äußerung, dass er sich bei aller kraftvollen Naivität seiner Friedensaktionen der unabänderlichen Realität bewusst ist. Die Vision verliert deshalb nicht ihre Berechtigung.

Auf der B-Seite der Single befindet sich Yoko Onos Solo »Listen The Snow Is Falling«, eine schlichte Kinderliedmelodie: Der Wind pfeift, Schritte im Schnee und die mehrfach wiederholte Aufforderung »Listen!« mit dem poetischen Aperçu, überall falle Schnee, zwischen Tokyo und London, überall. »Hör zu, horch hin, der Schnee fällt auch zwischen deine Liebe und meine.« John Lennon und Phil Spector sorgen für die romantische Stimmung. Es ist, als könnte der Rockpoet hierfür und in vielen anderen Beispielen den Kommerzschalter kippen, wann immer er will. Wenn er einen möglichst großen Verkaufserfolg anstrebt, schreibt er Alben wie »Imagine« oder »Walls And Bridges«. Sind ihm hingegen die Charts egal, konzentriert er sich auf seine Person, auf seine Anliegen, auf gesellschaftliche Entwicklungen oder auf die Politik. Sein Leben ist von den Hamburger Jahren an bis zur Geburt Seans an seinem 35. Geburtstag so eng mit seiner Arbeit als Künstler, Aktivist, Komponist, Musiker und Schauspieler verbunden, dass Privates kaum stattfindet. Und wenn, dann macht er auch das meistens öffentlich, das Leben als Kunstwerk, und stellt es in den Dienst seiner Botschaften.

Anfang 1972 scheint Lennons Erfolgsdurst gestillt zu sein. Der besessene Zeitungsleser und News-Junkie konzentriert sich musikalisch im Instant-Stil wieder verstärkt auf die Politik. »Ich habe immer ein politisches Bewusstsein gehabt, war immer gegen den Status quo. Das ist ziemlich normal, wenn man so wie ich von klein auf lernt, die Polizei als natürlichen Feind zu hassen und zu fürchten und die Armee zu verabscheuen, weil sie Leute wegholt und dann irgendwo tot liegen lässt. (...) Im Prinzip war ich immer politisch«, erklärt er im Mai 1971 und fährt medial mehrgleisig, kombiniert spielerisch verschiedene Ausdrucksmöglichkeiten, um seinen Botschaften Nachdruck zu verleihen.

»Late City Edition« steht oben rechts auf dem Cover von »Some Time In New York City«, wobei diese Headline, dieser ungewöhnliche Album-Titel typographisch an die »New York Times« angelehnt ist. Ein Plattenumschlag in Schwarzweiß als Zeitungsseite – auch das gab es noch nicht in der Musikgeschichte. Die Songs auf dem Album sind Gelegenheitslieder, manche entstehen aus aktuellen Anlässen und sind für den Tagesbedarf bestimmt. »Ono News that's fit to print« heißt es über den Lyrics, die mit Überschriften und Fotos versehen und in Spalten wie in einer Tageszeitung angeordnet sind. Diese Lyrics werden heute noch mit Gewinn gelesen und gehört, Yoko Onos Anteil ist größer und melodiöser denn je – direkt und indirekt.

Kurz vor Beginn der Arbeit an diesem Album schenkt sie John das Buch »The First Sex« von Elizabeth Gould Davis, worin die Unterdrückung der Frau in der westlichen Zivilisation geschildert wird. Beide haben zudem das damals aktuelle Buch von Germaine Greer »Der weibliche Eunuch« gelesen. Und vor allem erinnert sich John Lennon an das Interview, das Yoko 1967 (sic!) der englischen Zeitschrift »Nova« gegeben hat, sie ist auf dem Cover der Zeitschrift abgebildet und die Überschrift lautet »Woman Is The Nigger Of The World«. Seither hat Lennon den Titel für einen Song vorgesehen, ihn aber erst Jahre später geschrieben. Er zögert mit diesem Lied, weil er spürt, wie langsam selbst er die eingefahrenen Macho-Verhaltensweisen bei sich erkennt und verändert und weil das Wort »Nigger« politisch nicht korrekt ist.

Nach der Veröffentlichung gibt es tatsächlich Ärger, aber – wie der Musiker betont – nur seitens des weißen Establishments, die Schwarzen hätten die Botschaft verstanden und es ihm nicht krummgenommen. Seine optimistisch beschönigenden Kommentare, begleitend zum Erscheinen der Single »Woman Is The Nigger Of The World«, die 1972 in den USA, nicht in England erscheint, können nicht verhindern, dass viele Radiostationen den Song boykottieren. Sie lassen

nicht gelten, dass der Star den Begriff »Nigger« auf die über-
wundene Zeit der Sklaverei bezogen wissen will. Es gibt aber
auch Journalisten und DJs, die ganz bewusst auf die Qualitäten des Songs hinweisen, ihn spielen, John und Yoko dazu
interviewen und auf ihre Anliegen eingehen. Yoko Ono freut
sich: Das sei der erste Song zur Emanzipation der Frau, der
von einem Mann geschrieben und gesungen wird.

Bemerkenswert ist die lange Entwicklungsphase dieses
Liedes, die sich in gewisser Weise auch nach der Veröffentlichung fortsetzt. In dem legendären »Double-Fantasy«-In-
terview am 8. Dezember 1980 mit RKO Radio sagt Lennon
an seinem Todestag: »Jetzt bin ich eher ein Frauenrechtler
als zur Zeit, zu der ich ›Woman Is The Nigger Of The World‹
sang. Gedanklich war ich damals schon ein Feminist, aber
jetzt tut auch mein Körper, was damals mein Mund sagte,
und ich versuche, meinen Wörtern getreu zu leben.«

Heute scheint uns der titelgebende Satz harmlos, damals
war er ein weiterer Beweis für Yoko Onos Radikalität, mit der
sie Metaphern in die Welt schleuderte und sich so auf einzigartige Weise mit John Lennon ergänzte.

Die Frau ist der Neger der Welt. Ja, das ist sie. Denk darüber
nach ... Und tu etwas dagegen. Wir zwingen sie, sich zu schmin-
ken und zu tanzen. Wenn sie sich weigert, unser Sklave zu sein,
werfen wir ihr vor, sie liebe uns nicht. Wenn sie Klartext spricht,
werfen wir ihr vor, ein Mann sein zu wollen. Wir unterdrücken
sie und gleichzeitig schwärmen wir, sie schwebe weit über uns,
und beten sie an ... Glaubst du mir nicht? Schau dir die Frau an,
mit der du lebst. Die Frau ist die Sklavin der Sklaven. Ja, schrei
es raus. Wir schwängern sie und lassen sie unsere Kinder groß-
ziehen. Und dann lassen wir sie glatt sitzen und behaupten, sie
sei eine fette Henne. Wir reden ihr ein, zu Hause sei der einzig
richtige Ort für sie. Später beklagen wir uns weltmännisch, sie
sei zu kleinkariert, um unsere Freundin zu sein ... Jeden Tag be-
leidigen wir sie in den Medien. Frag dich mal, warum sie kein
Selbstvertrauen hat.

Weder davor noch danach hat sich ein Rockmusiker mit einem Song so direkt und aufrüttelnd für die Women's-Lib-Bewegung engagiert. Mit Phil Spectors an John angepasstem »Wall of Sound« ist das ein kraftvoller Song mit dem dominanten Saxophon Stan Bronsteins als Symbol für männlichen Chauvinismus, wirbelnden Drums, kreischenden Gitarren und – erstaunlich – ohne gesangliche Einmischung Yokos.

Yoko Ono folgt auf dem Album solo mit »Sisters, O Sisters«: »Wir haben unsere grüne Erde verloren. Wir haben unsere gute Luft verloren. Wir haben unsere Weisheit verloren. Und wir leben in Verzweiflung. Schwestern, stehen wir auf. Es ist nie zu spät. Beginnen wir beim Anfang. Wir fordern Weisheit. Ja, Schwestern, wir müssen fordern lernen. Wir müssen kämpfen lernen. Es ist nie zu spät, eine neue Welt zu schaffen. Dafür leben wir. Wir müssen leben lernen.«

Am 9. September 1971 nahmen Gefangene des Attica-Staatsgefängnisses Wächter als Geiseln. Vier Tage später stürmten rund 1000 Soldaten das Gefängnis, 33 Häftlinge und neun Geiseln starben. Nelson Aldrich Rockefeller war damals Gouverneur von New York und für den Einsatz- und Schießbefehl der Nationalgarde verantwortlich. John und Yoko reagierten mit dem Song »Attica State« darauf, spielten ihn live bei Benefiz-Veranstaltungen und trugen einen Button mit der Aufschrift: »Indict Rockefeller for murder« (Klagt Rockefeller des Mordes an).

»Attica State« zeigt, wie sich John und Yoko zunehmend radikalisieren. Das geht rasch, Kopf und Bauch harmonieren, und im Instant-Stil entsteht bester Agitprop: »Als wir die Platte einspielten, hatten wir nicht vor, die Brandenburgischen Konzerte zu machen oder *das* Meisterwerk, das alle immer zu schreiben, malen, zeichnen oder drehen versuchen. (...) Es ging einfach darum, die Platte aufzunehmen und herauszubringen; und die nächste wird bald folgen. Wir hätten sie nicht machen müssen. Wir hätten uns anderthalb

Jahre lang auf ›Imagine‹ ausruhen können. Aber die Sachen auf ›Some Time In New York City‹ drängten förmlich heraus, und wir wollten all diejenigen, die Lust hatten zuzuhören, an unseren Gedanken teilhaben lassen. Die Entscheidung, das Album zu machen, fiel schneller als die zu irgendeiner anderen Platte. Und deshalb haben wir auch nur neun Tage dafür gebraucht.« Und natürlich ist es kein Zufall, dass Lennon in diesem Gespräch mit David Sheff die Zahl neun nennt.

John und Yoko betreiben aber nicht nur Numerologie in übertriebener Form, sondern betonen oft das Wir-Gefühl: *Wir sind alle Insassen des Attica State. Die Medien beschuldigen die Gefangenen. Aber die Gefangenen haben nicht getötet ... Befreit die Gefangenen. Sperrt die Richter ein. Befreit alle Gefangenen. Alles, was sie wollen, ist Wahrheit und Gerechtigkeit. Alles, was sie brauchen, ist Liebe ... Jetzt ist die Zeit für eine Revolution ... Tretet ein für die Menschenrechte. Furcht und Hass überschatten unser Urteilsvermögen. Befreit uns alle von der endlosen Nacht.* »Attica State« ist ein Rocksong mit Stromgitarren auf dem Album, live aber ein Folkrock-Protestsong, den John und Yoko bei einem Benefiz-Konzert am 6. November im Apollo Theatre in New York gemeinsam singen. Schmunzelnd erinnert Lennon das Publikum wegen der Instrumentierung an die Quarrymen.

Immer wieder greifen die beiden aktuelle Themen der Tagespolitik auf und setzen sie künstlerisch um. Auf »Some Time In New York City« schreiben und singen sie auch über den 30. Januar 1972, der als blutiger Sonntag in die Geschichte eingegangen ist (»Sunday Bloody Sunday«). »Das Leben ist einfach zu kurz – plötzlich bist du 30, und auf der Welt passiert so viel; es gibt so viel zu tun, wozu du nie gekommen bist, weil du immer das getan hast, was andere von dir erwarteten. Jetzt geht's mir eben darum zu sagen, was immer ich gerade zu sagen habe, und zwar möglichst einfach – so wie die Musik, die ich mag, und das ist halt der Rock'n'Roll. Der Text soll zur Musik passen, so heißt es jetzt ›A wop bop-a-loobop, get outta Ireland.‹ (...) Die meisten Leute drücken ihre Gefühle aus, indem sie herumbrüllen oder am Wochenende Fußball spielen gehen. Ich dagegen, ich sitze hier in New York, höre von den 13 Leuten, die sie in Irland erschossen haben, und reagiere sofort – und da ich nun mal bin, wer ich bin, reagiere ich im Vierterteltakt mit einem Gitarrenbreak zwischendrin. Ich sage nicht: ›Mein Gott, was geht da vor, wir sollten etwas unternehmen!‹ Ich singe: ›It was Sunday Bloody Sunday and they shot the people down.‹ Das ist nicht für alle Ewigkeit gedacht. Es ist schon wieder vorbei – abgehakt, weg. Mehr gibt's nicht. Meine Songs sollen nicht wiedergekäut und auseinandergepflückt werden wie die Mona Lisa.«

Britische Soldaten erschossen in Nordirland in Londonderry 13 katholische Demonstranten, junge Bürgerrechtler. Auch in diesem Zusammenhang betonen John und Yoko, wer die Täter und wer die Opfer sind, wo Blut fließt, wer die Befehle dazu erteilt. Die Wortwahl ist extrem und zeugt vom Zorn der Lennons: *You anglo pigs and scotties sent to colonize the North. You wave your bloody Union Jack and you know what it's worth! How dare you hold to ransom a people proud and free. Keep Ireland for the Irish. Put the English back to sea!* Im Juni 2010 legt eine Kommission eine 5000 Seiten umfassende Untersuchung vor, die teuerste (200 Millionen Pfund) und aufwendigste (2500 befragte Zeugen) der britischen Rechtsgeschichte. Sie kommt zum Schluss, dass es sich bei der Aktion der Soldaten um »gesetzeswidrige Tötungen« gehandelt habe.

Mit dem Song »The Luck Of The Irish«, der sich auch gegen die britische Nordirland-Politik richtet, verstärken John und Yoko ihr Engagement für die irische Unabhängigkeit; sie nehmen selbst an Demonstrationen teil und schenken den Song der Bürgerrechtsbewegung. Auf demselben Album kommentieren sie mit dem Stück »Angela« die Situation der schwarzen Bürgerrechtlerin Angela Davis, die 1970 in einer aufsehenerregenden Fahndungsaktion von der New Yorker

Polizei festgenommen wurde. Die Vorwürfe lauteten: Mord, Kidnapping und Verschwörung – lauter Vorwände, um linke Regierungsgegner mundtot zu machen. Im Sommer 1972 wurde Angela Davis freigelassen.

Immer wieder wird John und Yoko vorgeworfen, sie seien besonders in jener Zeit naiv gewesen. Auch Zeitgenossen bemängelten, ihre politischen Aktionen seien nicht genügend durchdacht und damit wirkungslos. Doch sie ließen nicht locker, sobald sie von Ungerechtigkeiten erfuhren, schalteten sie sich ein. Es gibt zahllose Beispiele und nicht wenige zeitigten auch konkrete Ergebnisse. Beeindruckend ist der Fall Sinclair: John Lennon gelingt es, einen komplexen Vorfall auf wenige eingängige Verse zu konzentrieren, er reimt Sinclair auf fair und macht sich über die Richter lustig: *They gave him ten for two. What more can the judges do?*

Sie gaben ihm zehn für zwei bezieht sich auf die Urteilsbegründung im Prozess: John Sinclair war Anführer der »Weißen Panther« in Detroit und wurde 1969 zu zehn Jahren Gefängnis verurteilt, weil man zwei Joints bei ihm gefunden hatte. Also fordert John: *Let him be ... set him free ... gotta set him free,* wobei »gotta« – muss – dramaturgisch unerhört jeweils über ein Dutzend Mal wiederholt wird.

Ein solcher Appell verhallt nicht wirkungslos. Als John und Yoko gemeinsam am 11. Dezember 1971, begleitet von Jerry Rubin, bei einem Benefiz-Konzert auftreten und den Song auf mitreißende Art vortragen, leitet der Star den Appell zur Befreiung Sinclairs mit den Worten ein: »Apathie ist es nicht. Wir können etwas tun. Okay, Flower-Power hat nicht funktioniert. Was soll's. Wir fangen von vorne an.«

Das Engagement hat sich gelohnt. Knappe drei Tage nach dem Konzert wurde John Sinclair entlassen. Dazu mag beigetragen haben, dass John Lennon am 13. Januar in der David Frost Show auftrat und die musikalisch geäußerte Forderung verbal in der beliebten Talkshow wiederholte: »Sinclair verbrachte zwei Jahre im Gefängnis. Völlig isoliert in Einzelhaft. Er verzichtete zwei Jahre lang auf jegliche Hilfe, weil er dachte, dass sein Bruder ihn rausholen könnte. Nach zwei Jahren verlor er die Geduld und bat uns um Hilfe. Wir fuhren hin und hatten eine Veranstaltung mit 15 000 Leuten. Mit Stevie Wonder, Phil Ochs und anderen, und es war ein großartiges Konzert und ›John Sinclair‹ war das Schlusslied. Mit ein wenig Glück wird er Montag freigelassen.« Und so kam es auch.

Im hochgelobten Dokumentarfilm »The U. S. vs. John Lennon« von David Leaf und John Scheinfeld (»außerordentlich«, so die »Times«) sind das Konzert, die Talkshow und die anschließende Befreiung des Aktivisten Sinclair festgehalten. Im Film werden nicht nur die Auseinandersetzungen mit den amerikanischen Behörden thematisiert, sondern auch Lennons Nordirland-Engagement. Hüben wie drüben sind den Obrigkeiten seine Kompromisslosigkeit und die große Beachtung, die er damit bei den Medien und beim Publikum erlangt, suspekt: Intrigen, Beschattungen, Schikanen und Prozesse sind die Folge, denn John und Yoko verstehen es, ihren Anliegen Gewicht zu geben und ihre Forderungen auf verschiedenste Weise zu artikulieren, was die Aggressionen hochschaukelt. John Lennon und Yoko Ono sind ideale PR-Manager in eigener Sache und praktizieren einen erstaunlichen Mix an kulturellen und gesellschaftlichen Aktivitäten. Analysiert man die Jahre 1969 bis 1975, fällt die immense Produktivität Lennons auf. Schon von 1960 bis 1969 schafft er mit den Beatles ein grandioses Werk, aber als Solo-Künstler und gemeinsam mit seiner Frau Yoko Ono entwickelt er eine atemberaubende Vielfalt an Initiativen und sorgt so für eine Dauerpräsenz in den Medien.

Trotz der deutlichen Botschaften in »Some Time In New York City« ist die Melodie nicht nur Gefäß für die Texte. Im Rock'n'Roll-Stück »New York« steigert John das Tempo und die Dramatik aus der »Ballad Of John And Yoko«, singt *the*

pope smokes dope und setzt sich kritisch mit seiner neuen Wahlheimat auseinander: *Que pasa, New York?*
Wir versuchten an unserem Image zu rütteln. Wir fuhren mit dem Rad durch die Stadt. Aber wir bemerkten, wir hatten es in London vergessen. Niemand kam, um uns zu nerven. Zu bedrängen oder abzuschieben. Also entschieden wir uns für diese Stadt als unser Zuhause. Wenn der Mann uns abschieben will, werden wir aufspringen und schreien. Die Freiheitsstatue sagte: ›Komm!‹ – What a badass city!, singt John Lennon in »New York City«.

Er liebt die Stadt, er kämpft in ihr um sein Bleiberecht und er stirbt in ihr. In einem Aufsatz für die Anthologie »Memories of John Lennon« erinnert sich Mick Jagger: »In meinem Pass steht der Vermerk, dass die Ungültigkeit meines Visums ›aufgrund des Lennon-Präzedenzfalles‹ aufgehoben wird. (...) So denke ich jedes Mal, wenn ich in dieses Land einreise, an ihn.«

»Das Leben beginnt mit 40«
Der Neustart

New York erinnert John Lennon an Liverpool. Yoko lebt bereits seit Anfang der 1960er Jahre im Big Apple und kennt jeden Winkel Sohos. Schon vor der Bekanntschaft mit dem Beatle pflegt sie Kontakte zu Allen Ginsberg, Andy Warhol, John Cage und vielen anderen Avantgardisten. Während Johns »Lost Weekend«, der vorübergehenden Trennung von Oktober 1973 bis Januar 1975, wird sie diese Beziehungen wiederaufnehmen und erneut ihren Wert als eigenständige Künstlerin entdecken. Allerdings mit bescheidenerem Erfolg als an der Seite des Musikers und geprägt von ihren Aktivitäten als Managerin im Zusammenhang mit der Umstrukturierung des Apple-Konzerns. Diese juristisch-finanziellen Unternehmungen prägen auch zunehmend ihr Bild in der Öffentlichkeit, denn es ist Yoko Ono, die in New York das Vermögen des Ex-Beatle verwaltet, während er in Los Angeles auf Sauftour geht.

Aber so weit ist es noch nicht. Im August 1971 verlassen John und Yoko nach einer weiteren Fehlgeburt Großbritannien und lassen sich in New York nieder. Bis zu seinem Tod wird er nie wieder seine Heimat Großbritannien sehen, wird nie wieder durch London gehen oder Liverpool besuchen. Wie sagte doch George Harrison nach dem tödlichen Attentat zu einem Journalisten, der wissen wollte, ob die Beatles jemals wieder gemeinsam auftreten werden: »Nein, solange John tot ist, wird es keine Beatles-Reunion geben.«

Immer wieder taucht dieses seltsame Gefühl auf, John Lennon könne doch gar nicht wirklich tot sein, weil er damals so präsent war. Als Phil Spector im Studio während der Aufnahmen zu »Rock'n'Roll« mit einem Revolver in die Luft schießt, schreit Lennon ihn an: »Nur zu! Erschieß mich, wenn du willst, aber verschon mein Gehör. Das brauche ich nämlich noch.« In Video-Games erwacht John Lennon zum Leben und wandelt als Zombie durch die Rock-Welt. Und seine politisch engagierten Weggefährten von damals stellen sich vor, wie er heute seine Stimme erheben würde. Bis vor kurzem gegen Bush und den Irakkrieg, jetzt gegen den Afghanistankrieg.

New York bietet John Lennon Anfang der 1970er Jahre ein ungleich attraktiveres Betätigungsfeld als England. Zudem verkaufen sich seine Platten in den USA wesentlich besser als in der Heimat. Auch die Charts-Platzierungen sind regelmäßig besser als in Großbritannien. In Amerika ist man gierig darauf, immer wieder etwas Neues vom Ex-Beatle zu hören, lesen oder sehen.

Yoko Ono zeigt John Lennon die Reize der Metropole. Sie besorgen sich Fahrräder und erkunden ihren künftigen Wohnort. Er mag das Menschengewimmel, das ihm im Gegensatz zu England Klassenfreiheit suggeriert. Die Atmosphäre erinnert ihn an das Liverpool seiner Jugend. Und jetzt hat er Zeit, die Wurzeln der Musik vor Ort zu erkunden, die ihn zu Beginn seiner Karriere beeinflussten: Jazz, Soul, Pop und Avantgarde wie bei Frank Zappa pulsieren in der Nachfolge des amerikanischen Rock'n'Roll besonders stark in New York.

Und weil Rocker Wohnungen an Rocker weitervermieten, quartieren sie sich nach einigen Wochen im Hotel St. Regis an der Fifth Avenue zunächst in einer sehr geräumigen Zweizimmerwohnung im West Village in der Bank Street 105 ein, die früher von Joe Butler, Sänger, Schlagzeuger und Gründungsmitglied von The Lovin' Spoonful bewohnt wurde. Das riesige Schlafzimmer mit Oberlicht ist in einigen Filmaufnahmen zu sehen. John und Yoko führen dort eine Art Prog-Salon, in dem sich die Künstler New Yorks treffen. Die beiden sind dabei nicht selten im Bett, tauschen sich mit Gästen aus, der Fernseher ist meist eingeschaltet, Bücher, Zeitungen und Zeitschriften liegen überall herum, John klimpert oft auf einer akustischen Gitarre und tüftelt an neuen Songs. Auf »Dakota«, der vierten CD in der »Lennon Anthology«, ist eine rund neun Jahre später entstandene Kostprobe enthalten, die zeigt, was in solchen Situationen entstehen kann. Im Rahmen einer Reihe von Dylan-Parodien singt Lennon auf »Satire 2« einen Zeitungsartikel (»Sounds like a ballad to me«) über Vietnam. Er improvisiert, blödelt und bannt dabei trotzdem etwas auf Band, das fasziniert, weil es eine Nähe des charismatischen Liedermachers Dylan zur Platitude herstellt. Das gilt ebenso für die »Knocking-On-Heavens-Door«-Parodie. Dabei hält sich seine Boshaftigkeit in Grenzen, wenn man bedenkt, dass er seine eigenen Kompositionen immer wieder erdet, indem er sie als einfaches Handwerk charakterisiert. In »Serve Yourself« ist seine Diktion allerdings etwas schärfer, da er die 1980 populären Ansichten seines Kollegen über die Conditio des Menschen umkehrt. Dylan singt in »Gotta Serve Somebody« in einer eindrücklichen Litanei, man müsse stets jemandem dienen und man sei auch in religiöser Weise immer von Höherem abhängig. Indem Lennon inhaltlich die Äußerungen Dylans auf den Kopf stellt, singt er, jeder sei für sich selbst verantwortlich. Jeder diene sich selbst, nicht anderen.

Das aggressive New Yorker Klima bestätigt ihm tagtäglich die Einsichten, die er seit der Therapie bei Arthur Janov immer stärker verinnerlicht. Es gibt keine Idole, alle Schleier sind gelüftet, am Ende bleibt nur das Individuum, das Ich. Und das Ich allein hat es in der Hand, aktiv zu werden, zu handeln – für die gute Sache, und das bedeutet für Lennon in New York verstärkt: gegen den Krieg in Vietnam, gegen das politische Establishment, gegen Rassismus oder gegen Frauenfeindlichkeit zu kämpfen. Er nutzt seinen Einfluss, um ihn mit seinen politischen Überzeugungen weiter anzufüllen:»Hätte ich in der Antike gelebt, wäre ich gern in Rom gewesen. Heute ist Amerika das Römische Reich und New York ist Rom. Es gibt hier die gleiche Art von Energie, von Vitalität. New York hat die Geschwindigkeit, die meiner entspricht. Ich mag die New Yorker, weil sie keine Zeit für Nettigkeiten haben. Sie sind da genau wie ich. Sie sind von Natur aus aggressiv, sie verschwenden keine Zeit.«

»Some Time In New York City« ist ein Doppelalbum. Auf der A-Seite der zweiten Scheibe befindet sich eine herausragende»Cold-Turkey«-Version, die am 15. Dezember 1969 im Lyceum Ballroom in London bei einem»War-Is-Over«-Auftritt für das»Peace-For-Christmas«-Konzert für UNICEF aufgenommen wurde. Neben John und Yoko sang, spielte und schrie eine Supergroup, die in dieser Formation nie wieder zu sehen war: George Harrison, Eric Clapton, Billy Preston, Nicky Hopkins, Klaus Voormann, Keith Moon, Delaney und Bonnie Bramlett und andere mehr. Bei dieser Aufnahme zeigt sich, wie viele Feinheiten im Drogenentzugssong stecken. Die Toronto-Uraufführung war ein ungeschliffener Diamant, der in London ein halbes Jahr später in allen Farben zu scheinen beginnt: Schmerz in all seinen Facetten zum Mitleiden. Vor allem Billy Preston legt sich so ins Zeug, dass man sich auf der Stelle mit Sex und Rock'n'Roll begnügen und für immer auf Drugs verzichten will. Johns Kotzgeräusche klingen erschreckend echt, und Erics und Georges Gitarren knallen die Qualen erbarmungslos ins Publikum. In New York ist Heroin kein Thema mehr, allenfalls Methadon – so berichtet der Radio-Journalist und Freund der Lennon-Ono-Familie Elliot Mintz, der von seinem Sender gefeuert wird, als er »Some Time In New York City« in voller Länge spielt.

»Cold Turkey« vibriert etwas nach, aber Aktionismus steht im Vordergrund: Der Kontakt zum New Yorker Künstlermilieu wird von den ersten Tagen an intensiv gepflegt. Sie lernen Jerry Rubin und Abbie Hoffman kennen, die beiden Anführer der Yippies (Youth International Party), die zu den »Chicago Seven« gehören (jene sieben Demonstranten, die 1969 angeklagt wurden) und die mit radikalen und anarchistischen Methoden die Ziele der Hippies weiterverfolgen. John begeistert sich für den Straßenmusiker David Peel. Sie veröffentlichen Zeitungsartikel und geben Interviews im Hörfunk und im Fernsehen, um die mit dem Bed-in in Amsterdam begonnene Message weiterzuverbreiten.

Aber auch künstlerisch bleiben John und Yoko in den ersten Jahren in New York rege. Das Paar nimmt sofort Kontakt mit James Harithas auf, dem Leiter des Everson Museum of Fine Arts, wo Yoko schon am 9. Oktober 1971, an Johns 31. Geburtstag, die Ausstellung »This Is Not Here« in Anspielung auf seine erste Ausstellung »This Is Here« eröffnet. Ein Raum widmet sich dem Thema Wasser; Freunde werden gebeten, Exponate beizusteuern: George Harrison schickt eine Milchflasche, Ringo Starr einen mit Wasser gefüllten Müllsack oder Bob Dylan sein Nashville-Album in einem Aquarium. Die Neugier des Publikums ist enorm, der Andrang riesig. Ebenso beim Konzert am 17. Dezember im Apollo Theatre in Harlem, wo John und Yoko unter anderem gemeinsam mit Aretha Franklin an einem Benefiz-Konzert teilnehmen. Seit dem Ende der Beatles nimmt Lennon für keines seiner Konzerte mehr Gage an. Entweder handelt es sich um Charity-Veranstaltungen, um politisch motivierte Konzerte, um Liebhaber-Gigs wie mit Frank Zappa, woraus dann auch Platten und Filme werden, oder um eine verlorene Wette wie mit Elton John. Da der gemeinsam gesungene Up-Beat-Song »Whatever Gets You Thru' The Night« 1974 auf Platz eins der US-Charts steigt, woran John nicht geglaubt hat, tritt er wenig später bei einem Konzert des Landsmanns auf.

Doch zurück zum im Sommer 1972 aufgenommenen Doppelalbum »Some Time In New York City«: *This is a Song I used to sing when I was in the Cavern in Liverpool. I haven't done it since – so ...* So beginnt die B-Seite der »Live Jam LP«, auf der John und Yoko mit Frank Zappa spielen. Die »Plastic Ono Mothers« boten Besonderheiten, unter anderem das so von John Lennon angekündigte Stück »Well (Baby Please Don't Go)« live auf der Bühne des Filmore East am 6. Juni 1972. Einzigartig ist die Lennon-Ono-Zappa-Komposition »Scumbag«, die von John gesungen wird, nur aus diesem einen Wort besteht und mit einer kurzen kollektiven Schreitherapie beginnt, bei der sich das ganze Publikum von inneren Zwängen zu befreien scheint. Die »Live Jam LP« erscheint fünf Jahre danach noch einmal als einzelne Platte unter dem Titel »London Air And New York Wind«.

Das Doppelalbum »Some Time In New York City« ist laut Lennon eine Art Musikzeitung für den Tagesbedarf. Noch deutlicher als früher distanziert er sich von den letzten Beatles-Alben. Bei Erscheinen wurde es von der Musikkritik negativ beurteilt und hat doch auch etwas Zeitloses. Es gibt kaum eine Lennon-Best-of, auf der nicht auch »Woman Is The Nigger Of The World« vertreten ist. Die Charts-Platzierungen 1972 sind allerdings den niedrigen Erwartungen entsprechend bescheiden. Platz 48 in den USA und – überraschend – Platz 11 in England, was an den kritischen Songs zum Nordirland-Konflikt liegt.

Die allgemeine Kritik an der starken Beteiligung der Japanerin, die auf dem »New-York«-Album schon fast zum Ersatz Pauls geworden ist, nagt an Lennon. Es gibt viele Kleinigkeiten, die ihn in jener Phase nerven: Die Rechtsstreitigkeiten um das Beatles-Erbe, der Kampf um das Sorgerecht von Yokos Tochter Kyoko oder die juristischen Auseinandersetzungen wegen der Aufenthaltsgenehmigung für ihn und Yoko in New York, gekoppelt mit der Gewissheit, dass das FBI ihn spätestens seit seinem »Ten-for-two«-Auftritt im Rahmen der »John Sinclair Freedom Rally« in der Nacht vom 10. auf den 11. Dezember 1971 beschattet und sein Telefon abhört – und zwar so, dass er es merkt.

Sowohl die Beschattung als auch das Abhören durch das FBI wird später von Jon Wiener in seinem Buch »Gimme Some Truth: The John Lennon FBI Files« bestätigt und dokumentiert (www.lennonfbifiles.com). Auch der britische Geheimdienst MI5 legte Akten über Liverpools berühmten Sohn an: Lennons Interview für die Zeitschrift »Red Mole«, das er Tariq Ali und Robin Blackburn gab, seine Begegnung mit dem französischen Marxisten Régis Debray und weitere Kontakte zu Vertretern linksradikaler Ideen führten zu einem regen Austausch der Geheimdienstakten zwischen London und Washington.

Weitere Umstände bereiten ihm zusätzlichen Verdruss: Journalisten, die wissen wollen, wann die Beatles wieder gemeinsam auftreten; Paul, der sich immer wieder meldet, wenn er in New York ist und von seinem heilen Familienleben schwärmt; Yoko, mit der er seit 1968 jede Nacht das Bett geteilt hat. Nach dieser jahrelangen symbiotischen Phase wird bei beiden der Wunsch nach etwas Abstand deutlich – Yoko will sich auch als eigenständige Künstlerin beweisen, die nicht vom Ex-Beatle abhängig ist, und John sehnt sich seit seiner frühen Heirat mit Cynthia nach einer unbeschwerten Zeit als Junggeselle.

Alte und neue Sorgen kommen zusammen und drängen ihn dazu, Freiräume zu suchen, um sich zu verwirklichen und damit auch den künstlerischen Erfolg wieder wie gewohnt herbeizukomponieren, nachdem der Schnellschuss »Some

Time In New York City« künstlerisch und kommerziell wenig erfolgreich war. Also kippt Lennon den Schalter wieder und macht sich an die Arbeit für ein Album, das einmal mehr seine musikalische Sonderstellung unter Beweis stellen wird. »Mind Games« wird im September 1973 in New York aufgenommen. Keine Plastic Ono Band, kein Phil Spector, keine Yoko: John Lennon produziert das Album und komponiert alle Songs alleine. Bei den Credits bedankt er sich lediglich für »Space« (Freiraum) bei Yoko Ono.

Die Gefährtin erinnert sich im Gespräch mit David Sheff selbstkritisch an den vorangegangenen Beginn der 15 Monate dauernden Trennung: »Mit der Zeit musste sogar einem total weltfremden Paar klarwerden, dass die Welt nicht wollte, dass wir zusammenarbeiteten. John bestand darauf, so weiterzumachen. Doch es war nicht nur für Johns Karriere schlecht. In gewisser Weise hatte ich meine eigene Karriere verloren. Das heißt, ich konnte zwar als Mrs Lennon etwas tun, aber meine Identität als Yoko Ono verlor ich. Ich habe zu John gesagt: ›Wir sind beide noch jung und haben eine schöne Zukunft vor uns. Warum sollen wir sie dadurch zerstören, dass wir zusammenbleiben? Geben wir uns doch eine Chance und warten ab, was passiert. (...) Warum gehst du nicht nach L.A. und amüsierst dich? Lass mich allein.‹ Ich wollte wieder einen klaren Kopf bekommen.«

John Lennon nennt diese Phase der Trennung in Anspielung an den von Billy Wilder mit großem Erfolg verfilmten, teilweise autobiographischen Roman von Charles R. Jackson »The Lost Weekend«. Der 1903 geborene Jackson erzählt in diesem Drama fünf Tage im Leben eines erfolglosen und schwer alkoholabhängigen Schriftstellers. Jackson wusste, wovon er schrieb: Anfang 20 erkrankte er an Tuberkulose, verbrachte mehrere Jahre in einem Schweizer Sanatorium, verlor eine Lunge, begann – zurück in New York –, arbeitslos auf dem Höhepunkt der Weltwirtschaftskrise, zu trinken und schwor erst kurz vor seiner Heirat 1938 der Flasche ab.

Es folgten einige erfolgreiche Veröffentlichungen, er dozierte an verschiedenen Universitäten und war das erste prominente Mitglied der Anonymen Alkoholiker, der seine Sucht zugab. Als sich seine finanzielle Lage verschlechterte, wurde er wieder abhängig, verließ seine Frau und lebte mit seiner Geliebten in New York, wo sich sein Lungenleiden verschlimmerte und er im September 1968 Suizid in einem Zimmer des Chelsea Hotels verübte.

John wusste, warum er seine Trennung von Yoko »das verlorene Wochenende« nannte. »Wörtlich sagte sie zu mir: ›Verschwinde!‹ Und ich dachte, okay, ich gehe! Mit 20 oder so war ich zum letzten Mal Junggeselle gewesen. Also war mein erster Gedanke: Jetzt wird auf den Putz gehauen. (...) Mit 35 kann man nicht mehr so viel saufen. Wenn ich betrunken war, neigte ich immer zur Gewalt. Das war so eine Art selbstmörderische, selbstzerstörerische Seite an mir, die sich bessert, glaube ich, denn genossen habe ich sie nie. (...) Zuerst dachte ich: Mensch, ein Junggesellenleben! Und dann wachte ich eines Tages auf und dachte: Was soll das? Ich will nach Hause. Doch Yoko ließ mich nicht. So wurden es 15 Monate statt sechs. Wir telefonierten ständig miteinander, und ich sagte: ›Es gefällt mir nicht, ich komme nicht zurecht, ich trinke, ich bring mich in Schwierigkeiten und möchte nach Hause.‹ Aber sie sagte: ›Du kannst noch nicht nach Hause kommen. Du bist noch nicht so weit.‹ Okay, dann greift man halt wieder zur Flasche.«

Sein Alkoholproblem war nie so groß wie während dieser Zeit. Mit von der Partie waren die attraktive und tüchtige May Pang, die in New York von Anfang an für John und Yoko arbeitete, Harry Nilsson, Ringo Starr und Keith Moon. Pikant: Yoko hatte May als Begleitung für John vorgeschlagen, wohl wissend, dass die 22-jährige chinesischstämmige New Yorkerin bald Johns Geliebte werden würde. Doch Yoko hielt das für besser, als John in der Hand unzähliger Westküsten-Groupies zu wissen, die nichts sehnlicher wollten, als mit ihm, einem Ex-Beatle, zu schlafen. Zudem hielt sie engen Kontakt zu den beiden und war über Johns Exzesse immer auf dem Laufenden. Nach einem Zwischenfall im legendären Troubadour in L. A. wurde Lennon von einer Frau verklagt, weil er sie angeblich geschlagen hatte: »Sie haben mich genervt, weil ich nicht ständig mit einem ›Frieden, Bruder‹ auf den Lippen herumlief. Ich bin ein Mensch. Ich fand selbst keinen Frieden, wie konnte ich rumlaufen und immer nur ›Frieden, Bruder‹ sagen. Bin ich vielleicht eine Nonne? (...) Na ja, ich war nicht besonders gut drauf, und ich war total besoffen. Aber ich bin nie auch nur in die Nähe dieser Frau gekommen. Sie hat keine Fotos, auf denen ich in ihrer Nähe bin. An diesem Abend habe ich zum ersten Mal Brandy Alexander getrunken. Das Zeug schmeckt wie Milchshakes. Bevor ich mich versah, war ich völlig benebelt. Harry Nilsson war natürlich nicht gerade eine Hilfe, er sorgte ständig für Nachschub und sagte immer: Nur zu, John. Es stimmt schon, ich habe mich danebenbenommen, aber geschlagen habe ich diese Frau ganz sicher nicht – die wollte doch bloß in die Zeitung und ein paar Dollar einstreichen.« Es gab viele weitere problematische Vorfälle, doch trotz der alkoholgeschwängerten Zeit war Lennon äußerst produktiv und produzierte drei großartige Solo-Alben, daneben half er unter anderem Ringo Starr und Harry Nilsson bei ihren Platten.

Die Band, die John Lennon für »Mind Games« zusammenstellt, besteht aus hervorragenden Studiomusikern. Er spielt das Album zwar in New York ein, trifft Yoko aber nicht. Immerhin ist sie als Angebetete in den Liedern noch optisch präsent: Auf dem Cover steht er allein und relaxt in einer weiten grünen Landschaft, eine Reisetasche in der einen Hand, die andere in der Hosentasche. Am Horizont erhebt sich ein Gebirge, das aus dem horizontalen Gesicht Yoko Onos im Profil besteht. Über ihr im Himmel zwei Sonnen oder eine Sonne und ein Vollmond. Für die »Mind-Games«-Single wird eine Variante gewählt: Johns Porträt von vorne wird zuoberst statt durch Haare durch Yokos Profil abgerundet. Sie bildet gleichsam seine Schädeldecke und blickt von dort in den Himmel. Immer noch ist die Verschmelzung der beiden ein dominierendes Thema.

In »Mind Games« rückt die Politik mehr und mehr in den Hintergrund. Offenbar sollen auf Anraten eines Anwalts auch die US-Behörden durch anständiges Verhalten milde gestimmt werden. Dazu gehören herzerweichende Songs, wunderbare neue Lennon-Klassiker, allen voran das titelgebende »Mind Games«. Komponiert hat er die Melodie schon 1970 in Tittenhurst Park, doch der Text stand noch nicht fest, bis Lennon das gleichnamige Buch von Robert Masters las, worin dieser beschreibt, wie man LSD-Trip-ähnliche Gefühle ohne Chemie selbst erzeugen kann.

Wie in »Sisters, O Sisters« greift Lennon für den Mittelteil wieder Reggae-Elemente auf, die ihn seit ihrem Entstehen Ender der 1960er Jahre in der Folge von Ska inspirieren. Daher bedarf es einiger Erklärungen, bis die Musiker das Stück draufhaben. *Gemeinsam Gedankenspiele spielen, Grenzen sprengen, Samen säen, Guerilla-Gedanken denken, Mantras singen, ..., den Ritualtanz in der Sonne tanzen. Millionen Gedanken-Guerilleros setzen mit ihrer Gedankenkraft das karmische Rad in Bewegung.* Weltfrieden und Liebe ist die Antwort auf den eskalierenden Krieg in Vietnam. Der Rockpoet singt *Playing the mind guerilla, chanting the mantra peace on earth,* und definiert damit die um sich selbst kreisenden Gedanken, die Geistesblitze. Dabei weckt er mit stimulierenden Worten Traumwelten: *Druiden-Typen lüften den Schleier, Magie, die Suche nach dem Gral, absolutes Anderswo im versteinerten Geist, rituelle Tänze unter der Sonne* – Bilder, in die jeder Hörer eigene Phantasien hineininterpretieren kann, die jedoch alle in die Botschaft münden, dass man im Kampf für das Gute nicht aufgeben soll. Große Bilder für ein großes Ziel. Aber in ungewohnter Bescheidenheit beendet er »Mind

Games« mit den Worten: *Make love not war. I know you've heard it before.*

In »Intuition« zeigt er sich von seiner heiteren Seite: Aus der Sorge vor Ideenlosigkeit entsteht ein fröhliches Lied über seine funktionierende Intuition und seine guten Instinkte, die er noch gezielter einsetzen will. Er spielt das Spiel des Lebens und versucht, es noch besser zu spielen. Und die Magie der Musik wird den Weg erhellen. Ebenso einfach ist »Out The Blue«, das aufgrund der Melodie und der Instrumentalisierung großes Hit-Potential hat, aber leider nicht als Single ausgekoppelt wird.

John Lennon singt nun manchmal auch ein wenig japanisch. Im Verlauf der kommenden Jahre interessiert er sich immer mehr für Yokos Herkunft und Kultur. Sein bebildertes Alphabet Japanisch-Englisch, das er später für Sean und sich selbst malt und schreibt, gehört zu seinen rührendsten Werken. Für einen weiteren seiner Sorry-Songs wählt er einen passenden japanischen Ausdruck: »Aisumasen« heißt auf Japanisch so viel wie »Nicht geliebt werden« oder »Keine Liebe«. John vermittelt das Gefühl, den Text direkt aus einer Auseinandersetzung mit Yoko zu ziehen, was wohl seiner Instant-Wahrheit entspricht. *Wenn ich dich verletze und dir Schmerzen zufüge, Liebling, ich verspreche dir, ich werde es nicht wieder tun ... Ich weiß, es ist schwer genug, deinen eigenen Schmerz zu fühlen,* singt er.

In »I Know« bekennt er sich aus einer ähnlichen Situation heraus als schuldig und erzählt von der neu gewonnenen Fähigkeit, sich in den jeweils anderen hineinzuversetzen. Auch hier dominieren Leichtigkeit und Optimismus. In »One Day At A Time«, einem ungewöhnlichen, im Falsett gesungenen Liebeslied, reiht Lennon eine Serie mehr oder weniger origineller Vergleiche aneinander: *Denn ich bin der Fisch, und du bist das Meer, ... denn ich bin der Apfel, und du bist der Baum ...* Wenn es aber um Tür und Schlüssel geht, kehrt er das Verhältnis um und überrascht die Hörer, allerdings warnt er sie vor. *Du bist meine Frau, und ich bin dein Mann. Ich verstehe es jetzt, dass ich die Tür bin und du der Schlüssel bist. Denn du bist der Honig, und ich bin die Biene.* In »Bring On The Lucie (Freda Peeple)«, der Untertitel bedeutet ausformuliert »Free The People«, verfeinert der Star sein »Power To The People« und stellt ein differenziertes Feindbild auf – kein Gassenhauer, aber ein Hörgenuss. *Wir wollen nicht euer Spiel mitspielen. Ihr glaubt, dass ihr über den Dingen steht. Ihr glaubt, dass ihr genau wisst, was ihr tut. 666 lautet euer Name. Und während ihr euch gegenseitig einen runterholt, macht euch endlich klar, dass eure Zeit abgelaufen ist ...* Hol euch der Teufel! Lennon gibt damit nicht nur Zahlenmystikern Anregungen – 666 ist in der Bibel die Zahl des Teufels, die gestürzte 6 seine Lieblingszahl –, er setzt auch ungewohnt drastische Bilder ein. *Während ihr auf dem Blut der Menschen, die ihr getötet habt, den Hügel herunterrutscht, stoppt das Töten, jetzt! Befreit die Menschen!* Nicht auf den Textblättern befindet sich die Zeile, die er in alternativen Aufnahmen nebst *free the people* singt: *Jail the judges.* In »Only People« spricht er von Menschen, die wissen, wie man die Welt ändern kann, und fügt mit diesem Stück seinen Protest- und Wecksongs einen musikalisch besonders reizvollen hinzu.

Auf »Mind Games« ist auch die Nationalhymne von »Nutopia« zu hören. Sie dauert sechs Sekunden und besteht aus Stille. Eine stumme Meditation für ein imaginäres Land, für ein aktuelles Utopia, für ein »nowhere land« für den »nowhere man«. Die Fortsetzung der Idee: *imagine there's no country.* Ein Land, dessen Bürger man augenblicklich wird, sobald man davon hört. Also findet der Zusammenschluss, das Einssein im neuen Utopia, einem Land ohne Grenzen spontan statt. Instant. Als Folge soll der bestehende, der real existierende Unsinn deutlich werden: Grenzen, Pässe, Aufenthaltsgenehmigungen, Währungen, Rassismus, Kriege. Ein Gedankenspiel mit ernstem Hintergrund. John und

Yoko spielen das Nutopia-Spiel auch im Dakota weiter, indem sie unter anderem im Treppenhaus ein Schild mit der Aufschrift »Nutopian Embassy« anbringen. So setzt sich in der New Yorker »Botschaft« von Nutopia eine Idee fort, die im Kampf gegen die Abschiebung aus den USA und die entsprechenden Behörden entstanden ist. Die Vorstellung eines utopischen Reichs der Verrückten (»nut« ist ein englischer Slangausdruck für Spinner) begleitet den Musiker, den Botschafter aus Nutopia im Genuss diplomatischer Immunität, bis zu seinem Tod.

Das originelle Liebeslied »You Are Here« beginnt mit der seltsam verzerrten Zahl »Neun« und fährt fort, von Liverpool bis Tokyo sei es ein weiter Weg gewesen; Osten sei Osten und Westen sei Westen, aber die beiden werden sich treffen und Osten ist dann Westen und Westen ist Osten.

In einem kurzen »Wonsaponatime« betitelten literarischen Text von 1968 schreibt John Lennon von »two balloons called Jock and Yono. They were strictly love-bound to happen in a million years.« Manche Briefe unterschreibt er mit »johnandoryoko«. Der Jabberwocky-Stil dient ihm dazu, immer neue Formen der Verschränkung ihrer beider Namen zu erstellen.

Partnerschaftlich gesehen ist er noch in der Jock-Yono-Assimilationsphase, die Psychologen gerne mit den zwei halbgeschlossenen und sich gegenseitig reibenden Händen darstellen, die typische Handbewegung, die man macht, um die Hände aufzuwärmen. Während der Trennung herrscht jedoch für eine funktionierende Partnerschaft eine zu große Distanz. Schließlich folgt wieder die häusliche Symbiose in der Wohnung des Dakota Buildings.

Abstand halten oder Nachwuchs, individuelle Entwicklung oder Wohnungskauf – oft ergreifen Paare in schwierigen Situationen die Flucht nach vorne. Nach 15 Monaten, die er vor allem in L. A. mit Musiker- und Saufkumpanen und seiner Geliebten May Pang verbringt, zieht John im Januar 1975 wieder in das Dakota Building, und schon am 9. Oktober, genau an Johns 35. Geburtstag, kommt Sean zu Welt. Die neue Nähe ist – nach mehreren Fehlgeburten – auch dank des gemeinsamen Sohnes möglich. Die Familiensituation in dieser innigen Form – (fast) keine Arbeit, grenzenlos Geld, Konsum, leichte Drogen, gesunde Ernährung – ist für beide neu und herausfordernd. Yoko kümmert sich verstärkt um die Finanzen und Geschäfte, John lässt sie sich als Managerin entfalten und ist immer für Sean da. Was mit Julian nicht möglich war, soll diesmal anders laufen. Die Zeit von 1975 bis 1979 ist also auf ganz andere Weise außergewöhnlich. Dass sie nicht nur idyllisch ist, sondern trotz des relativ ungestörten Familienlebens auch von psychischen Problemen, von Drogenrückfällen (mehr bei Yoko als bei John) geprägt ist, verhindert das Zustandekommen eines rundum harmonischen Alltags. Es ist die Gärungsphase für »Double Fantasy«.

Fest steht: In unruhigen und ungewissen Zeiten ist John Lennon am produktivsten. Stillstand staut sich rasch und führt zu emotionalen Umwälzungen und damit zu künstlerischem Ausdruck. Im Juni 1974 kehrt er nach New York zurück und bezieht mit May Pang ein Apartment in der 52. Straße. In den Record Plant Studios nimmt er als Künstler und Produzent in Personalunion »Walls And Bridges« auf. Hier taucht der Name Yoko nirgends mehr auf. Dafür sind einige Songs May gewidmet, die sich Hoffnungen macht, mehr als nur die Geliebte zu sein. 1983 veröffentlicht sie ihre Memoiren »Loving John«, in denen sie von der großen Liebe zwischen ihr und dem Star spricht. Das Album bekommt hymnische Kritiken und erreicht in den USA Platz eins. John Lennon ist wieder der Rock-Superstar. Kein Wunder, er hat den Kommerzschalter gekippt und ganz auf Unterhaltung und Erfolg gesetzt. Yoko Onos künstlerische Projekte und feministische Pop-Alben in derselben Zeit bleiben kommerziell erfolglos.

Politisches rückt bei »Walls And Bridges« noch weiter in den Hintergrund als auf »Mind Games«. Liebeslieder wechseln einander ab mit anderen persönlichen Motiven wie der Auseinandersetzung mit dem Manager Allen Klein, den er noch sechs Jahre zuvor gegen den Widerstand McCartneys als eigentlichen Nachfolger Brian Epsteins ins Apple-Geschäft gebracht hatte. »Meine Menschenkenntnis ist halt begrenzt«, kommentiert er lapidar seinen Fehler. Seine musikalische Reaktion fällt dafür umso heftiger aus. »Jetzt geht alles, selbst die Beatles-Tantiemen, auf vier verschiedene Konten, statt immer in einen Topf. Das ist mal das eine. Das Übrige waren die üblichen Formalitäten. Alle haben gemeint, die Beatles haben dieses Dokument unterschrieben, also sind sie jetzt nicht mehr gebunden. Das ist völliger Quatsch. Wir besitzen immer noch dieses Ding namens Apple. Man könnte es eine Bank nennen. Eine Bank, in die das Geld hineinfließt. Aber dann gibt es auch noch die Beatles als Firma – das Produkt, den Namen, das Markenzeichen, Apple selbst. Das alles existiert nach wie vor, und wir müssen uns immer noch darüber verständigen, Entscheidungen treffen und beschließen, wer Apple leiten und wer was tun soll. Es ist nicht alles abgehakt, so wie es die Zeitungen darstellen«, äußert sich John Lennon im Oktober 1974 im Gespräch mit Dennis Elsas vom Radiosender WNEW-FM. Gemeint sind die Tätigkeiten Allen Kleins, der als Manager bei Apple Corps viel Staub aufwirbelte, um Sparmaßnahmen durchzusetzen, und die darauffolgenden juristischen Streitigkeiten mit ihm.

Apple Corps Ltd. wurde im Januar 1968 von den Beatles als Nachfolgefirma und damit Ersatz von Beatles Ltd. in London gegründet. Apple Inc. wurde acht Jahre später, im April 1976, von Steve Jobs und anderen in Cupertino (Kalifornien) gegründet. Steve Jobs sagte später, der Beatles-Apfel habe ihn bei der Namenswahl inspiriert. Und schon 1978 begann der juristische Krieg der Äpfel, der erst 2007 befriedet wurde. Apple Corps gegen Apple Computer, der Rechtsstreit um die

Verwendung des Apfellogos, begann vergleichsweise harmlos, als die Apple Corps von Apple Computer forderte, den Namen und das Logo nur für ihre Rechner zu verwenden. 1981 wurde gerichtlich vereinbart, dass die beiden Firmen das Apfellogo nur innerhalb ihrer jeweiligen Geschäftsfelder verwenden dürfen, wobei die Computerfirma der Schallplattenfirma einen unbekannten Betrag alleine dafür bezahlte, dass sie ihren stilisierten angebissenen Apfel und den Namen behalten durfte. Als Ende der 1980er Jahre Apple Computer das Logo auch im Zusammenhang mit Musikprodukten nutzte, sorgte Apple Corps für eine Erneuerung der Vereinbarung. Apple Computer zahlte erneut, diesmal 26 Millionen Dollar. Mit dem Start von iTunes-Musicstore 2003 und dem Erfolg des MP3-Players iPod begann der Streit ein weiteres Mal. Die Anwälte der beiden überlebenden Beatles, Paul McCartney und Ringo Starr, Yoko Ono und die Erben von George Harrison wollten erreichen, dass der amerikanische Elektronikkonzern zumindest beim Musikdownload-Geschäft auf den Apfel verzichtet. Im Mai 2006 argumentierte jedoch der Richter des Obersten Gerichtshofes in London, Apple Computer habe nicht gegen die Schutzmarke der Plattenfirma verstoßen. Apple Computer verwende das Logo nur in Verbindung mit seinem Onlineshop, nicht mit der Musik selbst. Die Begründung des Computerkonzerns, dass die frühere Abmachung nicht die Entwicklung digitaler Musikangebote vorhergesehen habe, überzeugte den Richter. Steve Jobs wies zudem darauf hin, dass damals kein Unterschied zwischen einem Serviceanbieter und einem Content-Hersteller gemacht wurde, und gewann damit den wohl letzten Prozess in der Causa Apple vs. Apple. Der Richterspruch wurde schließlich 2007 von Apple Corps akzeptiert.

Im selben Interview mit Dennis Elsas erklärt Lennon auch, was bei den »Lost-Weekend«-Darstellungen selten bemerkt wird:»Yoko und ich sind immer noch sehr gute Freunde. Ich liebe sie immer noch, aber wir sind beide Künstler, und wir fanden es schwierig zusammenzuleben. Wir telefonieren jeden Tag, ob sie nun in England ist oder hier.« Tatsächlich hat er während der Trennung ihre Alben »Approximately Infinite Universe« und »Feeling Space« koproduziert und unter den Pseudonymen John O'Cean und Joel Nohnn gesungen und Gitarre gespielt.

Das Yoko-freie Album »Walls And Bridges« beginnt mit »Going Down On Love«. *Das Wahre geht in die Brüche, und du bekommst es nicht mehr hin. Die Liebe hat dich verlassen. Aber du musst weitermachen ... Kommst nachts nicht nach Hause. Du weißt, dafür musst du bezahlen ... Du ertrinkst in einem Meer aus Hass. Ich muss auf die Knie gehen.* »Whatever Gets You Thru' The Night« ist ein upbeat Gute-Laune-Song im Duett mit Elton John, der auch am Klavier sitzt. Es ist das einzige Mal zu Lebzeiten des Beatles, dass eine Single von ihm als Solo-Künstler Platz eins in den USA erreicht. *Was immer dich durch die Nacht bringt – es ist alles in Ordnung. Mach es falsch oder mach es richtig – es ist alles in Ordnung.* Die Fangemeinde wächst um all diejenigen, die es locker-luftig und ohne Moral mögen. Lennon trifft den Nerv der Zeit und zeigt den Youngstars, wie man die Leute zum Lachen und zum Tanzen bringt.

»Old Dirt Road« schreibt er nachts und angetrunken gemeinsam mit Harry Nilsson in wenigen Stunden in Los Angeles am Restauranttisch. Beide wollen wissen, ob sie es noch draufhaben. Es entsteht ein eher surrealer Text, aber eine bezaubernde Melodie, durch die das Wasser kühl und klar herabfällt wie von einem Wasserfall.

Während seines »Lost Weekends« produziert John zudem Harrys zehntes Album »Pussycat«, auf dem unter anderem auch Ringo Starr, Klaus Voormann, Jesse Ed Davis, Keith Moon, Jim Keltner oder der junge Danny Kortchmar zu hören sind: »Ich gehe also da hin, um den Kerl zu produzieren, in der Erwartung, Harry Nilsson singen zu hören, aber der Junge hat keine Stimme. Wir hatten Studiozeit gebucht und nahmen genau einen Titel auf, wirklich, und dann war seine Stimme hinüber. Da stehe ich also mit einem der besten weißen Sängern Amerikas, und er hat keine Stimme mehr. Erst als wir die Platte fast fertig hatten, erzählte mir Harry, dass er Blut hustete. Ich wusste das nicht, denn er sah immer so fertig aus. (...) Ich spielte ständig den Arzt für ihn, sorgte dafür, dass er abends ins Bett kam, sagte, rauch nicht, trink nicht und so weiter. Keinen Junk, Mann. Du hast eh schon keine Stimme mehr, und hinterher werden sie mich dafür verantwortlich machen. Und so war es auch. Ich glaube, es war psychosomatisch. Er war wohl nervös, weil ich ihn produzierte. Weißt du, er war ein alter Beatle-Fan – damals, als er noch in der Bank arbeitete oder so. Aber ich hatte mich darauf eingelassen, die Band war da, und der Kerl hatte keine Stimme, also versuchten wir, das Beste daraus zu machen. Und jetzt heißt es, oh, der versucht, so zu klingen wie du. Der arme Kerl hat kaum einen Ton herausgebracht – wir hatten Glück, dass überhaupt etwas dabei herauskam.« Immerhin erreicht »Pussycat« 1974 Platz 60 der US-Album-Charts. »Walls And Bridges« hingegen schießt auf Platz eins in den USA und auf Platz sechs in Großbritannien.

Mit vielen Anspielungen auf alte Klassiker erläutert Lennon in »What You Got« glaubhaft, dass man nicht weiß, was man hat, bis es verloren ist. Damit ist wohl immer noch Yoko Ono gemeint, auch wenn sie nicht angesprochen wird. Vielleicht wird sie indirekt auch auf diesem Album um eine weitere Chance und um Verzeihung gebeten.

Der Song »Bless You« führt zu grundsätzlichen Überlegungen über die Musik. Lennon glaubt, dass die Rolling Stones bewusst oder unbewusst den Riff aus seinem Song für »Miss You« übernommen haben. Aber er sieht es nicht eng, obwohl er kurz nach diesem Album »Rock'n'Roll« aufnehmen wird, das auf den Plagiatsvorwurf zurückgeht, er habe für »Come Together« bei Chuck Berry abgekupfert. Der Freigeist Lennon bestreitet dies gar nicht, macht sich mit Freude an das »Rock'n'Roll«-Album und sagt: »Das ist egal. Musik ist jedermanns Besitz. Es sind nur die Verleger, die glauben, dass sie bestimmten Leuten gehört.«

Das Lied »Scared« auf »Walls And Bridges« ist vielleicht einer der eindrücklichsten Angstsongs des Songwriters, auch weil er im Gegensatz zu früher mit positiven Elementen durchsetzt ist. Allerdings gibt es darin auch eine heftige, prophetisch anmutenden Passage. *Hass und Eifersucht werden mein Tod sein. Ich wusste es wohl von Anfang an. Singe laut über Liebe und Frieden. Ich möchte nicht das rote, rohe Fleisch sehen. Die gottverdammte Eifersucht, die direkt aus dem Herzen kommt.*

Die zweite Single-Auskoppelung »#9 Dream« schafft es in den USA sinnigerweise auf Platz neun der Charts. Erneut taucht die Zahl neun zentral in Lennons Schaffen auf. Er bezeichnet sie mehrfach als seine Glückszahl und komponiert Songs wie »One After 909« oder »Revolution 9« (auf dem unzählige Male »number nine« zu hören ist). Am 9. November 1966 lernt er Yoko kennen, sein heißersehnter Sohn Sean wird per Kaiserschnitt am 9. Oktober 1975 geboren. Schon die Beatles beginnen auf dem »White Album« damit, Geheimbotschaften in den Songs und in den Covers zu verbergen. Sie haben oft mit Drogen und Tod zu tun, und die Fangemeinde glaubt heute noch, neue Zusammenhänge zu erkennen oder versteckte Mitteilungen zu ent-schlüsseln.

Eine akustische Variante des Songs »Nobody Loves You When You're Down And Out« beginnt mit den Worten *nine is a lucky number,* offenbar, weil es sich um den vom Tontechniker angekündigten neunten Versuch handelt. *Nobody sees you when you're on cloud nine … everybody loves you when you're six foot in the ground.* Keine andere Zahl kommt so oft in seinem Leben und Werk vor. In seiner Geburtsstadt Liverpool ist es wegen der Zeitverschiebung der 9. Dezember 1980, an dem er ermordet wird.

Drei Tage davor, im BBC-Interview vom 6. Dezember 1980, übt Lennon in gewohnter Manier harsche Selbstkritik und ordnet »#9 Dream« in die Kategorie »handwerkliches Komponieren« ein. Für das Verständnis dieser häufigen Eigenverrisse besonders schöner Songs ist der Kontext wichtig. Sie finden fast immer anlässlich von PR-Interviews neuer Alben statt. Indem er seine früheren Werke schlechtmacht, lenkt er die Aufmerksamkeit auf das jeweils aktuelle. Zwei Tage vor seinem Tod bezeichnet er den Song als »psychedelisch verträumte Angelegenheit«. Hingegen sagt er noch am 4. Oktober 1974 bei Erscheinen von »Walls And Bridges«: »Die Platte ist eine Art Beschreibung dieses Jahres, aber nicht so schizophren, wie das Jahr wirklich war. Ich glaube, ich habe in diesem Jahr so einen Schock erlitten, dass die Auswirkungen noch gar nicht richtig zutage getreten sind. (...) Musikalisch betrachtet hatte ich nur Chaos im Kopf. Auf ›Walls And Bridges‹ merkt man das deutlich – es ist das Werk eines halbkranken Künstlers.« Und trotz aller Selbstkritik ist das Album eines seiner erfolgreichsten, voller Anspielungen auf alte Beatles-Songs und voll ureigener lennonesker Kreativität. Auffallend im Nummer-Neun-Song ist die aus dem gälisch-keltischen stammende Textzeile *Ah böwakawa pousse', pousse',* die mit *Ah, zum Leben erwecken, sprießen* übersetzt werden kann. Gerufen wird er in diesem musikalischen Traum von zwei Frauen, Yoko und May, eine aus dem linken, die andere aus dem rechten Lautsprecher, auch wenn es in Wirklichkeit immer nur Mays Stimme ist. *Als es zu regnen begann, zwei Geister, die so seltsam tanzten ... Träume nur, Magie in der Luft ... ein Fluss aus Klängen, im Spiegel geht es rund ... Musik berührt meine Seele, etwas Warmes.*

Das Lied symbolisiert die Zerrissenheit des Mannes zwischen der älteren Japanerin und der jüngeren Chinesin. Der nächste Song »Surprise, Surprise« ist dann auch May Pang gewidmet und betont die körperliche Liebe. Auf dem letzten Track ist der elfjährige Julian am Schlagzeug zu hören, der seinen Vater während der Trennung von dessen zweiter Frau öfter in L. A. besucht.

Cynthia erinnert sich in unserem Gespräch im Méridien, dass Yoko bei ihren ersten Begegnungen mit Julian sein fehlendes Benehmen kritisierte. Das »verlorene Wochenende« ist für John also auch eine Gelegenheit, seinen Sohn ohne die strengen Blicke Yokos wiederzusehen. Und entgegen den Klischees, die über diese Zeit kursieren, bleibt er kreativ und produziert weiter wie in Beatles-Zeiten: »Rock'n'Roll« wird *nicht* zum personifizierten Nostalgie-Trip; obwohl er aus obengenannten Gründen nur alte Klassiker neu aufnimmt, ist dieses rockende Endspiel vor Seans Geburt wieder eine Überraschung. »Stand By Me«, das als Single ausgekoppelt wird, singt er mit schmerzverzerrter Stimme; das Stück wird – mit leichten Reggae-Anklängen versehen – sofort zum internationalen Charts-Erfolg.

Angefangen hatten die Aufnahmen zu »Rock'n'Roll« mit kleinen und großen Katastrophen: »Die Arbeit an der Platte begann 1973 mit Phil und lief bald völlig aus dem Ruder. Ich war dann im Suff in Los Angeles an ein paar wüsten Episoden beteiligt. Die Platte habe ich schließlich alleine fertig gemacht. Aber es gab immer noch Probleme damit, bis zu dem Moment, als sie herauskam. Ich kann es gar nicht alles aufzählen, es war der helle Wahnsinn, diese Platte war wirklich verhext«, erinnert sich John Lennon gegenüber David Sheff. Der Plattenproduzent Morris Levy besaß die Rechte an vielen alten Rock'n'Roll-Klassikern. Als Lennon freimütig erklärte, »Come Together« sei von Chuck Berrys »You Can't Catch Me« inspiriert und die Zeile »Here come old flap-top« wörtlich übernommen, verlangte Levy von dem »Dieb«, auf seinem nächsten Album mindestens drei von Levys Songs zu spielen. John fand Gefallen daran und machte ein ganzes Album mit Standards daraus, was sich allerdings lange hinzog, da die Aufnahme-Sessions zunächst eher Rock'n'Roll-Partys unter Drogen glichen, weil Phil in die Luft schoss und mit den Bändern im Streit verschwand und als Folge eines Verkehrsunfalls ins Koma fiel. Nachdem sich Phil erholt hatte, dauerte es noch Monate, bis Johns Anwälte die Tonbänder bekamen. Da John und Phil sich wenig später versöhnten, nahmen sie gemeinsam weitere Songs auf, aber diesmal an der Ostküste und mit den Musikern, die schon bei »Walls And Bridges« mitgewirkt hatten.

»Rock'n'Roll« ist das letzte Album in den 1970er Jahren und zeigt Lennon erneut an einem Wendepunkt: Er ist nicht mehr der Beatle aus Hamburger Tagen, dazu ist der Sound viel zu eigenständig und überraschend. Und er ist nicht mehr der jähzornige, selbstzerstörerische Saufbruder aus L. A. Er frischt seine musikalischen Anfänge auf und wird danach ein selbstbeherrschter und vernünftiger Familienvater.

Manche Titel sind wie frühe Beatles-Aufnahmen instrumentiert, der Spector-Sound sorgt aber für überraschende Hörerlebnisse dank wuchtiger Arrangements oder dank des Medleys (»Rip It Up«, »Ready Teddy«). Trotz des Auftragscharakters ist Lennon bei dieser Arbeit mit Begeisterung bei der Sache, singt »You Can't Catch Me« im Sinne seines »Musik-ist-frei«-Mottos so, dass man die Ähnlichkeit zu »Come Together« sofort erkennt. An anderer Stelle verlangsamt er »Do You Wanna Dance« stark und verpasst dieser zeitlosen Aufforderung einen aufreizenden Reggae-Rhythmus. Über »Sweet Little Sixteen«, die süße kleine Sechzehnjährige, wurde noch nie so überdeutlich langsam und laut gesungen. »Angel Baby« leitet er als »one of my all time favorites« ein und schmachtet dabei wie selten zuvor. Leider wird das Stück gemeinsam mit zwei weiteren fabelhaften Aufnahmen (»To Know Her Is To Love Her«, »Since My Baby Left Me«) erst als Bonustrack auf CD veröffentlicht. Denkwürdig ist die Coda von »Just Because«, in der er von Herzen Ringo, Paul und George grüßt und sich nach ihrem Befinden erkundigt, ob sie gut zurück in England angekommen sind nach den geglückten Aufnahmen zu Ringos »Goodnight-Vienna«-Album, an dem alle vier Ex-Beatles beteiligt waren.

Im Song »Move Over MS L.«, der als B-Seite von »Stand By Me« veröffentlicht wird und eine der seltenen Lennon-Kompositionen ist, die sich direkt an den alten Rock'n'Roll-Klassikern orientiert, kommt die fabelhafte Zeile vor: *You've lost Mama's road map*. Aber nun sieht alles danach aus, als hätte er endlich seine eigene Straßenkarte gezeichnet. Das »Rock'n'Roll«-Album mit dem legendären Schwarzweißfoto, aufgenommen von Jürgen Vollmer in Hamburger Zeiten, erreicht Platz sechs in den USA und Platz zehn in England. Fast gleichzeitig erscheint »Shaved Fish«, eine Zusammenstellung vor allem von Single-Hits.

1975 kommen drei weitere wichtige Ereignisse in Lennons Leben zusammen: Kein Produktionsdruck. Endlich verspürt er die Freiheit von den Showbiz-Zwängen, die er so lange ersehnt hat und die auch deshalb jetzt möglich ist, weil alle vertraglichen Verpflichtungen ausgelaufen sind und er keine neuen eingeht. Zudem bekommt er im Juli endlich die Green Card, dank der er sich fortan unbegrenzt in den USA aufhalten kann. Doch das wichtigste Ereignis ist das Ende der Trennung von Yoko. Am 28. November 1974 steht er mit Elton John auf der Bühne des Madison Square Gardens in New York. John ist der Rock'n'Roll- und Pop-King mit dem Nr. 1 Hit »Whatever Gets You Thru' The Night« in den Charts, und Yoko sitzt im Publikum und weint vor Rührung. Danach treffen sich die beiden in der Garderobe, und die Annäherung beginnt. Dem BBC-Journalisten Andy Peebles schildert Lennon den Moment so: »Wir sind wieder zusammen, weil wir uns lieben. Die Trennung hat nicht funktioniert. Es klappte einfach nicht. Meine Reaktion auf die Trennung war der ganze Wahnsinn – ich war wie ein Huhn, dem man den Kopf abgeschlagen hat. (...) Jetzt haben wir 1975, und es geht mir besser, ich sitze hier und liege nicht völlig verkatert in

irgendeiner Ecke. Ich komme mir vor wie Sindbad der See-
fahrer – als hätte ich auf einer langen Reise gegen alle möglichen Untiere gekämpft und wäre jetzt nach Hause zurückgekehrt.«

Wie an anderen Wendepunkten in Johns und Yokos Leben wird auch bei diesem von den Biographen von einer
Dominanz Yokos und einer Abhängigkeit Johns gesprochen.
Ich gewichte die Dynamik in ihrer Beziehung anders, was
meines Erachtens deutlich wird, wenn man sich Filmaufnahmen der beiden anschaut. Selbstverständlich nennt John
seine Yoko scherzhaft Mutter: »Scream Mother!« Aber ist da
nicht viel Koketterie und Ironie dabei? Hält sich John nicht
nach wie vor für ein Genie? Hat er seinen jugendlichen Größenwahn nicht wunderbar über die Jahre gerettet und wird
nun mit einem musikalischen Erfolg nach dem anderen bestätigt? John weiß, wie gut ihm Yoko tut, aber er weiß auch –
und das hat das »Lost Weekend« deutlich gezeigt –, dass von
den beiden auf getrennten Pfaden nur einer als Künstler
wirklich erfolgreich ist. Wenn es um Popularität geht, um
Starruhm und damit letztlich auch um Reichtum, dann ist
sie vollkommen von ihm abhängig.

Das schönste Ereignis für den umjubelten Star in jener
Zeit ereignet sich an seinem 35. Geburtstag. Er wird zum
zweiten Mal Vater eines Sohnes. Und diesmal will der Musiker seiner Verantwortung nachkommen. Mit der Geburt des
langersehnten Kindes zieht sich John Lennon fast vollkommen von der Öffentlichkeit zurück. Und wenn doch jemand
versucht, ihn für ein Benefiz-Konzert zu gewinnen, reagiert
er sauer: »Lasst mich in Ruhe. Nehmt von mir aus die Rolling
Wings.«

John Lennon legt eine Babypause ein, die sich zu einer
fast fünf Jahre währenden Hausmannsphase entwickelt. Er
entdeckt die Vorteile gesunder Ernährung, verzichtet vollkommen auf Zucker, backt selbst Brot und widmet sich mit
Hingabe seinem Sohn Sean, derweil seine Frau sich weiterhin

um die Finanzen kümmert und ökologisch unbedenkliche Investitionen, vor allem in Immobilien, tätigt. Als er gemeinsam mit ihr dem BBC-Journalisten Andy Peebles Rede und Antwort steht, sagt er:»Na ja, manchmal kam sie heim und sagte: ›Bin ich müde!‹ Ich antwortete dann – und das war durchaus ernst gemeint: ›Was zum Teufel glaubst du, wie es mir geht? Ich bin rund um die Uhr bei dem Baby! Meinst du, das ist einfacher?‹ Und: ›Du solltest ein bisschen mehr Interesse für das Kind aufbringen!‹ Da ist es völlig egal, ob das die Mutter oder der Vater ist. Wenn ich mir Gedanken über Pickel oder seinen Knochenbau mache oder darüber, welche Fernsehsendungen er anschauen darf, dann sage ich zu ihr: ›Hör zu, das ist wichtig. Ich will heute Abend nichts von deinen 20-Millionen-Dollar-Deals hören!‹ (Zu Yoko:) Ich möchte, dass sich beide Eltern um das Kind kümmern – wie, das ist eine andere Frage. Der Satz ›du hast dich ganz schön entwickelt‹ trifft mehr auf mich als auf sie zu. (...) Es sind die Männer, die sich entwickelt haben – angefangen damit, dass sie überhaupt erst mal die Idee der Gleichberechtigung ins Auge fassten. Aber obwohl es so etwas wie die Frauenbewegung gibt, hat die Gesellschaft sozusagen nur ein Abführmittel genommen und einmal kräftig gefurzt. Das große Scheißen hat noch nicht stattgefunden. Die wahren Veränderungen kommen noch. Ich bin derjenige, der sich entwickelt hat.«

Nur noch selten geht er mit seinen Kumpels – vor allem Keith Moon und Harry Nilsson – auf Sauftour. Als Keith Moon bei seinem Kampf gegen die Alkoholsucht im September 1978 stirbt, ist das für Lennon eine weitere Motivation, die Finger von der Flasche zu lassen. Die Hände lässt er auch weitgehend von der Gitarre. Manchmal ein Schlaflied für Sean und einige Anläufe zu einem Musical über sich und Yoko – viel mehr entsteht in den ersten Lebensjahren seines Sohnes nicht.

Diese sehr private Phase ist für beide nach der vorangegangenen Hektik notwendig, um Versäumtes nachzuholen und neue Kräfte zu tanken. Im Mai 1979 veröffentlichen John und Yoko einen Brief in Form ganzseitiger Zeitungsannoncen unter anderem in der »New York Times«, gerichtet an alle, die sie fragen, »was, wann und warum?«. Den Brief gießt John später mit »Watching The Wheels« in Songform. *Die Leute sagen, ich sei verrückt, so zu leben. Sie warnen mich, wollen mich retten ... Ich könne nicht glücklich sein. Ich sei nicht mehr am Ball, nicht mehr im Geschäft. Ich sei faul, verträume mein Leben ... Verwirrt stellen sie mir Fragen. Wenn ich ihnen sage, es gibt keine Probleme. Es gibt nur Lösungen ... schauen sie mich misstrauisch an, als hätte ich den Verstand verloren. Ich sage ihnen, es ist keine Eile.* Im Frühling 1980 reist Lennon nach Südafrika und segelt wenig später vor den Bermudas. Während dieses Solo-Urlaubs sieht er eine Orchideenart namens »Double Fantasy« und schreibt zahlreiche Songs. In New York fängt auch Yoko Ono wieder an zu komponieren und schon am Telefon einigen sie sich, bald damit ins Studio zu gehen und wieder ein gemeinsames Album aufzunehmen – das erste seit 1972. Der schöpferische Schub ist so stark, dass die beiden nach kurzer Zeit Material für fast drei Alben haben. Für den Umschlag des ersten schickt John der Plattenfirma ein Foto von sich und Yoko, wie sie sich küssen. Die Firma bittet um ein anderes Foto, auf dem nur er allein zu sehen sein soll. Doch das bringt ihn – wie schon so oft in früheren Jahren in ähnlichen Situationen – aus der Fassung. Es ist eine »Double Fantasy«, keine Solo-Platte.

Ähnlich wütend wird Lennon im Juli 1971, als er kurzfristig seine Teilnahme an George Harrisons Konzert für Bangladesch absagt. Er kann nicht glauben, dass George nur ihn ohne Yoko eingeladen hat. John ist damals so hin- und hergerissen, dass er plötzlich von New York Reißaus nimmt, Yoko verdutzt zurücklässt und bis zu seinem Tod keine Erklärung für seine Kurzschlusshandlung gibt. Die Situation hätte im Juli 1971 eigentlich gar nicht besser sein können. John und Yoko haben gerade gemeinsam und in wenigen Stunden ihren Xmas-Song geschrieben und dann soll John sich plötzlich und heimlich entscheiden, solo oder gar nicht bei Georges Projekt aufzutreten. John will George nicht kränken, indem er Yoko verrät, dass George Yokos Schreien vermeiden möchte – George würde davon erfahren. Und gleichzeitig will er seine Frau nicht verletzen, indem er ihr Georges Vorschlag mitteilt. Yoko glaubt bis lange nach Johns Tod, George habe auch sie eingeladen, und konnte sich die Absage ihres Mannes bis dahin nicht erklären. Erst Jahre nach Johns Tod erfährt sie von George die Wahrheit.

Gegenüber der Plattenfirma nimmt der Star 1980 keine Rücksicht. »They don't want their white boy to be kissing an oriental woman. Okay, from now on we won't release any photo unless we're both in it! No. From now on we won't release any photo unless it's a photo of us looking at each other!«, erinnert sich Yoko Ono 1998 im Buch zur CD-Box »John Lennon Anthology« an seinen Wutausbruch. Darauf habe sie lachen müssen, und er habe angefangen zu schmunzeln. Aber dann habe er angefügt: »Sag ihnen, dass es mir ernst ist.«

Dieser Machtpoker mit PR-Abteilungen und Medien geht auch nach Lennons Tod weiter: »Alle riefen hier an und wollten Fotos von John, auf denen ich nicht zu sehen bin«, klagt Yoko Ono, die diesen Zwiespalt bis heute ertragen muss. Ihr Leben ist eine ständige Gratwanderung zwischen der Verwirklichung eigener künstlerischer Projekte, dem Versuch, sich unabhängig von John zu entfalten und anerkannt zu werden, und der Pflege seines Erbes.

»Double Fantasy« markiert 1980 einen positiven und energiegeladenen Neustart. Das Album beginnt mit der beschleunigten Glocke aus »Mother«. Keine Trauer mehr, sondern ein fröhlicher und optimistischer Sound, der ein wenig nach Elvis Presley aus den 1950er Jahren klingt, aber mit der Instrumentalisierung der 1980er, nostalgisch und modern zugleich. Kostbares gemeinsames Leben, eine besondere Liebe nach einem Reifungsprozess. Als ob ein Paar sich nach

Jahren des Alltagstrotts wieder neu verliebt. Chancen nutzen, gemeinsam wegfliegen, zu zweit alleine wie am Anfang. Zwei haben zusammen die Zauberformel gefunden. Die Königin in der Buchhaltung zählt das Geld, der König in der Küche macht Brot und Honig. Frei.

»Ich habe wieder Spaß daran, so wie ganz am Anfang«, sagt Lennon zu Andy Peebles. »1975 hätte ich ›Starting Over‹ niemals schreiben können. Jetzt schreibe ich wieder so, wie ich es früher immer getan habe; die letzten fünf Jahre haben mir dabei geholfen, mich von meinem Intellekt und meinem Selbstbild zu befreien. Ich konnte wieder Songs schreiben, ohne bewusst darüber nachzudenken, und das war eine echte Wohltat. Dieses Album ist eigentlich unser erstes. Es soll ›Hi‹ sagen, ›Hallo, hier sind wir‹. Das nächste wird das noch einmal bekräftigen, und dann werden wir mit der Arbeit an unserem dritten Album anfangen. Zur Zeit macht es mir Spaß, wieder zu rocken, aber wenn es mir keinen Spaß mehr macht, dann gehe ich einfach. Inzwischen weiß ich nämlich, dass ich gehen kann. Der Song heißt ›Starting Over‹ – neu anfangen –, weil ich genau das tue. Es hat vierzig Jahre gedauert, bis ich endlich erwachsen geworden bin. Ich sehe jetzt Dinge, die ich früher nie gesehen habe.«

Der Song »Beautiful Boy« beginnt ebenfalls mit einer schönen hellen Glocke. *Sohn Sean ... schließ die Augen, hab keine Angst, das Monster ist fort, es ist auf der Flucht, und dein Papa ist da ... Jeden Tag wird es besser ... Draußen auf dem Ozean segeln wir davon. Ich kann es kaum erwarten zu sehen, wie du erwachsen wirst. Aber wir müssen wohl einfach beide geduldig sein. Es ist ein langer Weg, eine schwierige Sache. Aber nimm inzwischen ... meine Hand. Leben ist, was passiert, während man dabei ist, andere Pläne zu machen.*

In seiner Hausmannszeit macht Lennon keine anderen Pläne. Er *ist* Daddy. Als er sein erstes Brot backt, kommt es ihm so vor, als ziehe er ein neues Album aus dem Ofen. Und er fotografiert es. Er ist stolz, tankt Kraft, ist körperlich so fit

wie nie zuvor, atmet ein, wie er es nennt, um sich dann mit
»Double Fantasy« zurückzumelden, auszuatmen. Heute sind
für 40-jährige Rockstars fünf Jahre Pause zwischen zwei Alben etwas ganz Normales. 1980 war aber eine solche Auszeit
außergewöhnlich. Die Medien dürsteten nach dem Comeback der Lennons. John und Yoko erzählen musikalisch von
der Zeit der Trennung und mit »Woman« komponiert Lennon den Höhepunkt seiner Sorry-Songs: *Ich bin für immer in
deiner Schuld ... Ich wollte dir nie Sorgen oder Schmerzen bereiten.* Er bezeichnete es als den »Beatle Track« des Albums.
Eine Reunion ist unwahrscheinlicher denn je. Versuche von
Charity-Organisationen und kommerziellen Veranstaltern,
die Beatles zum alles überbietenden Comeback-Konzert zu
bewegen, scheitern allesamt. Lennon ist selbstgenügsam –
Yoko und John. Er spricht mit seinen Fans über die momen-
tane Situation und verschwendet keinen Gedanken an die
Fab Four: »Ich hoffe, dass die Platte auch den Jüngeren gefällt, aber ich spreche vor allem die Leute an, die zu meiner
Zeit aufgewachsen sind. Ich sage zu ihnen: ›Hier stehe ich
jetzt. Wie geht es euch? Wie läuft's in eurer Beziehung? Habt
ihr alles gut überstanden? Waren die Siebziger nicht öde?
Nun, lasst uns die Achtziger zu einer guten Zeit machen –
denn es ist an uns, das Beste daraus zu machen.‹«
   Auch die posthumen Veröffentlichungen werden Hits,
allen voran das Album »Milk And Honey« mit »I'm Stepping
Out«, »Nobody Told Me« und »Borrowed Time«. Ersteres beginnt mit der vertrauten autobiographischen Situation: *Dies
hier ist die Geschichte über einen Hausmann, der mal rausmuss.
Er hat jeden Tag über die Kinder gewacht. Er ist in der Küche,
macht rum und schaut Sesamstraße. Er wird noch verrückt!* Das
erzählt Lennon in hohem Sprechtempo als Intro, bevor er zu
singen beginnt und davon erzählt, dass er ausbrechen wird.
Wunderbar die Intonation in der Coda, dass er bald wieder
zu Hause sein wird: *I'll be in before one, or two ... or three?* In
»Nobody Told Me« wundert er sich in starken Bildern über die

Gegenwart. *Jeder spricht, niemand sagt ein Wort ... Immer läuft etwas und nichts geschieht. Immer kocht etwas, nichts ist im Topf ... Jeder rennt, keiner kommt vorwärts. Jeder gewinnt, niemand scheint zu verlieren ... Jeder fliegt, niemand hebt ab. Jeder weint, keinen hört man ... Wirklich höchst eigenartig, Mama. Jeder kifft, niemand ist high. Jeder fliegt, niemand berührt den Himmel.* In »Borrowed Time« vertont er seine Erkenntnis, dass er von geborgter Zeit lebt – früher und jetzt –, und vergleicht die Ideale von damals mit den Einsichten der Gegenwart: Er wird älter und ist sicher, dass er weniger weiß, aber dass die Zukunft klarer ist. Er bereut die Vergangenheit nicht und findet es gut, jetzt älter zu sein und weniger Komplikationen ausgesetzt zu sein. Gute Laune verströmt der Song, und es liegt an jedem Hörer selbst, wie viele Gedanken er sich darüber machen will, dass alle von geborgter Zeit leben.

Eine enorme Kraft geht allein von diesen drei Liedern aus. Angenommen, Lennon hätte wie bei den drei Vorgänger-Alben Yoko Ono zu Hause gelassen und keine ihrer Songs auf »Starting Over« veröffentlicht, sondern durch seine eigenen, die posthum auf »Milk And Honey« erschienen sind, ersetzt – inklusive einer ausgearbeiteten Version von »Grow Old With Me« – es wäre ein Lennon-Klassiker erster Güte entstanden. Aber Yoko setzt nicht nur durch, dass die Hälfte der Songs auf »Double Fantasy« von ihr stammen, sondern auch, dass sie mit denen Johns alternieren. Seine ursprüngliche Idee, die A-Seite mit seinen, die B-Seite mit ihren Liedern zu bestücken, verwirft Yoko, weil sie befürchtet, so würde nach Johns Seite niemand die Platte drehen. John lässt ihr ihren Willen. Schließlich ist er von der Qualität ihrer Songs sehr viel stärker überzeugt als das Publikum. Wer als Produzent oder Betreiber einer Plattenfirma Chancen bei John haben will, muss Yoko akzeptieren.

Ein Kritiker meinte einmal angesichts von Yokos irritierenden Vokalkünsten und Johns Begeisterung, Liebe mache nicht nur blind, sondern auch taub. Aber John hätte nicht lockergelassen, bis Yokos Musikalität einen Ausdruck gefunden hätte, der breite Anerkennung findet. Er sprüht bis zuletzt vor Zuversicht:»Ich habe eine ganze Weile gebraucht, um Ordnung in meine Gedanken zu bringen, aber jetzt bewege ich mich in eine neue – und größere – Richtung«, sagt Lennon einmal kurz vor seinem Tod.»Da draußen liegt eine große, weite, wundervolle Welt, und Yoko und ich werden sie erkunden, bis wir sterben. Ich habe nur eine Hoffnung: dass ich vor ihr sterbe, denn wir bilden inzwischen wirklich eine Einheit, und ich glaube nicht, dass ich die Kraft hätte, ohne sie weiterzumachen. Oh, ich meine nicht, dass ich mich umbringen würde, aber das Leben wäre dann so leer.«

Das Thema guten Alterns beschäftigt ihn kurz vor seinem Tod auch in dem ebenfalls erst posthum veröffentlichten »Life Begins At 40«, einer köstlichen Country- und Western-Parodie, die er zu Hause aufnimmt. Quintessenz: Alter ist nur ein Gefühl, eine Einbildung. Bei aller Entwicklung, bei allem historischen Bewusstsein betont John Lennon immer wieder die Kindlichkeit der Seele:»Die Sechziger haben eins geleistet: Sie haben uns unsere Möglichkeiten und unsere Verantwortung aufgezeigt. Die Sechziger waren nicht die Antwort. Sie haben uns nur einen kleinen Eindruck von unseren Möglichkeiten vermittelt. In den Siebzigern hieß es dann überall bloß, nee, nee, nee. Und in den Achtzigern werden die Leute vielleicht sagen, na gut, jetzt stellen wir mal wieder die positiven Seiten des Lebens in den Vordergrund. Man muss Gott – oder was das da oben auch sein mag – dankbar dafür sein, dass wir alle überlebt haben. Wir haben Vietnam überlebt, Watergate, die enormen Umwälzungen auf der ganzen Erde. Die Welt hat sich verändert. Wir – die Beatles – waren die Stars der Sechziger, aber die Welt ist nicht mehr so wie in den Sechzigern. Was vor mir liegt, weiß ich nicht, aber wir sind alle noch hier. Wir sind immer noch wild aufs Leben, es besteht also noch Hoffnung! Ich spreche die Männer und Frauen an, die durchgemacht haben, was wir alle gemeinsam durchgemacht haben, die Gruppe aus den Sechzigern, die überlebt hat, die den Krieg überlebt hat, die Drogen, die Politik, die Gewalt auf der Straße, den ganzen Schlamassel. Wir haben ihn überlebt und sind hier, und ich kann zu ihnen sprechen. (...) Ich fühle mich nicht wie vierzig. Ich fühle mich wie ein Kind. Und ich habe noch so viele gute Jahre zusammen mit Yoko und unserem Sohn vor mir – zumindest hoffen wir das«, sagt John zu Andy Peebles. Zwei Tagen nach diesen Sätzen fallen die tödlichen Schüsse. Auf den gereiften Vierzigjährigen? Auf das Kind im Mann? Auf jeden Fall auf einen der kreativsten Menschen seiner Zeit.

Zeugnis seines Fleißes und schöpferischen Reichtums ist die »John Lennon Anthology«, vier CDs voller alternativer Fassungen, Arbeitsatmosphäre im Studio, Heimaufnahmen unbekannter Song-Skizzen oder später fertiggestellter Lieder noch ohne Filter, ohne Verzerrungen sowie O-Töne der Kleinfamilie Lennon-Ono, aufgenommen im Dakota. Faszinierend ist es, den Musikern zu lauschen, wie sie sich später im Studio durch die verschiedenen Versionen eines Stücks wühlen. Der Hörer kennt die Endfassung – meistens die beste – und ermisst den weiten Weg, den die Band manchmal bis dahin gehen muss. Köstlich die Erklärungen Lennons beim Montreal-Bed-in am 1. Juni 1969, wie man dank Off-Beat-Klatschen »Give Peace A Chance« verbessern könne. Und manchmal staunt man über den Soul in Klassikern wie »Baby Please Don't Go«.

Leider ist »Hold On« nur ein winziger Boogie für Yoko und sich selbst, dessen Text im Begleitbuch ganz aufgeführt, aber auf CD nur 44 Sekunden gespielt wird. Der Komponist selbst sagt 1980, er habe in den vergangenen Jahren bis zum Neuanfang mit »Double Fantasy« die Gitarre an den Nagel gehängt und praktisch nicht mehr angerührt. Alle Biographien, die in den Jahren nach seinem Tod erscheinen, nehmen das für bare Münze. Erst als Yoko beginnt, die Dakota-Tapes nach und nach zu veröffentlichen, wird klar, auf welch intensiver musikalischer Suche Lennon immer noch war. Die Meinungen über dieses heimliche Werk während der Hausmannsjahre im Dakota gehen auseinander. Lennon ist selbstkritisch, auch weil er außer »Double Fantasy« nichts davon veröffentlicht, und äußert 1980 gegenüber Andy Peebles: »Warum haben mir die Leute übelgenommen, dass ich nicht gearbeitet habe? Wenn ich tot wäre, wären sie ja auch nicht böse auf mich. Wenn ich praktischerweise Mitte der Siebziger gestorben wäre, nach ›Rock'n'Roll‹ oder ›Walls And Bridges‹, dann würden sie jetzt alle Lobeshymnen über mich verfassen – was für ein toller Kerl ich war und so. Aber ich bin nicht gestorben, und es hat die Leute einfach geärgert, dass ich am Leben war und das tat, was ich tun wollte.«

»Give Youth A Chance«

Lennonisten im Internet

John Lennon vertraut den New Yorkern. »Ich kann einfach durch diese Tür ins nächste Restaurant gehen«, sagt er am 6. Dezember 1980 dem BBC-Journalisten Andy Peebles. »Können Sie sich vorstellen, wie großartig das ist?« Wenn er das Haus verlässt, wird er nicht mehr von Leibwächtern begleitet. Im selben Interview erzählt er: »Bevor ich aus England wegzog, konnte ich dort immer noch nicht auf die Straße gehen. (...) Wir konnten nicht mal um die Ecke ins nächste Restaurant gehen, außer wenn wir uns auf diesen ganzen Mist ›der Star geht ins Restaurant‹ einlassen wollten. Hier dagegen laufe ich seit sieben Jahren ungestört durch die Stadt. Als wir nach New York zogen, haben wir zunächst tatsächlich im Village gewohnt – Greenwich Village, das Stadtviertel der Kulturschickeria, wo die ganzen Studenten und die Möchtegerns wohnen, und ein paar alte Dichter. Yoko meinte: ›Doch, hier kannst du auf die Straße gehen‹, aber ich war immer total angespannt, wenn ich unterwegs war, und wartete nur darauf, dass jemand etwas sagen oder sich auf mich stürzen würde. Es dauerte zwei Jahre, bis ich mich beruhigt hatte.«

Es ist kein New Yorker, der ihn am 8. Dezember 1980 um 22.50 Uhr Ortszeit in der 72. Straße vor dem Eingang des Dakota Buildings mit vier Kugeln tötet. Mark David Chapman, ein 25-jähriger Fan mit Elvis-Pilotenbrille aus Texas, wartet danach ruhig auf die Polizei und lässt sich verhaften. Das Idol hat seinem Mörder zufolge keine Chance. In einem Interview erzählt Chapman detailliert von seinem Plan, John Lennon zu töten:»Ich war wie unter einem Zwang. Der Zug war nicht zu stoppen.« Der korpulente Chapman charakterisiert den Star als»erfolgreichen Mann, der die Welt an einer Kette hatte, und da war ich, noch nicht mal ein Glied in dieser Kette, einfach nur ein Mann ohne Persönlichkeit. Und in diesem Moment zerbrach etwas in mir.« Außerdem»hörte ich eine Stimme in meinem Kopf, die immerzu ›Tu es, tu es, tu es!‹ sagte.« Dieses und weitere Interviews führte der Journalist Jack Jones in den Jahren 1991 und 1992 und veröffentlichte sie in seinem Buch»Let Me Take You Down«. Darin schildert er die Details des Attentats und den Attentäter, der auch 30 Jahre nach dem Verbrechen in einem Gefängnis in Attica im Bundesstaat New York inhaftiert ist. Chapman wurde am 24. August 1981 wegen Mordes zu einer lebenslangen Haftstrafe verurteilt. Gegen alle Anträge auf Begnadigung erhebt Yoko jeweils Einspruch, da sie ihn weiterhin als Gefahr für sich und die Söhne Sean und Julian sieht. Die Geschichte des 1955 in Fort Worth in Texas geborenen Mörders wurde mehrfach verfilmt, unter anderem unter dem Titel»Chapter 27« mit Jared Leto in der Hauptrolle. Der Independent-Streifen will, wie Jack Jones, dem Tatmotiv des Mörders näherkommen. War Chapmans Verehrung für Lennon in Hass umgeschlagen? Chapman trat vorübergehend einer religiösen Sekte bei, war zeitweise drogenabhängig, führte ein unstetes Leben, verehrte die Beatles und John Lennon bis zu dessen Jesus-Vergleich, identifizierte sich später aber weiterhin mit dem Star, heiratete sogar eine japanische Frau, weil sie ihn an Yoko Ono erinnerte, und wurde vor dem Attentat in

einer Nervenheilanstalt behandelt. Daraus ist die Verschwö-
rungstheorie entstanden, Chapman sei gezielt einer Gehirnwäsche unterzogen worden, deren Ziel das Attentat war. Es
wurden immer wieder Parallelen zu den Attentätern Lee Har-
vey Oswald (John F. Kennedy) und Sirhan Bishara Sirhan (Robert Kennedy) gezogen, die beide vor ihren Taten in psychia-
trischer Behandlung waren. Hypnose und Drogen hätten die
Attentäter zu willenlosen Schützen gemacht, ohne dass sie
ahnten, warum sie die geheimen Befehle ausführten.

Der Titel des Films bezieht sich übrigens auf die 26 Kapitel von Salingers »Fänger im Roggen« – Kapitel 27 im Filmti-
tel meint das Attentat –, worin Chapman vor und nach dem
Mord las. Aber was entnahm Chapman dem Buch? Der de-
pressive 16-jährige Romanheld Holden Caulfield, der sich im
Sanatorium daran erinnert, an der Bar des Edmond Hotels
mit Touristinnen getanzt zu haben, die sich nicht für ihn,
sondern für Peter Lorre interessieren; der sich erinnert, sich
im Central Park seine eigene Beerdigung ausgemalt und sich
später gewünscht zu haben, als Taubstummer in einer einsamen Hütte zu leben, um nie wieder ätzende Gespräche führen zu müssen und aller Verlogenheit aus dem Weg gehen zu
können – war es das, was Chapman faszinierte? Er hat diese
und weitere Passagen aus dem Buch wiederholt gelesen und
offenbar weniger den Schluss des Romans beachtet, in dem
Holden beginnt, Verantwortung für seine kleine Schwester
zu übernehmen und von ihr gleichsam zum Erwachsenen gemacht wird, indem sie ihm die Mütze aufsetzt – richtig und
nicht wie bisher von Holden aus pubertärem Trotz falsch herum. Wie sagt doch Holden selbst: »Ich bin ziemlich ungebil-
det, aber ich lese viel.« Das 26. Kapitel hat Chapman scheinbar nicht verstanden.

Der Schlagzeuger Bill Ward von Black Sabbath veröffentlichte auf seiner Webseite klare Statements zum Film »Chapter 27«, die hier stellvertretend für viele Fans und für weitere gutgemeinte Auseinandersetzungen mit Chapman zitiert

werden. Ward zeigte sich überrascht, »dass es einen Film über das Arschloch geben wird, das John Lennon erschossen hat«. In seinen Augen sei es verwunderlich, dass man einen Streifen über einen Typen mache, der »Millionen von Menschen so viel raubte, der einen brillanten Geist ausgelöscht und eine Familie zerstört hat. Als John Lennon starb, brach mein Herz, ich bin nie über seinen Tod hinweggekommen und ich weiß, dass Millionen von anderen Menschen auch verletzt wurden.« John Lennon sei zwar schon einige Zeit tot, sein Verlust schmerze aber immer noch und der Film werde nur alte Wunden öffnen: »Ich verfluche diesen Film.«

In diesem Sinne widme auch ich Chapman möglichst wenig Raum, im Gegensatz beispielsweise zum TV-Sender ARTE, der 2006 die Dokumentation »Mordfall: John Lennon. Das Idol und sein Attentäter« zeigte. Die Fernsehproduktion zeichnet die Wege nach, die Opfer und Täter verhängnisvoll zusammengeführt haben. Die Filmemacher Egon Koch und Friedrich Scherer wollten ein Vierteljahrhundert nach dem Verbrechen den Fall neu aufrollen. In ihrer knapp einstündigen Dokumentation kommt auch Chapman zu Wort: Lennons Mörder spricht in Tonbandinterviews über seine Motive. Es handelt sich dabei um Ausschnitte aus den Gesprächen, die Jack Jones mit ihm geführt hat. Außerdem erläutern Psychologen und ein Stalking-Experte die möglichen Hintergründe, die zu dem Verbrechen geführt haben könnten. Neue und gesicherte Aufschlüsse oder Erkenntnisse kann aber auch dieser Film nicht liefern.

Die Ermordung John Lennons zerstört den Neubeginn seiner musikalischen Karriere. Und doch markiert das Datum auch eine Art Neubeginn für den Künstler und sein Werk, das vor allem durch das Internet neue Ausdrucksweisen annimmt.

Auf YouTube wird gerne bei zahlreichen Lennon-Songs ein ungewöhnliches Foto, aufgenommen von Bob Gruen, gezeigt. Darauf sieht man den Star mit seinem Sohn Sean im Studio in New York 1980 während der Aufnahmen zu »Double Fantasy«. John breitet begeistert die Arme über das große Mischpult aus, Sean staunt, der Vater erklärt.

Lennon schreibt ein Gedicht und denkt sich eine Melodie dazu aus. Oder umgekehrt: Erst ist eine Melodie da, dann folgt der Text.

Zu Hause übt er den neuen Song.

Findet er den Song gut, geht er ins Studio, um ihn auf dem neuesten Stand der Technik und gemeinsam mit Studiomusikern aufzunehmen.

John Lennon spielt ein Instrument und singt.

Diese Klänge gelangen ins Mischpult, dort wird die neue Musik abgemischt. Die Stimme etwas lauter, das Klavier etwas leiser, bis er am Ende mit dem Lied und dessen Sound zufrieden ist.

So ist es nicht nur mit Songs, sondern auch mit der Seele des Menschen. Was der Musik ihr Mischpult, das ist dem Gemüt der Kopf. Das Hirn ist das Mischpult für den Geist.

Manchmal muss man den Regler für Übermut etwas herabziehen, manchmal den Regler für Bescheidenheit etwas höher schieben. Oder umgekehrt. Bis am Ende das Lied des Lebens stimmt.

Die digitale Welt ist schnell und spontan. Das Internet mit den vielen neuen Kommunikationsmöglichkeiten – von E-Mails über Facebook bis Twitter – hätte John Lennon gefallen. Er hätte es vieleicht »Instant Digital« genannt, hätte seine »Peace-&-Love«-Aktionen schneller unters Volk gebracht und Videos, Songs, Bilder und Texte hochgeladen. Das »World Wide Web« wäre seinen Wünschen nach direkter Kommunikation oder »total communication«, wie er es unter dem Sack in Wien nannte, sehr entgegengekommen.

So, wie die Beatles nach Beendigung ihrer Tourneetätigkeit dazu übergegangen sind, als MTV-Vorläufer und eine der ersten Pop-Bands überhaupt Videos von ihren Songs zu drehen und diese den TV-Stationen weltweit zur Verfügung zu stellen, so hätte Lennon von seiner Dakota-Homebase aus – oder woher auch immer – online seine Botschaften ausstrahlen können. Mit seinem Einfallsreichtum und seiner Phantasie hätte er inzwischen vielleicht die eine oder andere digitale Ausdrucksform ausprobiert, von der wir immer noch nichts ahnen.

Sein Nachlass hat im 21. Jahrhundert schon zu einigen Hightech-Highlights geführt, unter anderem zu einer besonderen Übertragung des von ihm geschriebenen Beatles-Titel »Across The Universe« (Quer durchs Universum): Die amerikanische Luft- und Weltraumbehörde NASA feierte am 4. Februar 2008 ihren 50. Geburtstag damit, dass sie von Teleskopen ihres Deep Space Networks aus den Song in Richtung des Polarsterns im Sternbild des Kleinen Wagens, der 431 Lichtjahre von der Erde entfernt ist, sandte. »Across The Universe« schoss dabei mit Lichtgeschwindigkeit, also knapp 300 000 Kilometern pro Sekunde, durchs Weltall. Yoko Ono begrüßte die Aktion: »Ich sehe das als Beginn eines neuen Zeitalters, in dem wir mit Milliarden von Planeten überall im Universum kommunizieren«, schrieb sie der NASA.

Weil die Fans ähnlich fühlen und denken wie der große »Imaginist« (Jane Austen hat das Wort für ihre »Emma« verwendet), nutzen sie selbst nun moderne Kommunikationsmittel, insbesondere YouTube, um ihren Gedanken über ihr Idol Ausdruck zu verleihen oder die der anderen nachzuvollziehen. Im Winter 2009/2010 ergibt »John Lennon« bei Google rund 16 Millionen Treffer (zum Vergleich: Paul McCartney 14 Millionen) und bei YouTube werden beim Suchwort »John Lennon« rund 100 000 Filme angezeigt. Ganz oben in der Trefferliste steht das mehrfach preisgekrönte Video »I Met the Walrus« von Jerry Levitan. Es ist ein gelungenes Beispiel für den kreativen Umgang mit Lennons Erbe. Der 2008 für den Oscar nominierte Trickfilm illustriert in knapp fünf Minuten ein sehr intensives – auch weil stark gekürztes – Interview, das Jerry Levitan in Toronto im Mai 1969 mit dem Star geführt hat.

Der Kanadier Jerry Levitan war damals 14 Jahre alt. Es gelang ihm mit einem Trick, sich zum Bed-in von John und Yoko im King Edward Hotel Zutritt zu verschaffen. Der junge Lennon-Fan hatte kurz zuvor das Album »Two Virgins« gekauft und überwand damit von der Hotel-Rezeption bis zur Suite alle Hindernisse, indem er sich als Reporter für die »Canadian News« ausgab. Er kam mit dem Star ins Gespräch, bekam ein Autogramm und wurde eingeladen, am nächsten Tag ein Interview zu führen. Mit einem geborgten Tonbandgerät befragte der Schüler am 16. Mai das Künstlerpaar in einem 40-minütigen Gespräch. Der animierte Kurzfilm übernimmt einige Highlights daraus. Stilistisch erinnert er an den Beatles-Film »Yellow Submarine«, wobei viele Elemente, bis hin zu Jerrys Haaren, von Klaus Voormanns Zeichnungen inspiriert sind. Die Idee, Lennons Botschaften als Soundtrack für einen animierten Film zu nutzen, stammt vom kanadischen Filmemacher Josh Raskin, der diese mit dem Trickfilmzeichner Alex Kurina und dem Graphiker James Braithwaite umgesetzt hat. »Lennons Botschaft lautet Frieden, und das Beste ist, er war nett zu einem 14-jährigen Kind, das ihn als Held betrachtete«, erinnert sich Jerry Levitan, der seinen Film auch produzierte und heute als Anwalt arbeitet. Die Zeichnungen, die in Echtzeit auf sehr witzige Weise Lennons Äußerungen nachbilden, entwickeln in atemberaubendem Tempo und mit fließenden Übergängen ein Motiv aus dem anderen. So wird deutlicher, warum seine bildmächtigen und brillanten Formulierungen so einprägsam sind und wie metaphernreich er spricht.

Hervorgehoben werden auf YouTube im Zusammenhang mit John Lennon die Begriffe »imagine«, »jealous guy«, »live«, »working class hero« und »woman«. Unter den Kanalergebnissen, also den Seiten, die in einem besonderen Layout alle Profilinformationen, Videos und Favoriten eines Users enthalten, führt der Oberbegriff »John Lennon Rare Videos« die Liste an. Der Besucher wird zum YouTube-User Simps7219 weitergeleitet. Dort befindet sich tatsächlich eine Fundgrube an Kurzfilmen über den Star, unter anderem ein Video-Gruß aus einem Wohnzimmer, in dem John für »Mrs Lennon« und ihre Eltern das später auf »Double Fantasy« veröffentlichte »Dear Yoko« singt. Live-Aufnahmen von Yoko, John und Frank Zappa oder von John, wie er während der »Let-It-Be«-Session ironisch die Rolling Stones als Gastgeber ankündigt und das nicht nur sprechend, sondern auch in Lennonscher Gebärdensprache für Stumme.

Auch ein selbstkomponierter Song von Simps7219 fehlt nicht. Dieser Fan meint es ernst, wird manchmal ein wenig pathetisch und weinerlich, heißt das Lied doch »The Day He Died (John Lennon Tribute)«. Der Kommentar lautet: »I dedicate this song I wrote to the most important singer songwriter that ever lived. Almost all popular music you have heared in the past 40 years has been recorded by musicians that were influenced by John Lennon. May he never be forgotten for what he gave us all.« Die Akkorde und der Sound erinnern an John Lennon, und doch ist kein bestimmter Song zu erkennen. Der Text erzählt von der Reaktion auf den Tod des Musikers, von seinen Verdiensten und davon, wie sehr »wir dich vermissen«.

Eine Rarität ist das Interview eines Sportreporters von 1975, abends im Stadion während eines Football-Spiels aufgenommen. John Lennon erklärt die Unterschiede zwischen Fußball, Baseball, Rugby und American Football. Auf die plötzliche Frage, ob die Beatles sich wiedervereinigen, antwortet er ziemlich zuversichtlich, er habe Kontakt zu allen und sei von der Atmosphäre im Stadion sehr beeindruckt. Es sei eine tolle Vorstellung, dass statt Sport einmal Rockmusik vor dieser Kulisse stattfinden könnte.

Witzig ist das Interview mit Elliot Mintz am Strand zu »Mind Games«, in dem Lennon sämtliche Grundsatzfragen (»Was bedeutet Musik?«) geschickt umgeht oder abblockt. Viele weitere Video-Interviews und Zitatsammlungen erlauben erfahrenen Lennonisten wie »Anfängern«, die Weltsicht des Künstlers kurzweilig kennenzulernen. Als 1969 der TV-Journalist David Wigg den Musiker fragt, ob es keine Katastrophe gäbe, wenn ganz England so wie John und Yoko es fordern und vormachen, im Bett bliebe, antwortet dieser mit »Imagine...« Wigg solle sich einmal vorstellen, was geschähe, wenn die ganze US-Armee eine Woche im Bett bliebe. Es sind dies die als naiv belächelten Visionen des Musikers, die er live doch so überzeugend präsentiert.

Die auf Rock- und Popmusik-DVDs spezialisierte Firma Wienerworld hat 2009 bisher verschollen geglaubtes Filmmaterial, unter anderem ein Interview, das John Lennon dem französischen Fernsehen 1975 gab, auf DVD veröffentlicht »Beatles – Rare and Unseen«. Ausschnitte davon sind im Internet zu sehen, was einmal mehr die Problematik bei YouTube bezüglich des Copyrights und der Exklusivität des Materials zeigt. Kurz vor Lektoratsschluss dieses Buches ist die DVD erschienen. Sie lässt gestalterisch und in der Komposition des Materials viel zu wünschen übrig, zeigt jedoch unter anderem das von ATV Television produzierte Porträt »Man of The Decade« mit Desmond Morris als Moderator. Es wurde am 30. Dezember 1969 gesendet und zeigt in voller Länge das Interview mit John und Yoko, die in Tittenhurst Park spazieren. Und nirgends bekommt man einen besseren Einblick in das Kunstverständnis des Stars Ende der 1960er Jahre, als in der hier ganz gezeigten »Frost-On-Saturday«-Show, worin John und Yoko in David Frosts Live-Show am 24. August 1968 ausführlich Auskunft über ihre Performances geben und gleich eine mit dem anwesenden Publikum durchführen.

Ein besonderes Merkmal von YouTube-Usern besteht darin, vorhandenes Material zu mixen und zu samplen. Da die Vorlagen dazu oft vergriffen sind, handelt es sich nicht nur um Neuschöpfungen, sondern auch um Raritäten. Dies gilt besonders für das Video »John Lennon ›Luck Of The Irish‹ – Rare Marijuana Home Video«, worin John und Yoko den Song proben und zwischendurch einen Joint rauchen. Man braucht also nicht auf die privaten Filme von Yoko Onos erstem Ehemann Tony Cox zu warten, deren Veröffentlichung von ihr immer noch blockiert wird, weil darin viele verfängliche Szenen aus der Tittenhurst-Zeit zu sehen sein sollen.

Manchmal liefert auch die Kommentarfunktion auf YouTube wertvolle Informationen, wie sie in keiner Biographie zu lesen sind. Beispielsweise beim Clip »John Lennon interviews a ›drug addict‹!«, eingestellt von Heeter71 (mit den Suchbegriffen »lennon aronowitz« zu finden), der den albernden Musiker im Zug nach Washington am 11. Februar 1964 zeigt. Er mimt einen Journalisten und fragt Al Aronowitz, der Mann, der die Beatles mit Bob Dylan bekannt machte, ob und seit wann er drogensüchtig sei. Ohne die Zusatzinformationen wäre das Gespräch zwischen John Lennon und dem Journalisten Al Aronowitz wenig aussagekräftig. Dank des Kommentars erfährt man aber en passant auch von der ja schon legendären Großzügigkeit George Harrisons. Als Aronowitz' Frau an Krebs erkrankte und sich die Schulden häuften, weil das Paar nicht krankenversichert war, »lieh« der Beatle ihnen sehr viel Geld und forderte es nie zurück. Vielen anderen Freunden hat Harrison auf ähnliche Weise geholfen.

YouTube-User Videovaults zeigt den Auftritt des prominentesten Pilzkopfs als Türsteher eines angesagten Herrenclubs in Peter Cooks und Dudley Moores Comedy Show »Not Only ... But Also«. Der Club befindet sich allerdings in einer unterirdischen Herrentoilette in Soho. Der Film entstand an einem Sonntagmorgen im November 1966. Andernorts auf YouTube darf auch gelacht werden:»John Lennon Singing Lady Marmalade« oder der Beatle bei den »Let-It-Be«-Sessions: Er »dekliniert« den Song weiter:»Let it c, let it d, e, f…«, das ganze Alphabet durch. Oder John, der wild zu »Dig It« gestikuliert, neben ihm eine verlegene Yoko, als wollte sie sagen: Lass diese Kindereien. Aber John spielt weiter den Clown, will sich verstecken, beugt sich weg, kehrt zurück, lacht und starrt dann ernst, lange und reglos in die Linse.

Seine Selbstdarstellung vor laufender Kamera ist über die Jahre hinweg immer wieder von hoher Intensität, als wolle er sichergehen, dass die Hinterbliebenen im Falle eines Falles genügend lustige Erinnerungen an ihn wachhalten können. Eine herausragende neunminütige Zusammenstellung hat Todonn1 unter dem Titel »The Comedy of John Lennon« besorgt. Sehenswert sind auch etliche Slideshows, beispielsweise die fünf Millionen Mal angeklickte von Sevio zu »Jealous Guy«, die dank der musikalisch-optischen Kombinationen beim Betrachter neue Assoziationen weckt.

Leider lässt die Qualität der Bilder im Allgemeinen oft zu wünschen übrig, aber die Tatsache, dass man viele davon hier zum ersten Mal sieht, zeigt, wie attraktiv YouTube auch für Lennonisten sein kann. Und wie von selbst setzt der YouTube-Assoziationseffekt ein, denn rechts eröffnet die Rubrik »Ähnliche Videos« viele neue Fundstellen.»The Beatles In India – Super rare John Lennon Demo« verspricht nicht zu viel: der Star trällert ein hübsches Liedchen über Indien.

Indien, führ mich zu deinem Herzen. Zeige mir deine antiken Mysterien. Ich suche nach einer Antwort, aber irgendwo tief innen weiß ich, dass ich hier nichts Neues finde. Indien, ich sitze hier so geduldig zu deinen Füßen. Am Fluss warte ich, denn mein Herz habe ich in England bei meinem Mädchen zurückgelassen. Ich will meinem Herzen folgen, egal, wohin es mich führt.

Das Lied hat Lennon nicht in Indien geschrieben, sondern in den späten 1970ern für ein Musical über sich und Yoko, das dann nicht zustande kam. Die Audioslide-Show zeigt Bilder über den Indienaufenthalt der Fab Four und ihrer Gefährtinnen, die nicht einmal im umfangreichen Coffee Table Book von Paul Saltzman»Die Beatles in Indien« enthalten sind; überraschende Schnappschüsse, die den Feriencharakter des Aufenthalts im Ashram noch verstärken.

Es gäbe jetzt die Möglichkeit, entweder einen Schritt zurückzugehen, um die verheißungsvolle Rubrik »Ähnliche Videos« durchzuklicken, oder die neu eingestellten zu »India« anzuschauen. Dort findet sich an oberster Stelle unter dem Titel »John Lennon – Memories – Best Version and Quality Restored!!!« ein selten zitiertes Statement zu seiner Hamburger Zeit und danach das anderweitig kaum auffindbare Piano-Demo von »Memories«, einer frühen Version von »Grow Old With Me«, garniert mit seltenen Fotos, unter anderem eines von Paul mit der schwangeren Linda und daneben John und Yoko. Letztere mit einem grünen Seidentuch, das sie um die Stirn gewickelt hat. Den rechten Zeigefinger hat Yoko im Mund und blickt ausdruckslos in die Richtung, die Paul hochkonzentriert und mit ausgestrecktem Arm anzeigt. Linda hält ihre Linke schützend an ihren Bauch und wirkt irritiert.

Setzt man eine durchschnittliche Länge von fünf Minuten pro Lennon-Video an, müsste man sich ein ganzes Jahr lang ununterbrochen Tag und Nacht durch die Plattform klicken, um alle Lennon-Videos zu sehen. Sehr viel länger dauert es, wenn man hin und wieder die Kommentare und Wortgefechte der Betrachter liest. Beliebtes Thema 2009: War John Lennon schwul? Leser X wirft ihm Homophobie vor, Leser Y erinnert an seine Freundschaft und Zusammenarbeit mit David Bowie und Elton John, Leser Z weist auf Lennons inzestuöse Beziehung zur Mutter und auf den Spanienurlaub mit Brian Epstein hin, während dem »es« bestimmt passiert sei. So findet sich die gesamte Bandbreite der Spekulationen – oftmals witzig, manchmal bösartig – in den Betrachtermeinungen, auch das eine Eigenart des Internets, wo usergenerierter Content stetig zunimmt und Beachtung findet.

Aufgrund der Ausdrucksweise bei Kommentaren zu Lennon-Clips darf vermutet werden, dass auch ältere Semester sich durch die Raritäten klicken. Aber natürlich sind Jugendliche bei den YouTube-Videos besonders stark vertreten, unter anderem verschiedene Schulen, die nach dem berühmtesten Bürger Liverpools benannt wurden, einzelne Schüler, die ihre Facharbeiten über John Lennon in Videoform vorstellen oder der in New York City beheimatete »John Lennon Educational Tour Bus«: Von der Wahlstadt des Stars aus fährt er durch die USA, um Nachwuchsmusikern wie auch etablierten Künstlern die Möglichkeit zu geben, mit bestem technischen Equipment eigene Stücke aufzunehmen. Diese Talentförderung unter John Lennons Patronat hat zu vielen Videos und tollen neuen Songs geführt.

Viele YouTube-User spielen mit den technischen Möglichkeiten, die Soundqualität von Bootlegs zu verbessern (oder zumindest zu verändern). Ein Künstler in dieser Hinsicht ist Faydajova, der Beatles-, Harrison- und viele Lennon-Nummern akustisch poliert. »My Baby Left Me«, »Gone, Gone, Gone« (»Well That Must Be My Gal«) unter anderem stammen aus einer »Let-It-Be«-Session und wären es wert, gemeinsam mit anderen raren Rock'n'Roll-Songs der Beatles dereinst offiziell veröffentlicht zu werden. Zu finden ist hier auch eine aufbereitete Aufnahme von »She Is A Friend Of Dorothy« mit John Lennon solo am Klavier – auch für viele Lennonisten ein Novum – Melodie und Gesang alles echt und doch nie davor gehört. Bei Faydajova und anderen ist auch »Child Of Nature« zu finden, das er in Indien geschrieben und mit George Harrison in dessen Haus 1968 aufgenommen hat. Die Melodie entspricht exakt »Jealous Guy«, doch der Text erzählt von Rishikesh, vom Traum, ein Kind der Natur zu sein, und von Genügsamkeit, und es ist ein schönes und unbekanntes Liebeslied. Weitere Kostbarkeiten, teilweise undatierte Lieder, rezitierte Gedichte und variantenreiche Live- oder Demo-Versionen sind ebenfalls zuhauf vorhanden: »My Life«, »Love«, »Mirror Mirror (On The Wall)«, »Say It Again (You Are Here)«, »J-9 Melody«, »I Watch Your Face«, »Whatever Happened To…«, »When A Boy Meets A Girl«, »He Got The Blues«, »You Saved My Soul«, »Illusions (Not For Love Nor Money)«, »One Of The Boys«, »Gotta Get Me Shoeshine«, »I Sat Belonely« oder »Nobody Told Me«, Letzteres als Zeugnis davon, dass ein Singer-Songwriter wie John Lennon manchmal Schwerstarbeit leistet von der ersten Idee bis zum fertigen Lied. Als Ergänzung zu den Beispielen auf »John Lennon Anthology« finden sich hier etliche weitere Heimaufnahmen, köstlich unter anderem John Lennon auf Roy Orbisons Spuren »Only The Lonely« singend.

Es fehlt auch nicht an exotischen und esoterischen Aufnahmen, die nur selten gesendet wurden und nie auf DVD erscheinen werden. Zwei New Yorker TV-Journalisten machten sich in New York auf die Suche nach Johns Geist. Die mehrteilige Sendung heißt »A Meeting With John Lennons Spirit«. Die Journalisten befragen Zeitzeugen, darunter den italienischen Besitzer des Cafés La Fortuna Vincent Urwand (das La Fortuna war Johns und Yokos Stammlokal) oder den zeitweiligen Plastic-Ono-Band-Bassisten Tom Doyle. Und am Ende stellen sie allen die gleiche Frage: Ist Johns Geist noch hier in NYC und wo könnte er genau sein? Der Barmann spürt ihn täglich in seinem Lokal. Doyle sagt, man fände ihn in jedem Musiker, der einen Beatles-Titel spielt.

Mit der Ausstellung »White Feather – The Spirit of Lennon« 2009 in Liverpool kurbeln Cynthia und Julian den Jenseitskult weiter an. John Lennon soll seinem Erstgeborenen Ende der 1970er Jahre gesagt haben, im Falle seines Todes würde er ihm in Form einer weißen Feder ein Zeichen geben, dass es ihm gutgehe. Solche Zeichen haben die Angehörigen inzwischen mehrere bekommen – weiße Federn sind ja auch keine Seltenheit – sogar die drei Ex-Beatles wurden von weißem Geflügel bei ihren Aufnahmen zu den posthumen John-Songs »Free As A Bird« und »Real Love« überrascht. Videos dieser Art sind unter Überschriften wie »John Lennon – Beyond the Grave?« zu finden.

YouTube ist auch eine Plattform für Verschwörungstheorien aller Art. Der Film »CIA Killed off John Lennon remix« behauptet, Mark David Chapman sei gesteuert worden – »mind control« – sagt er doch selbst, jemand anders habe ihn gedrängt. Unterlegt wird der Film mit dem Song »Mind Games«, und er zieht Parallelen zum Attentat vom 11. September 2001 auf das World Trade Center.

Sehenswert sind Lennons Lesungen aus seinen Büchern bei BBC Tonight und das jeweils anschließende Interview. Auf die Frage, ob er einmal einen Roman schreiben wolle, erwidert er zweifelnd: Das längste Prosastück, das er je geschrieben habe, umfasse nur sechs Seiten. Zum ersten Buch »In His Own Write« ist eine Interpretation durch Paul und Ringo zu sehen, später rezitiert John vor Publikum.

Ein besonders aktuelles Beispiel für seine virtuelle Präsenz betrifft eine Charity-Aktion. Der alberne Satz »John lebt!« verliert damit ein wenig von seiner Widersprüchlichkeit: »One Laptop Per Child« (OLPC) heißt eine von Yoko Ono geförderte Initiative. Unter dem Motto »Give a laptop. Change the world« bittet die Nonprofit-Organisation um Spenden, damit Kinder in armen Regionen die Möglichkeit bekommen, auf digitalem Weg zu lernen. Der OLPC-Mitbegründer und Online-Guru Nicholas Negroponte hat die Auswirkungen des Laptops auf Kinder 2002 untersucht, wenig später wurde OLPC ins Leben gerufen. Negroponte weist darauf hin, dass es sich um eine besondere pädagogische Maßnahme der Entwicklungshilfe handelt. Monatlich werden seither vor allem XO Laptops an Kinder in aller Welt verschenkt, zuletzt im Dezember 2009 nach Sri Lanka und Uruguay. Yoko gab die Genehmigung, John als Befürworter dieser Initiative des 21. Jahrhunderts sprechen zu lassen. Entstanden ist dank raffinierter Technik ein Video, in dem seine Stimme vollkommen authentisch zu den Zuschauern spricht. »Stell dir vor, jedes Kind dieser Welt – egal wo – hat Zugang zum universellen Wissen. Es hätte die Chance, zu lernen, zu träumen und alles zu erreichen, was möglich ist. Ich versuchte das mit meiner Musik zu tun. Aber jetzt kannst du es auf ganz andere Art tun. Du kannst einem Kind einen Laptop geben und« – hier kommt John selbst ins Bild und sagt lippensynchron – »more than imagine – you can change the world«. Unterlegt ist der Spot mit Klavierklängen, die an »Imagine« erinnern. Die Illusion ist perfekt: John Lennon spricht 2010 im Internet und fordert uns auf, hier und heute etwas Gutes zu tun, einen Laptop zu schenken, ein Gerät, von dessen Existenz an seinem Todestag noch niemand etwas ahnen konnte.

Ja, John Lennon ist im digitalen Zeitalter angekommen – nicht nur für Nostalgiker, sondern auch für Visionäre. Hätte er nicht selbst zeitlose Ideale mit vorausschauenden Aktionen verbunden, wäre er heute – wie so viele seiner früh verstorbenen rockenden Zeitgenossen – nicht in dieser vitalen Art im Internet präsent. Aber auch in der analogen Welt bleibt Lennon allgegenwärtig. Im Mai 2009 spielten die Glocken der anglikanischen Kathedrale von Liverpool die »Imagine«-Melodie und begannen mit der ersten Zeile, ›Stell dir vor, es gibt kein Paradies‹. Sofort entstanden Kontroversen darüber, ob Kirchen diesen Song, der Religionen verneint, auf diese Weise repräsentieren sollen. Die Vertreter der Liverpooler Kathedrale betonten die große Bedeutung und Wirkung des Appells für den Frieden in diesem Lied. Das bedeute nicht, dass sie Wort für Wort konform mit dem Inhalt gehen, aber sie weichen Debatten nicht aus. Und unterstützen John Lennons Friedensbotschaft. Mehrere Videos und Meinungsäußerungen dazu finden sich unter den Stichworten »Liverpool Cathedral, Bells, Lennon, Imagine«.

»Gone From This Place« ist eine besondere Trouvaille: Das Stück befindet sich nicht auf der »John Lennon Anthology« und ist im Sommer oder Herbst 1980 entstanden. Es wäre für das Album nach »Milk And Honey« vorgesehen gewesen. Es existieren vier Takes. Der ausführlichste Text lautet: *Mama und Papa sagten mir, verlass nicht diesen Ort. Geh nicht weg von hier. Aber ich gebe mich nicht zufrieden, bis ich fort bin, bis ich nicht mehr hier an diesem Platz bin. Ah, ich will nicht sterben ... Oh, wie sie die anderen verzaubert, wie sie den magischen Kreis um sie zieht ... Ah, ich will nicht sterben.* Und das kurz vor seiner Ermordung. John hat oft vom Tod gesungen. Aber so?

Mehrere Leute haben die vier verschiedenen Versionen von »Gone From This Place« gepostet und Mslaerik spricht im Kommentar die gemeinsamen Gedanken am deutlichsten aus: »Gone from this place – it's almost like he knows something – John is gone from this place but not forgotten. (...)«

Oder sind hier Scharlatane am Werk? So wie damals, als Paul McCartney barfuß auf dem Abbey-Road-Cover über den Fußgängerstreifen ging und »IF 28« auf dem Nummernschild des Käfers zu lesen war? Worauf die Beatles-Forscher vermuteten, das bedeute, falls John 28 Jahre alt geworden wäre, also müsse er tot sein? Inszenierung zwecks Legendenbildung? Falls dem so ist, müssten die Urheber aus dem vertrauten LennOno-Kreis selbst stammen. Dieser Grad an Authentizität lässt sich künstlich kaum herstellen. Und so nimmt die Beschäftigung mit John Lennon kein Ende. Wohin man blickt: Kleine und große Rätsel bilden Cliffhanger, bei denen künftige Lennonisten ansetzen können.

Es gibt nicht *die Wahrheit* über John Lennon, es gibt nicht *die Biographie* über ihn. Dazu ist der Charakter des Beatles-Gründers zu komplex. Jeder Historiker projiziert in sein Leben und Werk eigene Gedanken. Entsprechend unterschiedlich sind die Interpretationen der Bilder, der Bücher, der Filme, Interviews, der Performances, der Reden und seiner Songs. Es gibt keine endgültigen Erkenntnisse über den Mann mit der Nickelbrille. Es gibt nur Annäherungen.

Der Grund dafür ist auch die Vielfalt der (Ton-)Dokumente, die er hinterlassen hat. Die Produzenten der Beatles-

Anthology konnten ihn Mitte der 1990er Jahre nicht mehr befragen. Am Anfang machten sie sich Sorgen, dass sie zwar George, Paul und Ringo interviewen konnten, John dabei aber zu kurz kommen könnte. Doch beim Erstellen des Scripts und beim Sichten des Materials stellten sie fest, dass sie zu jedem Thema, das sie behandeln wollten, vor der Qual der Wahl standen, für welche Äußerungen John Lennons sie sich entscheiden sollten.

John Lennon war gesprächig. Was er aber gestern gesagt hat, muss heute nicht mehr gelten. In vielen Bereichen widerspricht er sich, je nachdem, wann und in welchem Kontext er sich worüber unterhält. Das erlaubt den Exegeten, jene Äußerungen zu gewichten, die in ihre Lennon-Vorstellungen passen, was zu oft überraschenden Bildern führt.

In verschiedensten Zusammenhängen taucht immer wieder die Jesus-Elvis-Schlagzeile auf:»John Lennon lebt!« Leider ist John Lennon definitiv tot. Aber seine Musik, sein Werk und sein Geist leben weiter. 14 Jahre nach seinem Tod – 1994 – hatte er einen internationalen Top-Ten-Erfolg mit seinem bis dahin unveröffentlichten Song»Free As A Bird«. Yoko Ono gab den anderen drei Ex-Beatles eine Kassette mit zwei Liedern, die ihr Mann zu Hause aufgenommen, aber nie weiter bearbeitet hatte. Die verbliebenen Beatles stellten sich nun vor, das Band 1995 vom quicklebendigen Freund bekommen zu haben, der im Urlaub weilte, mit der Notiz: »Macht das bitte für mich fertig.« Eine Situation, die sich in Beatles-Zeiten so ähnlich ereignen konnte. Die drei gingen ins Studio und vervollständigten das Demo-Band, worauf es ein Welthit wurde.

Es ist rührend, die Fab Three über diese Zeit im Studio reden zu hören. Der Song war ein Fragment in schlechtem Zustand. Sie mussten Verse ergänzen, auch Melodien, und ihn zudem technisch bearbeiten. Johns Stimme im Raum, sein Lied in der Studioluft von Pauls modernen Aufnahmeräumen. Das Experiment gelang. Wie die Songs auf»Double Fantasy« und »Milk And Honey« thematisiert »Free As A Bird« das angenehme Gefühl, als Hausmann den Zwängen der Musikindustrie und des Ruhmes entkommen zu sein. Frei sein mit Frau und Sohn. Unerkannt – oder zumindest unbelästigt – in New York spazieren gehen.

Die Fab Three beteuern, dass sie sich beim Vervollständigen des Songs bemüht haben, Johns Andenken würdig zu bewahren und seine Intentionen zu respektieren. Es besteht kein Zweifel, dass ihnen das musikalisch gelungen ist. Was den Text betrifft, hat Paul mit seinen Ergänzungen allerdings eine Richtung eingeschlagen, die so vermutlich nicht von John beabsichtigt war. Für den Mittelteil hatte John Lennon erst eine Frage in zwei Versen formuliert: *Whatever happened to / the life that we once knew?* Im Kontext kann das am ehesten als Anspielung auf das von ihm als erniedrigend empfundene Leben in Beatles-Zeiten interpretiert werden. Aber so, wie Paul McCartney den Satz fortgeführt hat, bekommt der Gedanke einen anderen Sinn. McCartney hat sich nie so negativ über die Fab-Four-Ära geäußert wie sein Freund. Bei Paul klingt die Vervollständigung des Songs eher nostalgisch, also Johns Absicht entgegengesetzt, der ja mehrfach die Beatles-Zeit als entwürdigend beschrieben hat.

Ein Jahr später erschien »Real Love«, der allerdings von John durchkomponiert und durchgetextet war, so dass Paul sich nicht mehr wie in Beatles-Zeiten einbringen konnte. Auch »Real Love« stürmte die Charts. Paul McCartney muss sich unbeobachtet gefühlt haben, als er den Refrain auf das Mischpult gestützt mitsingt und dabei gefilmt wird. Er ist in dem Moment bei dem verstorbenen Freund: Nostalgie, Sehnsucht, Trauer. Aber was unterscheidet sein so vertrautes Gesicht von dem anderer, weniger bekannter Weggefährten? Das Publikum hat sich an die Physiognomien der Fab Four gewöhnt, ist mit ihnen gealtert. Nun gibt es zahlreiche Filmaufnahmen von Interviews mit den Quarrymen-Mitgliedern, die fast zur selben Zeit entstanden sind. Markige Liverpooler Gesichter; vor 50 Jahren waren sie zusammen, alle mit mehr oder weniger denselben An- und Aussichten, einander irgendwie ähnlich. Jetzt gibt es einen deutlichen Unterschied, wenn sie vor der Kamera sprechen und es dem Zuschauer kurz gelingt, den Werdegang der einen nicht von dem der anderen zu trennen. Ich schaue auf einen Quarryman und stelle mir vor, er ist ein Beatle. Und doch bleibt am Ende immer eine Differenz: die Aura, die um die Beatles im Laufe der Jahrzehnte entstanden ist. Erfolg verändert die Menschen. Und erfolgreiche Menschen verändern manchmal die Welt hin zum Guten.

Beispielsweise im Dezember 2009 auf der Weltklimakonferenz in Kopenhagen. Demonstranten organisieren ein Bed-in vor dem großen Plenarsaal. Als die Delegierten das Gebäude verlassen, werden sie von Klima-Aktivisten empfangen, die auf Kissen und in Pyjamas die Melodie von »Give Peace A Chance« mit Variationen singen: »All we are saying is give youth a chance. All we are saying is cut greenhouse gas.« Sie halten entsprechende Transparente hoch, wie einst John und Yoko, die ihre Botschaften in Amsterdam an die Fenster geklebt hatten, und geben den Journalisten Interviews von ihren Freiluftbetten aus.

John Lennons Idealismus, seine Überzeugungen, seine suggestive Kraft, an das Gute zu glauben, strahlen stark in die Gegenwart hinein und werden weiterhin die Menschen immer dann ermutigen, wenn es um humanitäre Hilfe und den Kampf gegen Profitgier, Krieg und Establishment geht. Sein gekonntes Spiel mit den Medien, ja, seine Instrumentalisierung der Multiplikatoren für den guten Zweck wurden von Anfang an nachgeahmt: Sein Einfallsreichtum, wenn es darum ging, seinen Status als Star für den Frieden und die humanitäre Hilfe einzusetzen, gab George Harrison die Idee zum »Concert For Bangladesh«, die erste einer Reihe von Wohltätigkeitsveranstaltungen von Rockstars und direktes Vorbild für die »Live-Aid«-Veranstaltungen.

Mit Toten kommuniziert man für gewöhnlich nicht. Vor allem wenn sie vor Jahrzehnten gestorben sind, lässt die Auseinandersetzung mit ihnen nach, auch wenn es sich zu ihrer Zeit um kontroverse Persönlichkeiten gehandelt hat. Es ist wohl kein Zufall, dass ausgerechnet das Oberhaupt der katholischen Kirche sich noch mit John Lennon auseinandersetzt. Ein Jahr vor der Weltklimakonferenz in Kopenhagen und exakt 40 Jahre nach der Veröffentlichung des »White Album« verzeiht der Vatikan John Lennon offiziell seine folgenreiche Bemerkung von 1966: »Das Christentum wird verschwinden. Darüber brauche ich nichts zu sagen. Ich habe recht, und es wird sich zeigen, dass ich recht habe. Im Moment sind wir beliebter als Jesus Christus.« 42 Jahre später verkündet die Vatikanzeitung »L'Osservatore Romano« die päpstliche Vergebung unter der Schlagzeile: »Die weiße Revolution der Viererband«. Zwei Artikel beschäftigen sich ausführlich mit den Beatles, woraufhin Nachrichtendienste weltweit melden: »Der Vatikan vergibt John Lennon«. Nach Aufzählung der Sünden von John, Paul, George und Ringo und insbesondere des Jesus-Vergleichs, schwärmt die Kirchenzeitung: »Hört man ihre Musik, erscheint all das weit entfernt und bedeutungslos. Ihre wundervollen Melodien, die die Popmusik für immer verändert haben, schenken uns immer noch Gefühle, sie leben weiter und sind wertvolle Juwelen.« Nach so vielen Jahren scheine es so, als sei die Bemerkung Johns damals »nur der Übermut eines Jugendlichen der englischen Arbeiterklasse« gewesen, der »ganz offensichtlich überwältigt war von einem unerwarteten Erfolg«. Die Vatikanzeitung lobt zudem die Songs der Beatles, sie hätten Generationen von Musikern inspiriert und würden die Zeiten überdauern.

Wie besänftigend legt sich doch die Gnade der vorbeiziehenden Jahre über den Zorn John Lennons, der nach dem ganzen Rummel wegen seiner Äußerung verärgert war über das Unverständnis der Medien und vor allem der Fans in den USA. Drohungen des Ku-Klux-Klans (»Es ist nichts als Gotteslästerung, und wir werden es durch Terror beenden«) hatten dazu beigetragen, dass die Beatles nicht mehr live auftreten wollten. Als bei ihrem letzten Bühnenauftritt 1966 im Candlestick Park in den USA ein Feuerwerkskörper explodiert, zucken die vier auf der Bühne zusammen und sehen sich irritiert um, weil sie glauben, ein Schuss sei gefallen. Für Sekundenbruchteile wird dort das Attentat von 1980 vorweggenommen. »Irgendwann kommt jemand und knipst mich aus«, sagt John Lennon nach dieser Erfahrung.

Manchmal kamen mir bei der Arbeit an diesem Buch, an dieser sehr persönlich gefärbten Lennonology, die nur einen kleinen Einblick in das reiche Leben dieses Pop-Genies bieten kann, ernste Zweifel, ob man John Lennon so ernst nehmen soll, wie ich das tue. Pop-Genie? Sicher, in einigen Bereichen versteht er keinen Spaß: seine Kindheit und Jugend, sein Größenwahn, sein Kampf für Frieden und Gerechtigkeit, Emanzipation, Familie. Andererseits muss ich immer an die Art denken, wie sich die Fab Four im November 1963 der BBC vorstellten: »I'm Ringo and I play the drums«, »I'm Paul and I play... ähm... the bass«, »I'm George and I play the guitar«, »I'm John. I too play the guitar and sometimes I play the fool.« Paul war der ästhetisierte Verrückte auf dem Hügel, aber John war das Walross, der Spaßvogel, der wirklich Verrückte, und das oft auch im Sinn von Clown.

Er sorgte in aller Öffentlichkeit für Heiterkeit, wie bei seinem Juwelen-Spruch, der heute noch von Popstars kopiert wird. Aber auch in intimen, ja unangenehmen Momenten verliert Lennon nicht seinen Humor. Als Londons Polizei am 19. Oktober 1968 die Mietwohnung am Montagu Square filzte, in der John und Yoko lebten und die davor das Drogenrefugium von Jimi Hendrix war, fand man trotz vorangegangener sorgfältigster Vorsichtsmaßnahmen 219 Gramm Haschisch. Obwohl unklar ist, ob das Überreste von Jimis Vorräten waren oder die Polizei sie selbst hineingeschmuggelt hatte, reagierte Lennon erleichtert, dass es nur so wenig war, und glaubte, dass die Geschichte schnell vom Tisch sein würde. Dementsprechend gut gelaunt war er wenige Stunden nach der Razzia auf dem Polizeirevier. Und als der Vorstandsvorsitzende von EMI ihn dort anrief und ein Beamter das Gespräch zu John durchstellte, meldete er sich mit »Sergeant Lennon«. Doch dieser Bagatellfall sollte ihn noch bis Mitte der 1970er Jahre ärgern.

Es gibt unzählige Beispiele für Lennons Humor, auch philosophischer Art. Als beispielsweise während des Indienaufenthalts ein Helikopter in der Nähe des Meditationszentrums in Rishikesh landete und der Maharishi den Beatles anbot, mit ihm zu fliegen, allerdings habe es nur Platz für eine Person, meldete er sich sofort. Später fragte Paul seinen Freund, warum er so versessen darauf gewesen war, mit dem Maharishi in den Heli zu kommen, und John soll gesagt haben: »Um ehrlich zu sein: Ich dachte, du erklärst mir das«, was Paul witzig und »typisch John« findet. Typischer ist: »I thought, he might slip me the answer.« Also nicht Paul, sondern der Guru könnte ihm die Antwort geben, fliegend in der Luft, dem Himmel nahe, eine Erklärung zum Sinn des Lebens, die John Lennon ja auch beim Ganges am Fuße des Himalaya nicht fand. Allerdings gelang es ihm, philosophische Fragen in den Liedern zu thematisieren.

Lennon konnte problemlos in kürzester Zeit Songs von hoher Qualität schreiben. Wenn ein Titel für eine LP fehlte – ob rockig oder romantisch –, reichte ein Anruf und am nächsten Tag war das Problem behoben. Im Rückblick übte er Selbstkritik, was Fans für Meisterwerke hielten, putzte der Urheber selbst runter. So bezeichnete er 1980 sein wunderbares »And Your Bird Can Sing« auf »Revolver« als Schrott. Es mag hier das psychische Problem des Kindes eine Rolle spielen, das ständig auf der Suche nach Anerkennung und Zuneigung ist, aber sobald es die begehrten Gefühle bekommt, lehnt es sie und die Menschen, die ihm Gutes wollen, ab. Doch die (Selbst-)Kritik bezieht sich hier ganz konkret auf die Tätigkeit des Songschreibens, insbesondere während der drogengesättigten und bedeutungsschwangeren Zeit. War das immer hohe Poesie oder manchmal doch nur heiße Luft? Hermetische Lyrik mit viel Spielraum für Analysten? John Lennon ging nicht nur mit sich ins Gericht, er vermutete, dass auch manche Dylan-Songs poetisch verbrämtes Vakuum seien, gut genug, um die eine oder andere seltsame Assoziation auszulösen. Lennon fand, das könne er auch und habe es mit dem singenden Vogel exerziert: sieben Wunder und grüne Vögel als Symbole für nicht existierende phantastische Sphären in den Köpfen der ehrfurchtsvollen Hörer.

Lennons Fähigkeit zur Selbstkritik wird oft unterschätzt. Betont wird hingegen immer wieder sein Hang zum Größenwahn. Ringo Starr glaubt, während des Shea-Stadium-Konzerts in New York am 15. August 1965 einen Ausbruch davon bei seinem Freund beobachtet zu haben: »John schnappte über, er wurde regelrecht verrückt. Ich meine nicht geisteskrank, aber eben ausgeflippt. Wenn man sieht, wie er das Klavier mit den Ellbogen spielt...« Das war allerdings bei »I'm Down« eher eine Reverenz an den »Killer« Jerry Lee Lewis.

Beobachtet man das inzwischen hervorragend aufbereitete Filmmaterial dieses historischen Konzerts – niemals zuvor hat eine Popband vor so vielen (rund 55 000) so begeisterten Menschen gespielt –, gibt es eine andere Sequenz, die auffällt: John Lennon blickt nach »Baby's In Black« hinauf in den Himmel. Er lässt während der bis dahin größten Live-Show die Gitarre los und will den nächsten Titel ankündigen. Aber das Kreischen der Fans ist so laut, dass er die Ansage unterbricht und eher leise japanisch-spanisch klingendes Kauderwelsch spricht, das eine Art verhaltenes Fluchen und ein bisschen das Erstaunen über die unfassbare, weil für alle vollkommen neue Situation ausdrücken könnte. Mit diesem Konzert steht fest, dass die USA den vier Jungs aus Liverpool zu Füßen liegt. Dann kommt die seltsame Sequenz: John Lennon schaut hinauf in den New Yorker Sommernachtshimmel und breitet beide Arme aus. Dabei spricht er lachend zu jemandem dort oben und seine Mimik deutet an, er habe eine Antwort bekommen. Es ist nur eines seiner Späßchen, ein kleiner Tratsch mit dem »Chief Commander«, wie Bob Dylan sagen würde. Ringo Starr hingegen, der selbst betont, wie merkwürdig ihm dieser Gig vorgekommen ist, scheint den Leibhaftigen hinter sich zu spüren, denn genau im selben Moment dreht er mit einem gewaltigen Ruck den Oberkörper um 180 Grad, um hinter sich zu blicken.

Übermut und Skepsis, Höhenflüge und Depressionen wechseln einander ab. Der Junge aus Liverpool und der Weltbürger in New York wissen beide ganz genau, wie sie gestrickt sind. In einem Rückblick auf die Dynamik zwischen den Fab Four sagt John über George: »Vielleicht war es manchmal schwierig für George, weil Paul und ich solche Egomanen sind.« Vor allem in seinen letzten zehn Lebensjahren weiß er sehr gut über seinen Charakter Bescheid und ordnet seine Schwächen gleichberechtigt neben seinen Stärken ein, was auch in vielen Songs zum Ausdruck kommt, bis hin zum Lied »Crippled Inside«.

Wenn Superstars diese Welt verlassen, ist die Dramaturgie immer ähnlich: der Schock, die Trauer, der Abschied und später die Mythen. Man wird in John Lennons Liedtexten noch mehr Botschaften entdecken. Ob Marilyn Monroe, James Dean, Elvis Presley, George Harrison – sie alle sind unsterblich tot. Aber ist die Trauer um John Lennon nicht doch grundlegend anders? Mischen sich hier nicht auch Gewissensbisse mit der Bewunderung? Die Medienresonanz unmittelbar nach seinem Tod ist nur mit der nach dem Attentat auf John F. Kennedy vergleichbar. Die öffentliche Reaktion der Bevölkerung weltweit war noch größer. Unzählige spontane Kundgebungen zeigen Fans aller Generationen. John Lennon war ein Phänomen, das Anhänger über soziale Schichten hinweg hatte. Er war ein Mahner, der immer wieder an den Gerechtigkeitssinn seiner Fans appellierte. Seit dem 8. Dezember 1980 fehlt dieser Mahner, und es ist, als ob sein Name und seine Lieder auch noch posthum Gewissensbisse auslösen, dass die Hinterbliebenen zu wenig tun, um seine Forderungen zu erfüllen.

Jedes neue Buch, das John Lennon noch anders und noch besser erklären will, arbeitet im gleichen Augenblick an seiner weiteren Verklärung. Kaum sonst wo ist die Dialektik der Aufklärung, die in einen neuen Mythos umschlägt, in rätselhafte Faszination und von Musik beflügelter Legendenbildung, derart deutlich wie in diesem Fall.

Dem aufmerksamen Lennon-Fan wird aufgefallen sein, dass es zwar eine Pilgerstätte für die Rock-Legende gibt: »Strawberry Fields« unweit des Dakota Buildings im Central Park. Auf der Rosette liegen nicht nur am Geburts- und Todestag frische Blumen. Aber es fehlt ein Grab, er ist in keinem Friedhof der Welt beigesetzt. Das gilt übrigens auch für George Harrison. Es heißt, ein wenig von seiner Asche sei an verschiedenen seiner Lieblingsplätze verstreut worden. Johns Urne hingegen befinde sich laut Frederic Seaman unter Yokos Bett. Und so wundert es nicht, dass Gerüchte kursieren, dereinst würde ein testamentarisch vierfach vereinbartes Mausoleum errichtet, in dem die sterblichen Überreste von John, Paul, George und Ringo wiedervereint ruhen sollen.

Johns und Georges Reisen sind jedenfalls insofern nicht zu Ende, als sie uns immer wieder überraschen. Nicht mit Botschaften aus dem Jenseits, aber mit der reichen Hinterlassenschaft. Von den vieren hätte Sir Paul eine transzendentale Wiedervereinigung wohl am Nötigsten. Ja, »he made the angels come«, wie es auf »Let It Be« heißt, immerhin. Und Engel wissen, dass Musik auf der Welt ist, damit der Mensch sich tröste, dass er das Paradies auf Erden nicht sehen darf. Und es scheint nun fast so, als ob Paul wie ein singender Sisyphus dazu verdammt ist, von John getrennt immer wieder neue Lieder zu komponieren und Konzerte zu geben, um dafür zu sühnen, dass es ihm 1970 nicht gelungen ist, sich friedlich vom wichtigsten Menschen in seinem Leben zu trennen. Auch Ringo Starr trägt das Erbe weiter. 2010 erschien sein erstes von ihm selbst produziertes Album. John Lennon hat seine Freunde angefixt, und sie können – zum Glück – nicht aufhören. Trotzdem übertrifft er seine drei Ex-Beatles auch an seinem 70. Geburtstag in vielfacher Hinsicht. In der alljährlichen vom US-Magazin »Forbes« veröffentlichten »Dead-Celebrity«-Liste belegt er regelmäßig vordere Plätze und lässt viele lebende Kollegen vor Neid erblassen: Sein Nachlass bringt seinen Erben durch Einkünfte aus Werbung, Lizenzen und Plattenverkäufen jährlich viele Millionen US-Dollar ein.

John Lennon, der Lieder erfand, die uns im Innersten aufwühlen und unser Wesen erschüttern, wird von Alicia Keys im von Yoko Ono 2005 veröffentlichten Bestseller »Memories of John Lennon« (mit lesenswerten Beiträgen unter anderem von Joan Baez, Bono, James Brown, Ray Charles, John Fogerty, Peter Gabriel, Dennis Hopper, Jerry Lee Lewis, Nils Lofgren, Norman Mailer, Iggy Pop, Bonnie Raitt, Carlos Santana, Carly Simon oder Pete Townshend) so beschrieben:

»Ein Musiker, der die Seele berühren kann.
Einer, dem die Welt am Herzen lag.
Ein Mensch, der sich erhob!
Eine Stimme, die für den Teil von uns singt, der dringend
Fürsprache braucht.«

Und diese Stimme sagt einleitend zum Song »God« auf dem Album »John Lennon Acoustic«:

I had a message from above
And I'm here to tell you
That this message concerns our love
The angels must have sent me to deliver this to you
Now hear me, brothers and sisters.

Anhang

John Lennons Stammbaum

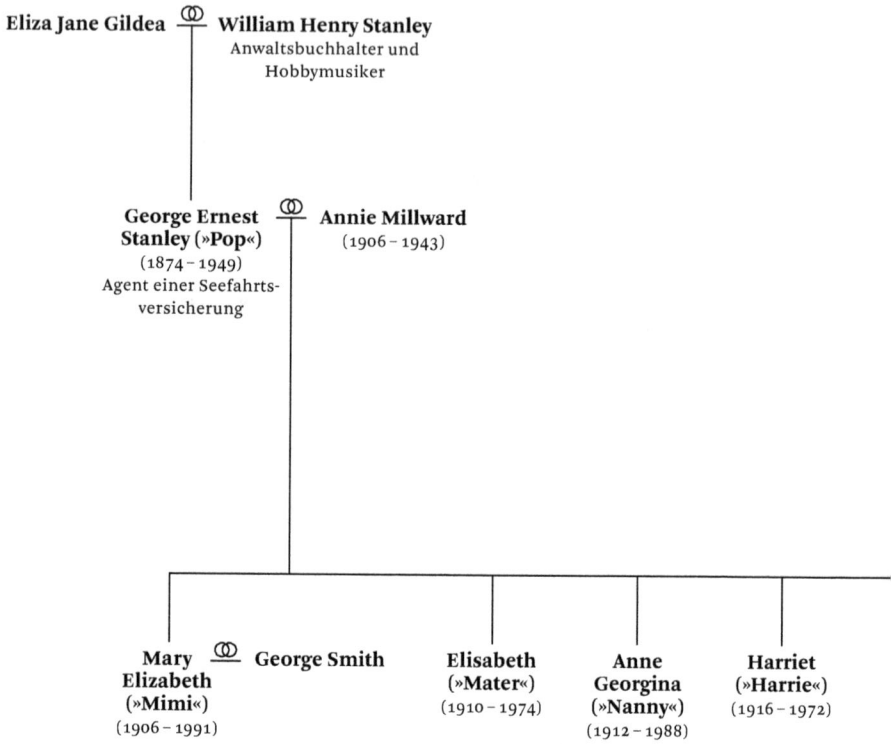

Eliza Jane Gildea ⚭ **William Henry Stanley**
Anwaltsbuchhalter und
Hobbymusiker

George Ernest Stanley (»Pop«) ⚭ **Annie Millward**
(1874 – 1949)
Agent einer Seefahrts-
versicherung
(1906 – 1943)

Mary Elizabeth (»Mimi«) ⚭ **George Smith**
(1906 – 1991)

Elisabeth (»Mater«)
(1910 – 1974)

Anne Georgina (»Nanny«)
(1912 – 1988)

Harriet (»Harrie«)
(1916 – 1972)

John Lennon ⚭ Elizabeth Morris
Schiffskoch

Mary Maguire ⚭ John Lennon
(»Polly«) («Jack«)
(1855–1917/1921)
Gründungsmitglied
der Minstrels

(Aus 1. Ehe)

Sydney Herbert George Edith Charles Mary

John Dykins — Julia (»Judy«) ⚭ Alfred Lennon
(»Bobby«) (1914–1958) (»Alf«)
(1918–1966) (1912–1976)

(Zur Adoption
freigegeben)

Jacqueline Julia Ingrid Maria John Winston ⚭ Cynthia Powell
(»Jacquie«) (1947) Pedersen Lennon 23.08.1962
(1949) (Victoria) (1940–1980) (gesch. 1968)
 (1945)

⚭ Yoko Ono
20.03.1968

John Charles Julian Sean Taro Ono
(08.04.1963) (09.10.1975)

Werdegang

26. Oktober 1855: Johns Großvater väterlicherseits, John Lennon senior, genannt Jack, wird in Dublin geboren und wächst in Liverpool auf. Er wandert mit seiner irischen Frau Mary Maguire nach Amerika aus und wird dort Gründungsmitglied der Musik-Gruppe The Kentucky Minstrels. Er arbeitet in den USA als professioneller Entertainer und als musikalisches Allroundtalent, bevor er nach Liverpool zurückkehrt und 57-jährig mit seiner Frau Mary den Sohn Alfred Lennon, Johns Vater, zeugt. »Jack Lennon konnte singen, tanzen und Banjo spielen. Er war beim Varieté erfolgreich.« (Julia Baird)

22. August 1874: George Ernest Stanley, der Vater von Johns Mutter, wird in Everton geboren. Nach vielen Jahren auf See arbeitet er erfolgreich in Liverpool als Versicherungsagent.

24. April 1906: Mary Elizabeth Stanley, spätere Smith, wird als älteste von fünf Töchtern in Liverpool geboren. In »Tante Mimis« Obhut verbringt John den größten Teil seiner Kindheit. Sie stirbt 85-jährig am 6. Dezember 1991 in einem Bungalow in der Stadt Poole an der Südküste Englands, den ihr John 1965 kauft, damit sie in Liverpool nicht länger von Fans belästigt wird. Gemäß der Haushälterin sollen Mimis letzte Worte gelautet haben: »Hello John!«

14. Dezember 1912: Johns Vater Alfred Lennon, genannt Alf, wird in Liverpool geboren. Mit 15 Jahren reißt er aus der Liverpooler Bluecoat School aus und schlägt sich mit Gelegenheitsjobs durch. Später fährt er viele Jahre als Handelsmatrose zur See.

12. März 1914: Johns Mutter Julia Stanley, die Tochter von George Stanley und Annie Millward, wird in Liverpool geboren. Sie ist auch die Mutter von Victoria Stanley sowie Jacqui und Julia Dykins.

August 1917: John Lennon senior stirbt mit 61 Jahren kurz nach seiner Frau Mary in Liverpool, wodurch ihre Söhne unter die Vormundschaft eines Waisenhauses in der Nähe der Penny Lane kommen.

18. Februar 1933: Yoko Ono wird in Tokyo geboren.

3. Dezember 1938: Julia Stanley und Alf Lennon heiraten auf dem Standesamt in Liverpool. Drei Tage später fährt Alf für drei Monate als Steward an Bord eines Handelsschiffes nach Westindien.

10. September 1939: Cynthia Powell wird in Blackpool geboren.

7. Juli 1940: Richard Starkey (Ringo Starr) wird in Liverpool geboren.

9. Oktober 1940: John Winston Lennon wird an einem »Ruhetag« zwischen zwei Angriffen der Deutschen auf Liverpool als Sohn von Julia und Alfred Lennon um sieben Uhr morgens im Maternity-Krankenhaus geboren. Zu diesem Zeitpunkt befindet sich sein Vater auf See. John bleibt das einzige Kind aus der Ehe von Julia und Alf.

18. Juni 1942: James Paul McCartney wird in Liverpool geboren.

25. Februar 1943: George Harold Harrison wird in Liverpool geboren.

19. Juni 1945: Julia Lennon bringt das uneheliche Kind Victoria zur Welt, das sofort nach der Geburt zur Adoption freigegeben wird.

September 1945: John kommt in die Dovedale Primary School, die ganz in der Nähe des Hauses Mendips seiner Tante Mimi in der Menlove Avenue 251 im Stadtteil Woolton liegt.

1946: Julia beendet die Beziehung zu Alf und liiert sich mit dem Barmann John Albert Dykins. Ihren Sohn John gibt sie in die Obhut ihrer älteren Schwester Mary Elizabeth Stanley Smith und deren Mann, dem Farmer George Smith. Im Juli taucht Alf Lennon bei Tante Mimi auf und überredet sie, ihm John für eine Ferienreise nach Blackpool zu überlassen. Er plant, mit seinem Sohn nach Neuseeland auszuwandern. Nach einer für John dramatischen Situation, in der er sich zwischen Vater und Mutter entscheiden soll, bringt Julia ihn zurück nach Liverpool.

5. März 1947: Johns Halbschwester Julia Dykins, die spätere Julia Baird, wird in Liverpool geboren.

September 1952: John geht auf die Quarry Bank High School für Jungen.

5. Juni 1955: Johns Ziehvater und Tante Mimis Ehemann George Smith stirbt zu Hause überraschend an einer nicht erkannten Leberinfektion.

1956: Johns Mutter kauft ihm seine erste Gitarre, eine rote Gallotone Champion. Mit 16 Jahren gründet John im März die nach seiner Schule benannte Skiffle Band The Quarrymen. Im September verlässt er ohne Abschluss die Quarry Bank High School, darf sich aber dank einer Empfehlung des Rektors an der Kunstschule Liverpool Art College einschreiben, wo er Cynthia Powell kennenlernt.

6. Juli 1957: John spielt mit den Quarrymen beim Kirchenfest von St. Peter im Stadtteil Woolton und lernt Paul McCartney kennen, der wenige

Tage später den Quarrymen beitritt (nach manchen Quellen fand das erste Treffen schon am 15. Juni 1956 statt).

6. Februar 1958: Paul macht John mit seinem Freund und Gitarristen George bekannt, der 15-jährig den Quarrymen beitritt.

15. Juli 1958: Johns Mutter Julia Lennon wird vor Mimis Haus von einem angetrunkenen Polizisten außer Dienst angefahren und tödlich verletzt. Sie wird im Allerton Friedhof ohne Grabstein beerdigt. Julia Baird hofft, dass sich das bald ändert.

Dezember 1958: John und Paul treten einige Male unter dem Namen The Nurk Twins auf.

29. August 1959: Die Quarrymen spielen bei der Eröffnungsparty des Casbah, ein Club für Jugendliche, der von Mona Best, der Mutter von Pete Best, geleitet wird.

15. November 1959: Johnny and the Moondogs, wie die Quarrymen jetzt heißen, spielen im Manchester Hippodrome vor.

5. Mai 1960: The Silver Beatles, wie Johnny and the Moondogs jetzt heißen, spielen erfolglos für den Sänger Billy Fury vor, dürfen jedoch Johnny Gentle bei seiner Tour durch Schottland begleiten.

Juli 1960: John verlässt ohne Abschluss die Kunstakademie, um sich ganz der Band zu widmen.

August 1960: Mit Pete Best am Schlagzeug und Stu Sutcliffe am Bass treten die Beatles bis Dezember in den Hamburger Clubs Indra und Kaiserkeller auf. Sie lernen Klaus Voormann und seine Freunde kennen, erkunden die Reeperbahn und machen Bekanntschaft mit dem Aufputschmittel Preludin.

5. Dezember 1960: Die Hamburger Einwanderungsbehörden stellen fest, dass George minderjährig ist, und schicken ihn zurück nach Liverpool. Die anderen folgen bald. Nur Stu bleibt bei seiner neuen deutschen Freundin Astrid Kirchherr.

9. Februar 1961: Die Beatles treten zum ersten Mal zur Mittagszeit im Cavern auf. Weitere 292 Auftritte folgen in den nächsten zwei Jahren.

April 1961: Für drei Monate spielen die Beatles wieder in Hamburg, diesmal im Top Ten Club. Im April entstehen dort ihre ersten professionellen Aufnahmen unter Leitung des Musikproduzenten Bert Kaempfert. John entscheidet sich für eines der Lieblingsstücke seiner Mutter, das sie oft auf ihrem Banjo spielte, »Ain't She Sweet«. Diese Aufnahme verschwindet zunächst in den Archiven. Veröffentlicht wird nur die Single mit den Stücken »My Bonnie« und »When The Saints«. Auf der Platte tauchen die Beatles als »The Beat Brothers« auf.

Sommer 1961: John veröffentlicht in der Liverpooler Musikzeitung »Mersey Beat« Geschichten, Gedichte und Zeichnungen sowie die erste kurze Geschichte der Beatles in der allerersten Ausgabe am 6. Juli des von Bill Harry gegründeten Blattes. Viele Informationen darüber (lesenswert die Zusammenstellung zu »number 9«) auf www.mersey-beat.com.

Oktober 1961: John und Paul fahren für zwei Wochen nach Paris, wo sie Jürgen Vollmer treffen und mit ihren Frisuren experimentieren.

9. November 1961: Brian Epstein, Filialleiter einer Plattenladenkette in Liverpool, geht in den Cavern Club, um die Beatles zu sehen, nachdem er mehrfach nach der Single »My Bonnie« gefragt wurde. Im Dezember bespricht er in seinem Büro mit den Beatles einen Managervertrag. Sie stimmen sofort zu.

1. Januar 1962: Brian Epstein vermittelt den Beatles ein Treffen mit dem Musikproduzenten bei Decca Records Dick Rowe. Die Beatles absolvieren einen Auftritt nach Cavern-Manier, werden jedoch wenig später abgelehnt, wofür John die zu bunt gemischte Auswahl der Stücke durch Brian verantwortlich macht. Der Mix zeigt die Vielseitigkeit der Beatles, lässt aber eine klare Linie vermissen, in welche Richtung sie sich musikalisch und als Hitproduzenten für Decca entwickeln könnten.

13. Februar 1962: Brian Epstein trifft George Martin, Chef von Parlophone, EMI. Martin hört die Decca-Aufnahmen und möchte die Beatles live sehen.

10. April 1962: 21-jährig, stirbt Stuart Sutcliffe an einer Gehirnblutung.

13. April 1962: Im Hamburger Star Club geben die Beatles vom 13. April bis zum 31. Mai 48 Konzerte.

6. Juni 1962: Die Beatles spielen George Martin von EMI in den Abbey Road Studios vor. Sein Urteil: »Pauls Stimme war sanfter, aber John machte das Ganze interessant und gab ihm eine gewissen Schärfe. Wie Zitronensaft im Vergleich zu Olivenöl.«

16. August 1962: Aus bis heute nicht einwandfrei geklärten Gründen entlässt Brian Epstein nach Absprache mit John, Paul und George ihren Schlagzeuger Pete Best, der umgehend durch Ringo Starr ersetzt wird.

22. August 1962: Granada Television schickt ein Filmteam aus Manchester in den Cavern Club, um einen Auftritt der Beatles zu filmen: John, Paul, George und Ringo in Lederwesten mit schmalen Krawatten, die Haare in die Stirn gekämmt. Sie spielen »Kansas City« und »Some Other Guy«. Es sind die ersten Profi-Filmaufnahmen der Band.

23. August 1962: John Lennon heiratet auf dem Standesamt in Liverpool die schwangere Cynthia Powell. Trauzeugen sind George Harrison und Paul McCartney.

4. September 1962: An diesem und mit Unterbrechungen an den folgenden Tagen nehmen die Beatles ihre ersten Songs in den Apple Studios mit George Martin als Produzenten auf.

5. Oktober 1962: »Love Me Do« wird veröffentlicht und erreicht am 27. Dezember Platz 17 der englischen Charts. Auf der B-Seite befindet sich »P. S. I Love You«. »Die Songs klingen wie eine unverputzte Ziegelwand im Wohnzimmer eines Hauses in der Vorstadt.« (Ian McDonald)

26. November 1962: Die Beatles nehmen »Please Please Me« auf.

18. Dezember 1962: Die Beatles kommen ihren Verpflichtungen nach und spielen zwei Wochen im Hamburger Star Club.

11. Januar 1963: Die Single »Please Please Me« erscheint und erreicht als erster Song der Beatles am 22. Februar Platz eins im »New Musical Express« und am 2. März Platz eins im »Melody Maker«.

22. März 1963: Die erste Beatles-LP »Please Please Me« erscheint und erreicht am 11. Mai Platz eins, wo sie mehrere Monate bleibt.

8. – 11. April 1963: Johns und Cynthias Sohn, John Charles Julian Lennon, wird in Liverpool geboren. Die dritte Beatles-Single »From Me To You« erscheint und erreicht wie die nachfolgenden zehn Singles die Nr. 1 in England.

3. August 1963: Die Beatles geben ihr letztes Konzert im Cavern Club.

4. November 1963: Die Beatles spielen im Rahmen der Royal Variety Show vor der Queen, Prinzessin Margaret, Lord Snowdown und vielen anderen prominenten Gästen.

1. Februar 1964: In den USA wird »I Want To Hold Your Hand« die erste Nr. 1-Single für die Beatles.

7. – 9. Februar 1964: Die Beatles treten in der Ed Sullivan Show in New York auf. Rund 73 Millionen Fernsehzuschauer sehen zum ersten Mal die Gruppe, worauf sich die Mania auch in den USA ausbreitet. Am 16. Februar treten sie ein weiteres Mal in der Show auf. Die Gage beträgt pro Auftritt 3500 Dollar, worauf die Beatles immer öfter in Interviews auf ihren neuen Reichtum angesprochen werden.

23. März 1964: Johns erstes Buch »In His Own Write« (»In seiner eigenen Schreibe«) erscheint und wird ein internationaler Bestseller, der immer wieder neu übersetzt und aufgelegt wird (zuletzt auf Deutsch in der neu von Karl Bruckmaier bearbeiteten Übersetzung von Helmut Kossodo und Wolf D. Rogosky, 2010 im Blumenbar Verlag).

6. Juli 1964: Der erste Spielfilm der Beatles »A Hard Day's Night« feiert Weltpremiere in London. Regie führte Richard Lester. Kritik und Publikum sind begeistert.

10. Juli 1964: Über 100 000 Menschen nehmen in Liverpool an einem Empfang für die berühmtesten Söhne der Stadt teil.

15. Juli 1964: John kauft für 20 000 Pfund das »Kenwood« genannte, 1913 in der Nähe des Golfclubs von Weybridge erbaute Landhaus und renoviert es gemeinsam mit Cynthia. Zu den zeitweiligen Bewohnern des Hauses gehören u. a. der Schulfreund Pete Shotton, sein Vater Alf und dessen Verlobte Pauline Jones, die als Sekretäre für John arbeiten und u. a. Fanpost beantworten, sowie zehn Katzen. Im Dezember 1968 verkauft John das Haus an den Komponisten Bill Martin. Danach wechselt es mehrfach mit steigendem Preis den Besitzer, bis es im Januar 2007 erneut gekauft wird, diesmal für 5,8 Millionen Pfund. Jeder Verkauf von Kenwood soll mit einer gescheiterten Ehe einhergegangen sein.

18. August 1964: Die Beatles brechen zu ihrer ersten großen USA- und Kanada-Tour auf, die einen knappen Monat dauert und verschiedene Publikumsrekorde bricht.

28. August 1964: Bob Dylan ist überrascht, dass die Beatles noch nie Haschisch geraucht haben, und spendiert ihnen in einem New Yorker Hotelzimmer ihre ersten Joints.

Januar 1965: John zweifelt zunehmend am Sinn der Beatlemania, leidet unter dem Druck, den Anforderungen des Showbusiness zu genügen, und schreibt »Help!«, den Titelsong des zweiten Spielfilms der Beatles.

15. Februar 1965: John ist jahrelang ohne Führerschein gefahren. Jetzt besteht er endlich die Fahrprüfung, bleibt jedoch sein ganzes Leben ein schlechter Autofahrer, was auch mit mangelnder Praxis und seiner Kurzsichtigkeit zu tun hat.

Frühjahr 1965: John, Cynthia, George und seine Freundin und spätere Frau Pattie Boyd sind in London bei einem befreundeten Zahnarzt eingeladen, der ihnen unvorbereitet LSD verabreicht. John und George sind begeistert und werden noch auf viele LSD-Trips gehen. Cynthia versucht es John zuliebe später noch einmal, macht damit aber nur schlechte Erfahrungen.

12. Juni 1965: Der Buckhingham-Palast kündigt an, dass die Beatles bald mit dem MBE (Member of the Order of the British Empire) ausgezeichnet werden sollen.

24. Juni 1965: Johns zweites Buch »A Spaniard In The Works« (»Ein Spanier macht noch keinen Sommer«) wird nicht mit derselben medialen Aufmerksamkeit und demselben Erfolg gewürdigt wie sein Debüt.

29. Juli 1965: Der Film »Help!« hat in London Weltpremiere. Kritiker nennen die Beatles »die modernen Marx Brothers«.

3. August 1965: John kauft seiner Tante Mimi ein Haus an der Küste von Poole in Dorset.

15. August 1965: Die Beatles sind auf ihrer zweiten großen USA-Tour und spielen im Shea Stadion in New York vor fast 60 000 Zuschauern, damals ein Rekord. Das Honorar soll über 300 000 Dollar betragen haben und wäre damit bis heute eine der größten Bruttoeinnahmen für ein einzelnes Konzert. Wenig später besuchen John, Paul, George und Ringo den »King« Elvis Presley in seiner Villa in Bel Air. Die Begegnung ist für alle eine Enttäuschung: Die Beatles sind nervös und bekifft, Elvis mag die Jungs aus England nicht, die ihm die Pop-Krone stehlen, und redet jeden nur mit »Beatle« an.

26. Oktober 1965: Die Beatles werden durch die Queen persönlich mit dem Orden des Britischen Empire geehrt, der noch nie an Rockmusiker verliehen wurde. »Ich dachte, man muss Panzer fahren und Kriege gewinnen, damit man den MBE bekommt.« (John Lennon)

3. Dezember 1965: Das Album »Rubber Soul« erscheint.

31. Dezember 1965: Johns Vater Alf Lennon taucht überraschend in London auf, sorgt für Wirbel in den Medien, nimmt seine erste und einzige Platte »That's My Life, My Love And My Home« auf, die häufig im Radio gespielt wird, sich jedoch schlecht verkauft.

4. März 1966: Im Gespräch mit der britischen Journalistin und Beatles-Vertrauten Maureen Cleave macht John die folgenreiche Bemerkung, die Beatles seien populärer als Jesus. Das ganze Interview erscheint im »Evening Standard«.

Juli 1966: Die Äußerungen über den Niedergang des Christentums werden in den USA heftig diskutiert. Viele Radiostationen weigern sich, Lieder der Band zu spielen. Der Ku-Klux-Klan und andere Organisationen rufen zu Protestaktionen gegen die Beatles auf. Ihre Platten werden öffentlich verbrannt. Brian Epstein überredet John, seine Äußerungen auf einer Pressekonferenz in den USA zu widerrufen.

8. August 1966: Das Album »Revolver« mit dem markanten von Klaus Voormann gezeichneten und collagierten Cover erscheint. Die darauffolgende Welttournee wird von Problemen überschattet: In Tokyo werden sie von Rechtsradikalen bedroht, auf den Philippinen kommt es zu gewalttätigen Demonstrationen, weil die Beatles angeblich die Präsidentengattin brüskiert haben.

29. August 1966: Die Beatles geben am Ende einer von massiven Protesten begleiteten Tournee im Candlestick-Park in San Francisco ihr letztes Konzert in den USA und erklären, nicht mehr live auftreten zu wollen.

September, Oktober 1966: Das Ende der Tour-Aktivitäten macht John nervös. Die Fab Four gehen zwei Monate lang eigene Wege. John spielt in Richard Lesters Film »How I Won the War« den englischen Gefreiten Gripweed im Zweiten Weltkrieg. Während der Dreharbeiten (u. a. in Spanien und in Deutschland) schreibt er »Strawberry Fields Forever«. Yoko kommt nach London, um am Symposium »Destruction of Art« im Institut für Zeitgenössische Kunst teilzunehmen.

9. November 1966: In der Indica-Galerie in London trifft John zum ersten Mal Yoko Ono. Ihre Ausstellung »Unfinished Paintings and Objects by

Yoko Ono« und ihre persönliche Ausstrahlung während der Vorbesichtigung beeindrucken ihn nachhaltig.

26. Mai 1967: Das Erscheinen des Albums »Sgt. Pepper's Lonely Hearts Club Band« wird vorgezogen, da es schon von verschiedenen Radiostationen gespielt wird und erste Schwarzpressungen kursieren. Schon am Veröffentlichungstag erreicht es Gold-Status.

24. August 1967: Der Maharishi Mahesh Yogi hält im Londoner Hilton Hotel ein Seminar für Transzendentale Meditation. Die Beatles mit Frauen, Freundinnen und Anhängern nehmen daran teil.

27. August 1967: Die Beatles sind dem Maharishi nach Bangor in Wales gefolgt, um dort an einem Meditations-Wochenend-Seminar die ersten Kenntnisse zu vertiefen. Da erreicht sie die Nachricht, dass Brian Epstein in seiner Londoner Wohnung tot aufgefunden wurde. Die Todesursache ist vermutlich eine Überdosis Drogen.

September 1967: Nach Brians Tod übernimmt Paul die Initiative und motiviert die anderen, den Film »Magical Mistery Tour« zu drehen. Unter LSD-Einfluss schreibt John »I'm The Walrus«. Als der Film im Dezember von der BBC ausgestrahlt wird, erntet er vorwiegend schlechte Kritiken – ein Novum für die erfolgsverwöhnten Fab Four. Anonym sponsort John Yokos Ausstellung »Half Wind Show – Yoko Plus Me« in der Londoner Lisson Gallery.

7. Dezember 1967: In der Baker Street 94 in London eröffnen die Beatles die Apple-Boutique.

5. Januar 1968: Die 19-jährige Pauline Jones hat sich in den 55-jährigen Alf Lennon verliebt. Sie bitten John um seinen Segen für die bevorstehende Hochzeit. Nach einigem Zögern sagt er seine Unterstützung zu.

16. Februar 1968: John, Cynthia, George und seine Frau Pattie reisen nach Rishikesh in Indien zum Maharishi, um an einem dreimonatigen Meditationskurs teilzunehmen. Die anderen Beatles samt Gefolgschaft treffen vier Tage später ein. John schreibt dort »Yer Blues«, »I'm So Tired«, »Revolution«, »Dear Prudence« und »Sexy Sadie« und beginnt heimlich einen Briefwechsel mit Yoko.

12. April 1968: Die Beatles verlassen das Ashram früher als geplant, u. a. weil das Gerücht herumgeht, der Maharishi belästige Mia Farrow, die sich mit Donovan und anderen Prominenten ebenfalls in der indischen Bergidylle befindet, um Ruhe, Frieden und Glück zu finden.

Mai 1968: Die Beatles gründen die Apple Corps Ltd. in London, um ihre künstlerischen und geschäftlichen Aktivitäten selbst in die Hand zu nehmen und Nachwuchskünstlern eine Plattform zu bieten. »Wir wollen eine Sache aufziehen, die nichts kostet, wo Leute einfach hingehen können, drauflosarbeiten, Aufnahmen machen und nicht zu fragen brauchen: ›Kriegen wir noch ein Mikro ins Studio, auch wenn wir noch keinen Hit hatten?‹« (John Lennon). Als Cynthia im Urlaub ist, lädt John Yoko in das Haus in Weybridge ein, wo sie sich die ganze Nacht mit seinen Tonbändern beschäftigen und selbst eine experimentelle Soundcollage aufnehmen, die später als »Two-Virgins«-Album erscheint. Als Cynthia aus dem Urlaub zurückkehrt, stellt John sie vor vollendete Tatsachen. Im Arts Lab in der Londoner Drury Lane stellen John und Yoko wenig später erstmals offiziell gemeinsam aus.

15. Juni 1968: John und Yoko pflanzen auf Einladung des Kunstkritikers Anthony Fawcett im Rahmen der National Culture Exhibition vor der Kathedrale von Coventry zwei Eichen und nennen die Aktion eine »lebende Konzept-Kunst-Skulptur«. Sie pflanzen die Eichen in Ost-West-Richtung eng nebeneinander. Sie stehen für John und Yoko, die ihrerseits den westlichen und den östlichen Kulturkreis repräsentieren. Die von einer runden Bank umgebenen Eichen sollten Symbol der Liebe zweier Menschen und ein Zeichen für die friedliche Vereinigung von östlicher und westlicher Welt sein. Die Eichen-Pflanz-Performance ist die erste Aktion für den Frieden, viele weitere werden folgen. Die Eichen selbst wurden von Souvenirjägern eine Woche nach der Eröffnung ausgegraben und gestohlen. Danach wurden neue gepflanzt und bewacht. Die runde weiße Bank wurde 2005 von Yoko der Stadt Coventry geschenkt. Im Mai 2010 fand eine Ausstellung in der Kathedrale über John und Yoko statt.

18. Juni 1968: Adrienne Kennedy und Victor Spinetti haben Johns Bücher zu einem Einakter umgeschrieben, der im Old-Vic-Theater in London unter dem Titel »In His Own Write« uraufgeführt wird.

1. Juli 1968: In der Robert Fraser Galerie in London findet Johns erste Kunstausstellung unter dem Titel »You Are Here« statt. 365 weiße

Luftballons werden in die Luft gelassen, an denen kleine Zettel hängen, die die Finder auffordern, John zu schreiben. »Hier«, das konnte durch diese Aktion – dazu gehörten auch Buttons – plötzlich überall sein, wo Johns Satz gelesen wurde. Sammelbüchsen für wohltätige Zwecke sind in der Galerie ausgestellt, und ein weißes, großes und rundes Segeltuch, in dessen Mitte John »you are here« geschrieben hat. Tatsächlich wurden über 100 Anhänger zurückgeschickt.

31. Juli 1968: Die Apple-Boutique ist kein kommerzieller Erfolg. Alle Restbestände werden verschenkt und mit einer Party wird der Ausflug der Beatles in die Modebranche beendet.

Sommer 1968: John verlässt Cynthia und Julian und zieht mit Yoko nach Stationen bei Paul und George in eine leerstehende Wohnung von Ringo Starr am Montagu Square 34.

22. August 1968: Cynthia reicht die Scheidung wegen Ehebruch ein.

18. Oktober 1968: John und Yoko werden wegen Besitzes von 219 Gramm Haschisch verhaftet. Gegen das Paar wird zudem eine Geldstrafe wegen Behinderung der Justiz verhängt. Gegen Kaution werden sie vom Gericht aus der Untersuchungshaft entlassen.

25. Oktober 1968: Die Medien berichten, Yoko sei schwanger und John der Vater.

8. November 1968: John und Cynthia werden geschieden. Das Urteil wird nicht angefochten. Cynthia bekommt eine Abfindung, über deren Höhe spekuliert wird.

11. November 1968: »Unfinished Music No. 1: Two Virgins« erscheint. Es ist die erste Schallplatte, die John ohne Beteiligung von Paul und George veröffentlicht.

21. November 1968: Kurz bevor Yoko ihre erste Fehlgeburt erleidet, nimmt das Paar die Herztöne des Babys auf Band auf. John bleibt ständig an ihrem Bett im Queen-Charlotte-Krankenhaus in London und verbringt später auch die Nächte bei ihr.

22. November 1968: Die offiziell neunte Platte der Beatles erscheint, »The White Album«, ein Doppelalbum, für das John und Yoko das experimentelle Stück »Revolution 9« beisteuern. Yoko singt solo einen Vers von »The Continuing Story of Bungalow Bill« und im Hintergrund von »Birthday«.

28. November 1968: John gibt vor dem Marylebone-Gericht zu, im Besitz von Cannabis gewesen zu sein, bezahlt eine Geldstrafe von 150 Pfund und übernimmt die Gerichtskosten. Die Strafe wegen Behinderung der Justiz wird fallengelassen. Diese juristische Bagatelle wird später von den Einwanderungsbehörden benutzt, um John und Yoko abzuschieben.

November 1968: Kurz hintereinander entstehen mehrere experimentelle Filme von John und Yoko. In »Rape« (76:30 Minuten) verfolgt der Kameramann eine junge Frau in London. Der Frau gelingt es nicht, den Kameramann abzuschütteln. Die Zuschauer werden zu Komplizen des Verfolgers.

11. Dezember 1968: John und Yoko werden von den Rolling Stones eingeladen. »Rock And Roll Circus« heißen Film und Album mit vielen Gastmusikern. John tritt mit »Yer Blues« in Begleitung von Eric Clapton, Keith Richards (am Bass!) und Hendrix-Drummer Mitch Mitchell auf.

18. Dezember 1968: In der Royal Albert Hall erscheinen John und Yoko zur Vorweihnachtsparty »Alchemical Wedding« in einem weißen Sack auf der Bühne.

Januar 1969: Ähnlich wie bei »Magical Mystery Tour« versucht Paul dem Auseinanderdriften der Band ein Filmprojekt entgegenzustellen. Die Beatles treffen sich seit dem 2. Januar fast täglich einen Monat lang in den Twickenham Studios. Ziel: Ein neues Album mit Songs für ein Live-Konzert als Neubeginn der Beatles – »Get Back« als Comeback – filmisch festhalten. Aus 130 Stunden Material, das bis heute größtenteils von Apple Corps unter Verschluss gehalten wird, entsteht der offizielle 90-Minuten-Dokumentarfilm »Let It Be«, in dem die Diskussionen und Streitereien weggelassen werden. Beispielsweise kritisiert John Paul, er meine mit »get back to where you once belonged« Yoko. Ringo und Paul distanzieren sich 2003 noch einmal von den Aufnahmen und sogar von dem beschönigenden Film, weshalb er nie auf DVD erschienen ist. Das Filmteam lässt aber auch zwei Tonbandgeräte der Firma Nagra mitlaufen, wodurch 2003 das Label Purple Chick unter dem Titel »Nagra Reels« den kompletten Mitschnitt der Sessions veröffentlicht: Über 97 Stunden auf 83 CDs, unterteilt in 2187 Tracks.

30. Januar 1969: Auf dem Dach der Apple-Studios in der Savile Row treten die Beatles am Ende der Dreharbeiten zum letzten Mal auf.

2. Februar 1969: Yoko Ono und ihr zweiter Ehemann, der Filmproduzent Anthony Cox, lassen sich scheiden. In erster Ehe war sie mit dem japanischen Komponisten Toshi Ichiyanagi verheiratet, der wie sie selbst ein Schüler von John Cage war.

3. Februar 1969: Die Beatles streiten über die Ernennung Allen Kleins zu ihrem Manager. Klein hatte u. a. schon Sam Cooke betreut und wurde den Beatles von Mick Jagger empfohlen.

2. März 1969: In der Cambridge University treten John und Yoko erstmals gemeinsam bei einem Konzert auf. John erzeugt Feedbacks mit seiner Stromgitarre, Yoko singt und schreit. Ein Teil davon wird am 9. Mai 1969 auf ihrem zweiten Album »Unfinished Music No. 2: Life with the Lions« veröffentlicht. Kommentar von George Martin: »No comment.«

20. März 1969: John und Yoko heiraten heimlich auf Gibraltar. Doch kurz darauf ist der Presserummel groß. Angesichts der Eskalation des Vietnamkriegs beschließen sie, die Publicity für gezielte Anti-Kriegsaktivitäten zu nutzen, und verbringen ihre Flitterwochen im Bett: Im Zimmer 902 der Präsidentensuite des Amsterdamer Hilton Hotels halten sie vom 25. bis 30. März ihr erstes Bed-in ab. Das Paar spricht von seinem Bett meist im Pyjama zu Presseleuten aus aller Welt täglich von neun Uhr vormittags bis neun Uhr abends. Von Amsterdam fliegen sie nach Wien.

31. März 1969: Die Lennons begleiten die Weltpremiere ihres vom Österreicher Hans Preiner produzierten Films »Rape« mit einem Bag-Event im Hotel Sacher in Wien. Unter einem weißen Sack halten sie eine Pressekonferenz ab.

22. April 1969: Auf dem Dach des Apple-Büros ändert John offiziell vor einem beeidigten Notar seinen zweiten Vornamen von Winston in Ono.

16. Mai 1969: John und Yoko wollen sich Ringo Starr und Peter Sellers für eine Atlantiküberquerung anschließen und ein Bed-in in den USA veranstalten, doch John bekommt keine Einreisegenehmigung.

26. Mai 1969: Die Lennons fliegen mit dem Pressereferenten der Beatles Derek Taylor und einem Kamerateam nach Montreal und halten im Queen Elizabeth Hotel ein achttägiges Bed-in für den Frieden ab. Sie geben über 60 Presseinterviews.

1. Juni 1969: John und Yoko lassen sich ein Aufnahmegerät bringen und nehmen in ihrem Bett »Give Peace A Chance« auf. Begleitet werden sie u. a. von Petula Clark, Rabbi Abraham L. Feinberg, Allen Ginsberg, Timothy und Rosemary Leary, Tommy Smothers, Phil Spector, Derek Taylor und einer kanadischen Gruppe von Hare-Krishna-Mitgliedern.

4. Juni 1969: Die Beatles-Single »The Ballad Of John And Yoko« erscheint. Sie wurde von John alleine komponiert und nur von ihm und Paul aufgenommen. Sie beschreibt u. a. die Hochzeit, die Bed-ins und den Sackauftritt in Wien.

7. Juni 1969: John und Yoko treten in der David Frost Show auf.

1. Juli 1969: Als John und Yoko mit Johns Sohn Julian und Yokos Tochter Kyoko Urlaub in Schottland machen, verliert John in Golspie die Kontrolle über das Auto und fährt in einen Graben. Die Kinder stehen unter Schock, bleiben aber körperlich unverletzt. John muss mit 17 Stichen am Kopf genäht werden.

4. Juli 1969: »Give Peace A Chance«, die erste Solo-Single eines Beatle überhaupt, erscheint. Auf dem Cover steht nur »Plastic Ono Band«. Zur Premiere werfen als Roboter verkleidete Schauspieler auf der Bühne des Rathauses von Chelsea ihre Kostüme ab. John und Yoko können nicht anwesend sein, deshalb stellt diese fiktive »Plastic Ono Band« den Song vor. In England erreicht die Single Platz zwei der Hitparade, in den USA Platz 14. Am 15. Oktober 1969 singt Pete Seeger mit rund einer halben Million Demonstranten gegen den Vietnamkrieg in Washington D.C. den Song vor dem Weißen Haus und ruft zwischen dem Refrain: »Are You Listening, Nixon?«– »Wir haben keinen Anführer, aber jetzt haben wir ein Lied.« (John Lennon)

Juli, August 1969: Im EMI-Studio der Abbey Road nehmen die Beatles das Album »Abbey Road« auf. Yoko muss nach dem Autounfall ihren Rücken schonen und hat deshalb ein Bett im Studio.

August 1969: Für 150 000 Pfund kaufen John und Yoko Tittenhurst Park bei Ascot mit einem 320 000 Quadratmeter großen Grundstück, das John an den Calderstone Park in Liverpool erinnert. Am 22. August findet dort die letzte Fotosession mit den Beatles statt. Nach Bob Dylans erfolgreichem Comeback-Konzert auf der Isle of Wight am

31. August hören sich Bob, John, George und Ringo sowie geladene Gäste eine Probepressung von »Abbey Road« an. Am nächsten Tag begleiten Bob Dylan und George Harrison John und Yoko mit dem Hubschrauber nach Tittenhurst Park. Das Anwesen wird in den nächsten zwei Jahren die Kulisse für viele Filme und Fotos, u. a. werden die Parallel-Cover von Johns und Yokos Plastic Ono Alben dort mit einer Instamatic-Kamera geknipst. 1970 baut John dort das Ascot Sound Studio, in dem er u. a. Teile seines ersten Solo-Albums und danach das Album »Imagine« aufnimmt. John und Yoko leben von August 1969 bis August 1971 in Tittenhurst Park. 1973 verkaufen sie das Anwesen an Ringo Starr, der das Ascot Sound Studio in Startling Studios umbenennt. Gäste wie Marc Bolans T. Rex oder Nick Drake nehmen dort Songs auf. 1998 verkauft Ringo alles an einen arabischen Scheich, der die Villa vollkommen renoviert.

September 1969: Im New Cinema Club in London finden »Two Evenings with John and Yoko« statt. Gezeigt werden die Filme »Two Virgins«, »Smile«, »Honeymoon« und die Welturaufführung von »Self Portrait« (42 Minuten). John und Yoko führen Publikum und Presse hinters Licht: Bei der Ankunft des weißen Rolls-Royce steigt ein anderes Paar in einen weißen Sack gehüllt aus, stellt sich den Fotografen und singt während der Filmvorführung auf der Bühne »Hare Krishna«, derweil John und Yoko heimlich das Publikum beobachten und dessen Reaktionen filmen.

12. September 1969: John und Yoko treten gemeinsam mit Eric Clapton, Klaus Voormann und Alan White als Plastic Ono Band auf dem Toronto Rock'n'Roll Revival Concert im Varsity-Stadion auf. Zurück in London, weiß John, dass er es ohne die Fab Four schaffen kann, und teilt den anderen drei seine Absicht mit, die Beatles aufzulösen. Aus rechtlichen und kommerziellen Erwägungen wird er überzeugt, seinen Entschluss nicht öffentlich zu machen.

26. September 1969: Das Album »Abbey Road« erscheint, das von George Martin produziert wurde.

9. Oktober 1969: Yoko hat an Johns 29. Geburtstag eine zweite Fehlgeburt. Dem totgeborenen Jungen geben John und Yoko den Namen John Ono Lennon und begraben ihn in einem weißen Sarg irgendwo außerhalb von London. Nur John und Yoko nehmen an der Beerdigung teil.

20. Oktober 1969: John und Yokos »Wedding Album« erscheint in einer aufwändigen Kassette mit vielen Fotos und Texten, das dritte in der Reihe autobiographisch-avantgardistischer Klangcollagen.

24. Oktober 1969: Johns zweite Solo-Single »Cold Turkey« erscheint, nachdem Paul den Song für die Beatles als nicht gut genug befand. Wieder steht auf dem Cover nur Plastic Ono Band, abgebildet ist die Röntgenaufnahme eines Kopfes mit Lennon-Brille. Erstmals gespielt wird der Song am 12. September in Toronto, aufgenommen wird er danach in den Abbey Road Studios mit John, Yoko, Eric, Klaus und Ringo. Von John selbst und Yoko produziert, erreicht er Platz 14 in den englischen und Platz 30 in den US-Charts.

Herbst 1969: Die Firma Northern Songs Ltd., die 1963 von Dick James, Brian Epstein und den Beatles gegründete Mehrheitseignerin an den Rechten aller Beatles-Songs, wandelte sich im Lauf der Jahre mehrfach, bis Dick James und andere im Herbst 1969 eigenmächtig 50 Prozent an die englische Firma ATV (Associated Television) verkaufen. Dadurch verlieren die Beatles die Kontrolle über ihre Songs. Alle späteren Versuche von John, Paul, George und Ringo, u. a. mit Hilfe des Managers Allen Klein, die Rechte zurückzukaufen, scheitern. Nach zermürbenden juristischen Auseinandersetzungen und nicht im Detail veröffentlichten Abmachungen liegen die Rechte heute bei den Erben Michael Jacksons und Sony Music, wobei Paul immer wieder Interesse zeigt. Beim Auslaufen des ersten Northern-Songs-Vertrages 1968 verlängerten John und Paul, George hingegen gründete Harrisongs Ltd. und Ringo Startling Music.

26. November 1969: John schickt seinen MBE-Orden der Queen zurück. Er protestiere damit gegen die britische Einmischung in Biafra und die militärische Unterstützung der Amerikaner in Vietnam. Augenzwinkernd fügt er an, er protestiere auch gegen das Abrutschen seines Songs »Cold Turkey« in den Hitlisten.

15. Dezember 1969: Im Londoner Lyceum Ballroom treten John und Yoko für UNICEF mit einer erweiterten Plastic Ono Supergroup auf. Mit von der Partie beim »Peace For Christmas – Unicef Benefit Concert«

sind u. a. George Harrison, Eric Clapton, Nicky Hopkins, Keith Moon, Billy Preston, Klaus Voormann und Alan White.

16. Dezember 1969: John und Yoko kündigen in Toronto ein Friedensfestival an, dass an organisatorischen Problemen scheitert, wohnen fünf Tage auf der Farm des Sängers Ronnie Hawkins, geben via Telefon viele Friedensinterviews und unterhalten sich für Radio-Talkshows u. a. mit Marshall McLuhan. John signiert während des Aufenthalts 3000 erotische Lithographien »Bag One«. Im Mittelpunkt ihrer Aktivitäten bis Ende des Jahres steht die Kampagne: »War Is Over! If You Want It. Happy Christmas from John and Yoko.« In vielen Städten der Welt verkünden große und kleine Plakate die Weihnachtsbotschaft.

21. – 22. Dezember 1969: John und Yoko fahren in einem Panorama-Privatzug mit vielen großen Fenstern nach Montreal und Ottawa. Sie unterhalten sich fast eine Stunde mit dem kanadischen Premierminister Pierre Trudeau im Parlamentsgebäude, in dem John u. a. für sein Projekt »Eichen für den Frieden« wirbt.

29. Dezember 1969: John und Yoko fliegen nach Aalborg in Dänemark, um Yokos Tochter Kyoko zu besuchen, die dort mit ihrem Vater Tony Cox lebt. Sie meditieren, versuchen sich das Rauchen abzugewöhnen und schneiden die Haare kurz.

27. Januar 1970: John textet und komponiert »Instant Karma! (We All Shine On)« und nimmt es gemeinsam mit Yoko, George, Billy Preston, Klaus Voormann und Alan White am selben Tag in den Abbey Road Studios auf. Zu hören sind auf der Platte außerdem der Beatles-Roady und -Vertraute Mal Evans, Manager Allen Klein und ein Chor von Gästen aus einem nahegelegenen Pub, die ins Studio geladen werden. Produziert wird Johns dritte Solo-Single vor der offiziellen Auflösung der Beatles nicht von George Martin, sondern von Phil Spector. Es ist der Beginn einer intensiven und aufreibenden Zusammenarbeit. Auf dem Cover stehen in großen Lettern John Lennon und darunter Phil Spector. Die Single erreicht Platz fünf in Großbritannien, Platz drei in den USA und – Überraschung – Platz eins in Frankreich. Anfang Februar stellt John den Song in der BBC-TV-Sendung »Top of the Pops« vor.

Februar 1970: Acht erotische Lithographien aus »Bag One« werden in der London Arts Gallery von der Polizei wegen Verdachts der Pornographie konfisziert. In New York erscheint bei Simon & Schuster Yokos erstmals 1964 in Tokyo veröffentlichte Buch »Grapefruit«. Ihr abgeschnittenes Haar spenden John und Yoko Michael X, einem Aktivisten der englischen Black-Power-Bewegung. Das Haar wird versteigert, und der Erlös kommt dem Black House zu, einem schwarzen Kulturzentrum im Norden Londons.

März 1970: John und Yoko erhalten viele Bücher. Als John das Buch »The Primal Scream« (»Der Urschrei«) in der Post sieht, sagt er zu Yoko: »Hey, das bist ja du.« Sie lesen es mit wachsender Begeisterung, laden Autor Janov nach London ein und beginnen bei ihm eine Therapie.

10. April 1970: Paul erklärt in einer Pressekonferenz, er habe die Beatles »aufgrund von persönlichen, geschäftlichen und musikalischen Differenzen« verlassen und kündigt gleichzeitig sein erstes Solo-Album »McCartney« an.

April 1970: John und Yoko mieten in Los Angeles ein Haus und gehen zu Arthur Janov in die Urschrei-Therapie, während der John Songs für sein erstes Solo-Album »John Lennon/Plastic Ono Band« schreibt, das er im Sommer in seinem Studio in Tittenhurst Park aufnimmt.

8. Mai 1970: Das von Phil Spector produzierte zwölfte und letzte Studio-Album »Let It Be« erscheint nach der Trennung der Band. Aufgenommen wurde es allerdings zum größten Teil im Januar 1969, vor »Abbey Road«, weshalb die Zählung der Beatles-Historiker nicht einheitlich ist. Die Veröffentlichung verzögerte sich, weil die Beatles mit der von Glyn Johns produzierten Version nicht einverstanden waren. Danach mischte Phil Spector die Songs neu. Damit war Paul nicht einverstanden; 2003 veröffentlichte er »Let It Be ... Naked« in neuer Abmischung.

13. Mai 1970: Der Kinofilm »Let It Be« (88 Minuten) hat in New York Weltpremiere. Eine Woche später finden Premieren in Liverpool und in London statt. Aber keiner der vier Beatles ist bei einem dieser Anlässe anwesend. Der Film wird mit einem Grammy und einem Oscar ausgezeichnet. Paul und Ringo verhindern bis heute das Erscheinen des Films auf DVD, um »nicht die dunkle Seite der Beatles« (Paul) zu zeigen. Als John den Film mit Yoko und Jann Wenner 1970 in Los Angeles zum ersten Mal sieht, muss er weinen.

1. August 1970: Yoko hat ihre dritte Fehlgeburt.

Dezember 1970: John und Yoko treffen in New York im Umkreis von Andy Warhol, Nico, Allen Ginsberg und Salvador Dalí den 1922 in Litauen geborenen Avantgarde-Regisseur Jonas Mekas und drehen mit ihm die Filme »Up Your Legs« und »Fly«.

11. Dezember 1970: Johns erstes Solo-Album »John Lennon/Plastic Ono Band« erscheint. Bis auf eine Ausnahme mit Billy Preston am Klavier ist es als Trio mit Ringo und Klaus eingespielt und von Phil Spector produziert. In der britischen Hitparade erreicht es Platz 11, in der amerikanischen Platz 6. »Johns Gesang in der letzten Strophe von ›God‹ ist vielleicht der beste in der ganzen Rockgeschichte.« (Greil Marcus)

30. Dezember 1970: Paul erhebt Klage gegen die anderen mit der Absicht, die Band auch juristisch aufzulösen und die geschäftliche Partnerschaft zu beenden. Die Verhandlungen beginnen einen Monat später.

12. März 1971: Das Gericht setzt für die Verwaltung der Beatles-Finanzen einen Konkursverwalter ein. Allen Klein wird von der Geschäftsführung ausgeschlossen.

12. März 1971: Die Single »Power To The People« erscheint. Angeregt dazu wurde Lennon durch das Interview mit Tariq Ali und Robin Blackburn für die Trotzkistische Zeitschrift »Red Mole« und die vorangegangenen Vorwürfe gegen ihn, es fehle ihm verglichen mit den Rolling Stones an politischem Engagement. Ali hatte Mick Jagger und Keith Richards davor schon zu dem Song »Street Fighting Man« inspiriert.

15. Mai 1971: Auf dem Filmfestival von Cannes werden die Filme »Apotheosis« (18 Minuten, Regie John Lennon) und »Fly« (50 Minuten, Regie Yoko Ono) gezeigt.

6. Juni 1971: John und Yoko treten mit Frank Zappa and The Mothers of Invention im New Yorker Fillmore East auf. Teile der Aufnahmen erscheinen auf dem Doppelalbum »Some Time In New York City«.

Juli 1971: Das »Imagine«-Album und die dazugehörigen Filmaufnahmen entstehen in Tittenhurst Park.

Mitte 1971: Seit dem Autounfall hält Tony Cox seine Tochter Kyoko versteckt. Yoko und John fliegen auf der Suche nach ihr nach Mallorca, wo sie wegen Kindsentführung verhaftet werden. Sie haben Privatdetektive engagiert und das Sorgerecht beantragt. Bislang ohne Erfolg.

Yoko fühlt sich in New York wie zu Hause und zeigt John den Big Apple von seiner besten Seite. Sie beschließen, sich dort niederzulassen.

3. September 1971: John und Yoko verlassen England und fliegen in die USA. John wird seine Heimat nie wiedersehen.

9. Oktober 1971: Yokos Ausstellung »This Is Not Here« wird im Everson Museum of Art in Syracuse, New York, eröffnet. Wenig später schließen sie sich in Syracuse einer Protestaktion für die Rechte der in Amerika lebenden Indianer an.

1. November 1971: John tritt im New Yorker Apollo Theater für die Attica-Wohltätigkeitsveranstaltung auf.

6.–11. Dezember 1971: Die Ende Oktober in den Record Plant Studios in New York aufgenommene Single »Happy Xmas (War Is Over)« erscheint. In Ann Arbor, Michigan, treten John und Yoko bei der Benefiz-Veranstaltung für John Sinclair auf.

22. Dezember 1971: Im Streit um Kyoko geben die Richter Tony Cox das Sorgerecht, aber Misstrauen und Spannungen bleiben. Cox taucht mit seiner Tochter wieder unter. John wird Kyoko nie wiedersehen, Yoko erst Mitte der 1980er Jahre.

Januar 1972: Der zum Senat gehörige Ausschuss für innere Sicherheit berichtet Senator Strom Thurmond über Johns Beziehungen zu revolutionären Aktivisten wie Jerry Rubin und Abbie Hoffman. Senator Thurmond rät in einem geheimen Memorandum, datiert vom 4. Februar, an den Justizminister John Mitchell mit den Worten »durch rechtzeitiges Handeln könnte viel Ärger erspart bleiben«, John auszuweisen.

14. Februar 1972: John und Yoko treten eine Woche lang bei »The Mike Douglas Show« auf.

29. Februar 1972: Lennons Einreisevisum läuft ab. Wenig später wird die bereits genehmigte Verlängerung widerrufen. Es beginnen juristische Verhandlungen mit der Einwanderungsbehörde, die sich mehrere Jahre hinziehen werden. Das Imigrationsbüro wird sich wiederholt auf seine Verurteilung wegen Drogenbesitzes in England berufen.

24. April 1972: Lennon ist zu Gast in der Dick Cavett Show, stellt mit Yoko »Woman Is The Nigger Of The World« vor und berichtet, dass sein Telefon abgehört und er von Regierungsbeamten verfolgt wird.

12. Juni 1972: Das Doppelalbum »Some Time In New York City« erscheint.

30. August 1972: Im Madison Square Garden treten John und Yoko beim »One-to-One«-Wohltätigkeitskonzert für behinderte Kinder auf.

23. Dezember 1972: Weltpremiere des Films »Imagine« (81 Minuten) mit Gastauftritten von George Harrison, Fred Astaire, Dick Cavett, Andy Warhol und vielen anderen im amerikanischen Fernsehen.

März 1973: Yoko erhält eine unbefristete Aufenthaltsgenehmigung, John hingegen wird aufgefordert, die USA innerhalb der nächsten 60 Tage freiwillig zu verlassen, andernfalls drohe ihm die Deportation. Er legt Berufung ein. Sein Song »I Am The Greatest« wird für Ringos Album »Ringo« aufgenommen, auf dem alle vier Beatles zu hören sind.

April 1973: John und Yoko rufen bei einer Pressekonferenz in New York das Land Nutopia aus, deren Botschafter sie seien. Deshalb hätten sie diplomatische Immunität und John könne nicht ausgewiesen werden. Wenig später kaufen sie ein Apartment im Dakota Building in der 72. Straße, Ecke Central Park West in New York.

Juni 1973: Allen Klein erhebt Klage gegen John wegen Unrechtmäßigkeiten bei der Sanierung von Apple.

Oktober 1973: Einvernehmlich beschließen John und Yoko sich zum ersten Mal seit 1968 zu trennen. John zieht bald darauf nach Los Angeles und nennt die Zeit bis zur Versöhnung anlässlich des Thanks Giving Konzerts im November 1974 sein »Lost Weekend«. Lennon klagt gegen die Einwanderungsbehörde unter Berufung auf den Freedom of Information Act. Am 26. Oktober erscheint die Single »Mind Games« und wenig später das gleichnamige vierte postbeatle Solo-Album. Das Agitprop-Album »Some Time In New York City« wurde viel beachtet, war aber kein kommerzieller Erfolg, mit »Mind Games« ist John wieder weltweit in den Hitparaden vertreten.

November 1973: Im Record Plant Studio in Los Angeles nimmt John mit Phil Spector und etwa 30 ständig wechselnden Musikern ein Oldie-Rock'n'Roll-Album auf. John, Paul und George verklagen Allen Klein.

»Das Einzige, was uns davon abgehalten hat, wieder zusammenzugehen, war Kleins vertraglich abgesicherte Vollmacht, im Namen der Beatles zu handeln. Wenn er erst einmal weg ist, gibt es keinen Grund mehr, warum wir uns nicht zusammentun sollten.« (Paul McCartney)

Januar 1974: John bittet die Queen um Vergebung wegen seines Drogendelikts, das schon fünf Jahre zurückliegt.

März 1974: Lennon macht aufgrund übermäßigen Alkoholkonsums Schlagzeilen in L. A.: Als er im Troubadour im Vollrausch Gäste beleidigt, wird er hinausgeworfen und dabei von Paparazzi fotografiert. Auch die Aufnahmen für sein »Rock'n'Roll«-Album werden Opfer des Alkohols. Spector verschwindet mit den Demobändern und verunglückt schwer am 31. März, worauf Lennon das Projekt auf unbestimmt vertagt.

17. Juli 1974: Einmal mehr wird John aufgefordert, die USA innerhalb von 60 Tagen zu verlassen, diesmal vom Justizministerium.

August 1974: Lennon kommt mit neuen Songs im Gepäck nach New York, um seinem Ausweiseverfahren beizuwohnen und im Record Plant das Album »Walls And Bridges« mit vertrauten Weggefährten (Jesse Ed Davis, Jim Keltner, Klaus Voormann u. a.) aufzunehmen. Er hilft Elton bei seinen Beatles-Coverversionen, Elton hilft ihm beim Song »Whatever Gets You Thru' The Night«. John produziert »Walls And Bridges« und schreibt für Ringo das Titelstück für »Goodnight Vienna«.

September 1974: Das Berufungsgremium für Einwanderungsfragen stellt ein Ultimatum und droht mit Ausweisung. John erhebt Einspruch. Die Single »Whatever Gets You Thru' The Night« erscheint und wird sein erster (und zu seinen Lebzeiten einziger) Nr. 1 Hit in den USA. Wenig später erscheint das Album »Walls And Bridges« und wird auch eine Nr. 1. Das »verlorene Wochenende« mit May Pang und vielen Freunden erweist sich für seine musikalische Arbeit als Glücksfall.

Oktober 1974: Lennon nimmt weitere Songs für das »Rock'n'Roll«-Album auf und produziert sie selber. Nach juristischen Schwierigkeiten mit dem Musikproduzenten Morris Levy, auf dessen Plagiatsklage hin das Album entsteht, erscheint es im Februar 1975 und erreicht Platz sechs in den amerikanischen und englischen Hitparaden.

28. November 1974: Bei Elton Johns Thanksgiving-Konzert tritt John auf und löst damit sein Wettversprechen ein. Gemeinsam singen sie »Whatever Gets You Thru' The Night« und zwei weitere Songs. Yoko ist im Publikum, nach dem Konzert trifft John sie hinter der Bühne.

Yoko ist klar, dass John auch ohne sie und ohne die Beatles ein Superstar bleibt.

Dezember 1974: Die Zeitschrift »Rolling Stone« berichtet über illegale Tätigkeiten der Regierung zur Erwirkung von Johns Ausweisung.

Januar 1975: In London werden die letzten rechtlichen Verflechtungen der Beatles gelöst. John und Yoko versöhnen sich, worauf er ins Dakota zurückkehrt. Sie wollen ein Kind und leben daher unter Verzicht auf jegliche Drogen sehr gesund.

Februar 1975: Yoko ist schwanger.

Juni 1975: John klagt beim Bundesgericht Manhattan gegen mehrere Regierungsbeamte.

7. Oktober 1975: Das amerikanische Berufungsgericht lehnt eine Ausweisung Johns ab. Mit zwei gegen eine Stimme wird der Ausweisungsbefehl gegen ihn aufgehoben.

9. Oktober 1975: Sean Taro Ono Lennon kommt zur Welt.

5. Januar 1976: Johns Freund und Beatles-Vertrauter seit Cavern-Zeiten Mal Evans wird von der Polizei aufgrund eines Missverständnisses in L.A. erschossen. Evans ist auf vielen Beatles-Alben zu hören, in Beatles-Filmen zu sehen und hat John und Yoko u. a. nach Toronto begleitet. Er schildert das Konzert und die dafür wiederaufgenommene Arbeit als Road-Manager für John als eine besonders schöne Zeit.

1. April 1976: Johns Vater Alf stirbt in Brighton mit 63 Jahren an Krebs.

6. Februar 1976: Johns Plattenvertrag mit EMI läuft aus, er verlängert nicht.

27. Juli 1976: Lennon erhält seine Green Card.

9. Oktober 1976: John teilt der Presse mit, er sei von jetzt an in erster Linie für seine Familie verantwortlich. Damit zieht er sich offiziell vom Showbusiness zurück. Sein selbstgewähltes Leben als Hausmann und Familienvater dauert knapp fünf Jahre, in denen Yoko sich vor allem um die Geschäfte kümmert und das Vermögen durch geschickte Investitionen vergrößert. Zudem vertritt sie John bei diversen juristischen Streitigkeiten, u. a. wegen des »Rock'n'Roll«-Albums, aber auch mit Allen Klein, mit Apple oder Capitol. Selten lassen sich John und Yoko in der Öffentlichkeit sehen, u. a. beim Amtsantritt von Jimmy Carter. Es folgen zahlreiche Familienreisen, u. a. nach Japan.

27. Mai 1979: John muss in diesen Jahren unzählige Anfragen und Bitten abweisen. In ganzseitigen Anzeigen in großen Tageszeitungen schreiben John und Yoko u. a.: »Lasst uns ein bisschen mehr Zeit, damit wir darüber nachdenken können, was wir tun sollen.«

15. Oktober 1979: John und Yoko stiften der New Yorker Polizei Geld für den Erwerb kugelsicherer Westen.

14. Juli 1980: John segelt zu den Bermudas und fängt wieder intensiv an, Songs zu komponieren.

4. August 1980: In der Hit Factory in New York nehmen John und Yoko Songs auf, die später auf den beiden Alben »Double Fantasy« und »Milk And Honey« erscheinen.

23. Oktober 1980: Johns erste neue Single »(Just Like) Starting Over« erscheint. Unmittelbar vor dem 8. Dezember befand sie sich auf Platz drei der US-Charts, nach seinem Tod wird sie in den USA, in England und vielen weiteren Ländern die Nr. 1. Am 17. November erscheint posthum das Album »Double Fantasy«, sein bestverkauftes Studioalbum.

5. Dezember 1980: John und Yoko scheinen in kürzester Zeit ihre fünfjährige mediale Abstinenz kompensieren zu wollen. Sie werden von der Zeitschrift »Rolling Stone« und vielen anderen interviewt und sprühen dabei vor Unternehmungslust. John kündigt eine Welttournee an, die das Album promoten soll. Am 6. Dezember geben John und Yoko Andy Peebles von der BBC ein dreistündiges Interview. Das letzte Gespräch mit den beiden strahlt der Rundfunksender RKO Radio am Todestag aus.

8. Dezember 1980: Gegen 17.00 Uhr verlassen John und Yoko das Dakota, um im Record Plant Studio am Song »Walking On Thin Ice« zu arbeiten. Im Eingang des Dakota steht der 25-jährige Fan Mark David Chapman. John gibt ihm ein Autogramm. Die beiden werden zusammen fotografiert. Als John gegen 22.50 Uhr zurückkehrt, wird er im Eingang des Dakota von Chapman erschossen. John Ono Lennon stirbt auf dem Weg ins Krankenhaus.

Bibliographie

Dreißig Jahre nach dem Tod John Lennons hat sich nichts daran geändert, dass Lennon-Biographen von den Vorgängern abschreiben. Ein Beispiel: Jede Biographie, die das Nacktfoto von John und Yoko auf dem Cover von »Two Virgins« beschreibt, vergisst nicht zu erwähnen, dass John und Yoko sich mit Selbstauslöser fotografiert haben. Aber war das wirklich so? Auch noch in Philip Normans »definitiver« Lennon-Biographie von 2009 handelt es sich um ein Selbstporträt.

Das Paar war während dieser Aktaufnahmen (es sind wesentlich mehr Fotos als die vier bekannten entstanden) offenbar nicht nur zu zweit. Auf einer ganz selten veröffentlichten Aufnahme posieren sie nackt zu dritt vor der Kamera – diesmal wirklich mit Selbstauslöser. Dritter im Bunde ist ein Mann mit Vollbart, vermutlich der griechischstämmige Freund von John und Yoko, Yanni Alexis Mardas, genannt Magic Alex. Er hatte John den Talisman geschenkt, (ein verziertes Lederhalsband mit drei bunten Blumen, blauen Glasringen und indianischem Schmuck), das John – nebst seiner Brille – für das »Two-Virgins«-Nacktfoto nicht abgelegt hat.

Anhand dieser Fotografie zeigen sich die Schwächen des Internets. Ich hatte vergessen, wo ich die Aufnahme der drei Nackten gesehen hatte und surfte stundenlang vergeblich auf der Suche nach dem Beweisfoto. Im Internet schien es nicht zu existieren, egal, mit welchen Suchbegriffen ich forschte. In allen gängigen Bildbänden über John Lennon ist es ebenfalls unauffindbar. Dann ging ich aber noch einmal meine Lennon-Bibliothek durch und alle DVDs, da ich vermutete, es könnte auf einer der Slideshows irgendwo schamhaft und nur kurz gezeigt werden. Nichts.

Ich stand vor der Wahl, die Selbst-Auslöser-Geschichte, die ja von vielen Biographen mit der Schüchternheit Johns und Yokos erklärt wird, in meinem Buch zu übernehmen oder das Thema zu übergehen. Erst kurz vor dem Abgabetermin kramte ich noch tiefer in meiner Lennon-Bibliothek. Es befinden sich Zweitexemplare und Sammlerobjekte darin, die ich für die tägliche Arbeit an diesem Buch nicht brauchte und deshalb vorläufig aussortiert hatte. Plötzlich hielt ich es wieder in den Händen. Ein bibliophiler Druck: »Imagine – A Celebration of John Lennon«. Der nur 48-seitige quadratische Bildband enthält lediglich den Text von »Imagine«, spielt mit der Typographie, mit dem Papier (manche Zeilen sind auf Folien gedruckt) und kombiniert ihn mit Fotos des Stars in allen Lebensaltern. Manchmal ist auch Yoko zu sehen, und überrascht stelle ich fest, dass es sich zum Teil um sehr seltene Aufnahmen handelt, manche unscharf, manche aus bekannten Sessions, aber eben alternative Schnappschüsse. Bei der Zeile »Living life in peace« finde ich den Kassenzettel von damals: Bookstar, Store 1855, Oceanside, California. 05/31/96. 2:10 PM. Augenblick des Glücks: Wieder wird im Zusammenhang mit Lennon ein magisch-schöner Moment wach. Vier Wochen in Arizona und Kalifornien im Frühjahr 1996, manchmal auf seinen Spuren in L. A., manchmal nur Sonne, Sand, Meer, dazwischen wandern, laufen und sich wälzen in den Dünen beim Zabriskie Point auf Antonionis Spuren und schließlich noch ein langes Interview mit Peter J. Kraus – ein Deutscher, der seit dem Ende des Zweiten Weltkriegs in Kalifornien lebt und dort als Musikredakteur für Radiostationen und als Pophistoriker arbeitet – in einem herrlichen Hotel in Bel Air. Kraus hatte gerade »Rock-Highway – Kalifornien und seine Musiklegenden« im Christoph Links Verlag veröffentlicht.

Glücksmomente. Und ebendieser Abstecher zu Bookstar. Das Buch feiert John Lennon optisch, haptisch und mit dem »Imagine«-Text. Ich blättere bis zum Ende. Da ist es, auf der letzten Doppelseite: John und Yoko 1971 bekleidet in einem Atelier in Tittenhurst Park. Er mit dem transparenten EXIT-Schild über dem Kopf. Es herrscht ziemliches Durcheinander im Raum. Und die linke Hälfte des Fotos fehlt auf fast allen Veröffentlichungen. Hier in diesem Buch füllt das Foto aber die Doppelseite und neben einem futuristischen Sessel, Kleiderhaufen, Plüschtieren und einer Standuhr lehnt mit anderen Bildern ein großes, gerahmtes Foto an einem Klavier. Darauf ist das nackte Trio zu sehen – Indiz, ja Beweis dafür, dass das »Two-Virgins«-Cover kein Selbstporträt sein kann. Im Impressum von »Imagine – A Celebration of John Lennon« werden minutiös alle Fotonachweise erbracht. Tom Hanley wird genannt. Er hatte das Glück, schon in den 1960ern die Beatles privat fotografieren zu dürfen und 1971 als einer der Ersten in Tittenhurst John »Imagine« singen und spielen zu hören. Ich gebe also seinen Namen und John und Yoko ein und schon ist das gesuchte Foto im Internet da (nicht auf Tom Henleys Webseite, sondern in einer

Slideshow auf guardian.co.uk), wenn auch als Miniatur, aber in voller Breite, so dass das »Three-Virgins«-Bild links unten sichtbar ist. Weitere Recherchen im Internet führen zu einem Blogger, der das Foto kennt und vermutet, der Dritte könnte Peter Brown oder vielleicht sogar Paul McCartney selbst sein, was aber auch ohne Lupe anhand des Abdrucks in dem mir vorliegendem Buch ausgeschlossen werden kann. Schließlich wird vom Blogger Yoko kolportiert, dass das gerahmte Foto verlorengegangen sei.

Weder John noch Yoko haben jemals geäußert, sie hätten das Foto mit Selbstauslöser aufgenommen. Wenn man an die hohe Qualiät der drei bekannten »Two-Virgins«-Aufnahmen (Fotokameras mit Selbstauslöser in den 1970er Jahren erforderten einiges Geschick, und dafür wirken John und Yoko sehr entspannt) und vor allem an das Kamerateam denkt, das nur wenige Monate nach der »Two-Virgins«-Aufnahme Johns Erektion für »Self Portrait« filmt, scheint die Anwesenheit von Magic Alex vor und hinter der Kamera bei der »Two-Virgins«-Session sehr plausibel.

Die Basis meiner Biographie bilden Lennons Selbstaussagen, egal, ob als Buch oder akustisch auf diversen CDs oder in Filmen auf DVDs, die nachstehend aufgelistet sind. Er war so auskunftsfreudig, dass sich vom Umfang her – und oft auch was die Qualiät betrifft – viele Biographien über ihn durch ein noch herauszugebendes und umfassendes »John-O-Ton-Buch« ersetzen ließen. Darin würden die Interviews mit Andy Peebles, David Sheff und Jann Wenner das Herzstück bilden. Diese drei Gespräche sind auch in deutscher Übersetzung erhältlich, ebenso wie ein Teil der folgenden Titel.

Bücher von und über John Lennon

Baird, Julia; Giuliano, Geoffrey: John Lennon. My Brother. London, 1988.

Baur, Michael; Baur, Steven (Hg.): The Beatles and Philosophy. Nothing You Can Think that Can't Be Thunk. New York, 2006.

Benzien, Rudi: John Lennon. Report. Berlin, 1989.

Bresler, Fenton: Who Killed John Lennon? New York, 1989.

Coleman, Ray: *John Winston Lennon.* New York, 1984.

Cott, Jonathan; Douda, Christine (Hg.): *The Ballad of John and Yoko.* New York, 1982.

Davies, Hunter: *The Quarrymen.* London, 2001.

Fabianis, Valeria Manferto De (Hg.): *Being John Lennon. Die Bildbiographie.* Vercelli, 2009.

Fawcett, Anthony: *John Lennon. One Day at a Time.* New York, 1976.

Giuliano, Geoffrey: *Lennon in America, 1971–1980: Based in Part on the Lost Lennon Diaries.* London, 2000. (Entgegen der Ankündigung im Untertitel zitiert Giuliano nicht aus den Tagebüchern, die Frederic Seaman aus dem Dakota entwendet hatte und die sich wieder bei Yoko Ono befinden.)

Göthel, Thomas: *John Lennon. Musikgenie und Nowhere Man.* München, 2010.

Goldman, Albert: *The Lives of John Lennon.* London, 1988.

Gruen, Bob: *John Lennon: The New York Years.* New York, 2005.

Harry, Bill: *The John Lennon Encyclopedia.* London, 2001.

Henke, James: *Lennon Legend. An Illustrated Life of John Lennon.* San Francisco, 2003.

Herzogenrath, Wulf; Hansen, Dorothee (Hg.): *John Lennon. Zeichnungen, Performance, Film.* Ostfildern, 1995.

Jackson, John Wyse: *We All Want to Change the World. The Life of John Lennon.* London, 2005.

Jones, Jack: *Let Me Take You Down. Inside the Mind of Mark David Chapman, the Man Who Killed John Lennon.* New York, 1992.

Kane, Larry: *Lennon Revealed.* Scranton, 2005.

Lennon, Cynthia: *A Twist of Lennon.* London, 1978.

Lennon, Cynthia: *John.* London, 2005.

Lennon, John: *In His Own Write.* London, 1964.

Lennon, John: *A Spaniard in the Works.* London, 1965.

Lennon, John: *Skywriting by Word of Mouth.* New York, 1986.

Lennon, Pauline: *Daddy Come Home. The True Story of John Lennon and His Father.* London, 1990.

McGrath, Paul (Hg.): *Give Peace a Chance. John & Yoko's Bed-In For Peace.* London, 2009.

Miles, Barry: *John Lennon in His Own Words.* London, 1981.

Norman, Philip: *John Lennon. The Life.* London, 2008.

287

Noyer, Paul Du: *We All Shine On. The Stories Behind Every John Lennon Song 1970–1980.* London, 2006.

Ono, Yoko: *Grapefruit.* London, 1970.

Ono, Yoko (Hg.): *Memories of John Lennon.* New York, 2005.

Pang, May; Edwards, Henry: *Loving John. The Untold Story.* New York, 1983.

Posener, Alan: *John Lennon.* Reinbek bei Hamburg, 1987.

Robertson, John: *The Art and Music of John Lennon.* London, 1990.

Roylance, Brian (Hg.): *The Beatles Anthology by The Beatles.* London, 2000.

Rehwagen, Thomas (Hg.): *Gimme Some Truth. Das komplette John Lennon Songbook.* Bielefeld, 1990.

Rosen, Robert: *Nowhere Man: The Final Days of John Lennon.* New York, 2000.

Sauceda, James: *The Literary Lennon.* Ann Arbor, 1983.

Seaman, Frederic: *The Last Days of John Lennon. A Personal Memoir.* New York, 1991.

Schaffner, Nicholas; Shotton, Peter: *John Lennon in My Life.* New York, 1983.

Schmidt, Thorsten: *John Lennon. Die deutsche Diskographie.* Bremen, 2008.

Sheff, David: *Die Ballade von John und Yoko. Das letzte große Interview.* Höfen, 2002.

Solt, Andrew; Egan, Sam: *Imagine John Lennon.* New York, 1988.

Sutcliffe, Pauline; Thompson, Douglas: *The Beatles' Shadow. Stuart Sutcliffe & His Lonley Hearts Club.* London, 2002.

Sutcliffe, Pauline; Williams, Kay (with an Introduction by Astrid Kirchherr and Afterword by Cynthia Lennon): *The Life and Art of Stuart Sutcliffe,* London, 1997.

Tillery, Gary: *The Cynical Idealist. A Spiritual Biography of John Lennon.* Wheaton, 2009.

Turner, Steve: *A Hard Day's Write. The Stories Behind Every Beatles Song.* London, 1999.

Voormann, Klaus: *Warum spielst du »Imagine« nicht auf dem weißen Klavier, John? Erinnerungen an die Beatles und viele andere Freunde.* München, 2003.

Wenner, Jann S.: *Lennon Remembers. The Full Rolling Stone Interviews from 1970.* New York, 1971, 2000.

Wherefore Art? (Hg.): *Imagine. A Celebration of John Lennon.* New York, 1996.

Wiener, Jon: *Come Together. John Lennon in His Time.* New York, 1984.

Wiener, Jon: *Gimme Some Truth. The John Lennon FBI Files.* Berkeley, 1999.

Woodall, James: *John Lennon und Yoko Ono. Zwei Rebellen – Eine Poplegende.* Reinbek bei Hamburg, 1997.

DVDs über John Lennon (ohne Berücksichtigung der DVDs über die Beatles)

Come Together. A Night for John Lennon's Words and Music (90 Min.). Ron de Moraes, Edel, 2001. Gedenkkonzert vom 2. Oktober 2001 für die Opfer von 9/11. Kevin Spacey moderiert Künstler und Musiker, die ausschließlich Kompositionen von John Lennon interpretieren. Das Konzert wurde im Fernsehen übertragen und für den Emmy nominiert. Mit Craig David, Dustin Hoffman, Nelly Furtado, Cyndi Lauper, Sean Lennon, Moby, Alanis Morissette, Lou Reed, Shaggy, Rufus Wainwright, Neil Young u. a.

Composing Outside the Beatles. Lennon & McCartney 1967–1972 (138 Min.). In Akustik 2009. Bekanntes Filmmaterial neu zusammengesetzt, um das Komponisten-duo nach der Trennung auf Solopfaden zu dokumentieren.

Gimme Some Truth. The Making of John Lennon's »Imagine«-Album (63 Min.). John Lennon; Yoko Ono, EMI 2000 (1979). Früher und persönlicher Versuch Johns und Yokos, die Entstehung eines Albums zu dokumentieren.

How I Won the War (OmU, 106 Min.). Richard Lester, MGM Home Entertainment 2004 (1966). Anti-Kriegsfilm mit Lennon in einer Nebenrolle.

Imagine. John Lennon (2 DVDs, OmU, 99 Min.). Andrew Solt; Sam Egan, Warner Home Video 1988. Eine grundlegende und umfassende Dokumentation über John Lennon.

Inside John Lennon (80 Min.).
Passport 2003. Viele Interviews
mit John und v. a. mit Zeitzeugen. Keine Originalmusik.
Eingeschränkt empfehlens-
wert.

John and Yoko's Year of Peace
(OmU, 52 Min.). Paul McGrath,
CBC Home Video 2000. Eine
Doku des kanadischen Fernse-
hens über die Aktionen des
Künstlerpaares 1969 und die
Entstehung des Songs »Give
Peace A Chance«.

**John Lennon and the Plastic Ono
Band. Sweet Toronto**
(56 Min.). D. A. Pennebaker,
Gravity Limited 1988. Johns
Wendekonzert am 13. 9. 1969
in voller Länge mit Zusatz-
material.

John Lennon Live in New York City
(55 Min.). Carol Dysinger;
Steve Gebhardt, Picture Music
2000. John. Yoko und die
Plastic Ono Elephant's Memo-
ry Band am 30. 8. 1972 live im
Madison Square Garden.
Das letzte abendfüllende Konzert.

**John Lennon/Plastic Ono Band.
The Definitive Authorised
Story of the Album** (OmU, 90
Min.). Matthew Longfellow,
Eagle Rock 2008. Aktuelle und
hochwertige Dokumentation
über Johns erstes Solo-Album.

John Lennon. Rare and Unseen (75
Min.). Wienerworld 2010.
Interviews – u. a. mit Desmond
Morris – erstmals auf DVD
und in voller Länge.

John Lennon. The Messenger (55
Min.). Spyros Melaris; Ray
Santilli, WHE 2002 (1969).
Viele Interviews mit Rand-
figuren. Eingeschränkt emp-
fehlenswert.

**Lennon Legend. The Very Best of
John Lennon** (100 Min.).
John Lennon; Yoko Ono et al.,
EMI 2003. Die bekanntesten
Songs mit Videos und Bonus-
material (u.a. animierte Zeich-
nungen Johns).

The U.S. vs. John Lennon (96 Min.).
David Leaf; John Scheinfeld,
Lionsgate 2007. Eine um-
fassende Dokumentation über
Johns politisches Engagement.

Diskographie

Im Folgenden sind alle Alben aufgelistet, die während des Bestehens der Beatles veröffentlicht wurden, sowie alle Alben aus John Lennons Solo-Karriere.

Alle im Text zitierten Songtexte (kursiv gesetzt) wurden vom Autor frei übersetzt.

Beatles		John Lennon	
1963	Please Please Me	1968	Unfinished Music No. 1:
1963	With The Beatles		Two Virgins
1964	A Hard Day's Night	1969	Unfinished Music No. 2:
1964	Beatles For Sale		Life With The Lions
1965	Help!	1969	Wedding Album
1965	Rubber Soul	1969	Live Peace In Toronto
1966	Revolver	1970	John Lennon/Plastic Ono
1967	Sgt. Pepper's Lonely Hearts		Band
	Club Band	1971	Imagine
1967	Magical Mystery Tour	1972	Some Time In New York City
1968	The Beatles	1973	Mind Games
	(The White Album)	1974	Walls And Bridges
1969	Yellow Submarine	1975	Rock'n'Roll
1969	Abbey Road	1975	Shaved Fish
1970	Let It Be	1980	Double Fantasy
		1984	Milk And Honey
		1986	Menlove Avenue
		1998	John Lennon Anthology
		2004	Acoustic

Ausgewählte Webseiten

Von vielen dieser hier aufgeführten Seiten führen Link-Listen zu weiteren Informationen über John Lennon.

Deutschsprachige Links

www.ex-beatles.de

Diese von Ansgar Bellersen gepflegte Seite zeigt seit der Trennung bis heute die Arbeiten der Fab Four auf Solo-Pfaden. Bellersen schreibt dazu: »Jedes Album wird zwar aus Sicht eines Fans beschrieben, aber doch auch kritisch beleuchtet und bewertet.« Und auch mit Humor. Besonders empfehlenswert der Abschnitt »Bits And Pieces« mit vielen Raritäten.

www.germanbeat.info

Von hier aus geht es zu »German Yoko«, das Portal mit aktuellen Infos zur Witwe Johns mit Schwerpunkt Kunst und Musik.

www.lennono.com

Immer auf dem neuesten Stand ist die News-Sparte. Hier werden Infos aus aller Welt gesammelt und gefiltert. Der Österreicher Wilhelm Eder leistet vorzügliche Arbeit: Sehr informativ ist die sieben Jahre zurückreichende Sammlung an Infos über John und Yoko.

www.voormann.com

Der fünfte Beatle Klaus Voormann präsentiert auf der Webseite v. a. sein graphisches Werk. Hier bietet sich die Möglichkeit, John und Yoko durch ihren guten Freund Klaus kennenzulernen. Diese Seite ist ein Muss für alle, die durch dieses Buch neugierig auf John Lennon geworden sind.

http://de.wikiquote.org/wiki/John_Lennon

Einige echte Zitate Johns und ein fälschlich zugeschriebenes. Ergiebiger ist das englischsprachige Pendant. S. u.

Englischsprachige Links

http://en.wikiquote.org/wiki/John_Lennon
Viele Zitate Lennons werden hier mit Quellen und zunächst chronologisch aufgeführt. Ein Sonderkapitel nimmt das »Playboy«-Interview von 1980 ein. Danach folgen Zitate aus Songs, fälschlich John zugeschriebene Aussagen und schließlich Zitate über John.

http://homepage.ntlworld.com/carousel/pob00.html
Obige Adresse genau so eingeben oder suchen unter: »You are the plastic ono band«. Dann befindet man sich an der Quelle zu einem reichen Archiv in Sachen John und Yoko. Mit Witz gestaltet (plötzlich taucht ein kleines »Yes« neben dem Kursor auf) finden sich hier übersichtlich geordnet Infos zu Johns Wohnorten, zur Filmographie, zu John im Fernsehen, im Rundfunk oder auf DVD und vieles mehr.

www.absoluteelsewhere.net
Für alle, die es bunt, bewegt und abwechslungsreich mögen: John Lennon als »Interactive multimedia experience« – eine flimmernde Spielerei.

www.applecorps.com
Die sich im Besitz von Paul McCartney, Ringo Starr und den Erben von John Lennon und George Harrison befindliche Firma konzentriert sich heute auf das Geschäft mit den Beatles (Neuausgaben der Alben oder Projekte wie das 2010 realisierte Videogame »The Beatles: Rockband«), weshalb man von hier sofort zu www.thebeatles.com weitergeleitet wird.

www.artistdirect.com
Unter »John Lennon« werden laufend News gepostet.

www.bagism.com
Wie der Name sagt: ein Portal, das Bagism definiert und darüber hinaus eine Diskographie, ein Quiz oder eine Galerie mit Fan-Bildern enthält. Lesenswert ist der Abschnitt »Library« u. a. mit Briefen Johns an Cynthia oder der Geschichte der Lennon-Mauer in Prag.

www.beatlesagain.com

Die Fanseite bietet einige seltene O-Töne John Lennons.

www.findagrave.com

Hier »Famous Grave Search« anklicken und »John Lennon« eingeben. Nachdem es kein reales Grab des Stars gibt, scheint diese Seite vielen Fans Trost zu bieten. Sehens- und lesenswert sind einige der fast 6000 Einträge, u. a. »Lennon in the Sky with Diamonds«.

www.imaginepeace.com

Die offizielle Seite Yoko Onos bildet den Ausgangspunkt zu all ihren Aktivitäten und zu allen News über John. Intensiv gepflegt und technisch up to date. Yoko twittert, ist auf Facebook und My Space vertreten und setzt Links zu YouTube und vielen anderen interessanten Webseiten.

www.instantkarma.com

Eine im Aufbau befindliche Seite mit biographischem Schwerpunkt und News vor allem zu Yoko Ono.

www.johnlennon.com

Eine offizielle, von Yoko Ono geförderte Webseite mit vielen historischen Fakten, aber wenigen News.

www.johnlennon.it

Eine dreisprachige (Englisch, Italienisch, Spanisch), sehr bunte Fanseite inklusive »Dreamers Forum« von Fiorella Gentile, die u. a. ihr Buch »Imagine Your Dream ... a Tribute to John Lennon« vorstellt.

www.johnlennonproject.com

Eine witzige Webseite für Mutige, die sich trauen, die Schaltfläche »now whatever you do, don't touch that button!« anzuklicken. Den Besucher empfängt hier echt schlechtes Karma. Andere Schaltflächen führen zu kleinen, von John inspirierten Multimedia-Spielereien, zu einem sehr kurzen »Avantgarde-Spiel« oder einer numerologischen Performance.

www.john-lennon.com

Eine inoffizielle, kommerzielleFanseite, die vor allem der PR des Films
»Strawberry Fields – Keeping the Spirit of John Lennon Alive« dient. Der
Webseiten-Betreiber hat sich die Domains www.johnwinstonlennon.com,
www.john-lennon.net und viele andere frühzeitig gesichert, die jedoch
lediglich Erweiterungen dieser Webseite darstellen und alle in der Linkliste
aufgeführt sind. Sie führen zurück zu www.john-lennon.com

www.lennonart.com

John Lennon, der Künstler, vorgestellt mit vielen Bildern und Fotos von
der Pacific Edge Gallery.

www.lennonbus.org

Eine fabelhafte Idee Yoko Onos entwickelt sich zu einem großen Erfolg:
»The John Lennon Educational Tour Bus is a non-profit mobile audio and
HD video recording and production facility. Since 1998, the Bus has
provided free hands-on programs to hundreds of high schools, colleges,
Boys and Girls Clubs, music festivals, concerts, conventions and community organizations.« Eng damit verknüpft ist www.jlsc.com, die Seite
zum John Lennon Songwriting Contest. Zur Jury gehören u. a. Fergie von
den Black Eyed Peas, Natasha Bedingfield oder Bob Weir, Gründungsmitglied der Grateful Dead.

www.lennonfbifiles.com

Wer nach dem Film »The US vs. John Lennon« und Jon Wieners Buch
»Gimme Some Truth« noch weiter forschen möchte, findet hier Neuigkeiten zu den FBI-Akten über John und Yoko.

www.lennonlegend.com

Ein gutgemachtes Werbeportal für die gleichnamige CD und DVD.

www.lennon.net

»The Official Website of the Liverpool Lennons« wird von Cynthia und
Julian Lennon betrieben und zeigt, was auf den von Yoko Ono kontrollier-
ten Seiten fehlt. Besonders sehens- und lesenswert: »Reflections«.

www.musicbrainz.org

Dort nach John Lennon suchen. Diese Diskographie ist informativer als auf Wikipedia (englisch).

www.originalquarrymen.co.uk

John Lennons Original-Quarrymen Rod Davis, Len Garry, Colin Hanton und John Lowe haben sehr viel Spaß, das musikalische Erbe der Prä-Beatles-Zeit Johns zu pflegen. Hochaktuell präsentieren sich die vitalen 70-Jährigen mit neuen und witzigen DVDs und CDs.

www.rarebeatles.com

Unter »roots« finden sich u. a. detaillierte Infos zum »Rock 'n' Roll«-Album.

www.schomakers.com

Hier sind »The Complete Apple Records« mit den Original-Umschlägen gelistet, die Vinyl-Ausgaben vorläufig nur für Großbritannien. Ein ähnliches, für John Lennon noch umfangreichereres Unterfangen ist unter »The Apple Sleevographia« zu finden bzw. http://users.telenet.be/mapin guari/apple/Lennon.htm

www.thebeatles.com

Die offizielle, von Apple Corps Ltd. betriebene Beatles-Seite mit seltenen Fotos und Filmen und vielen Features und News.

www.thelennonprophecy.com

Mit viel Humor zu besuchendes Portal zu verschiedensten okkulten Theorien über John.

www.theusversusjohnlennon.com

Die offizielle Seite zum wichtigsten Film über John der letzten Jahre mit vielen lesenswerten Extras und Links, u. a. »Michael Moore says: Give John a chance ...«, oder zum »Huffington-Post«-Artikel »Lennon: A born enemy of those who govern the U. S.« sowie interaktiven Aktionen, z. B. »Send in your photos in front of the War Is Over Billboard« oder Hinweise auf neue Lennon-Trailer im Netz.

www.topix.com

Unter »John Lennon« werden laufend News gepostet.

www.triumphpc.com/mersey-beat

Eine Fundgrube für alle, die sich für die Anfänge der Beatles interessieren. Der Gründer der Zeitschrift »Mersey Beat« Bill Harry berichtet u. a. über Johns Artikel in der ersten Ausgabe und über Johns Kolumnen.

Stand: Juni 2010

Personenregister

DrJazz (eigentlich Ueli Frey), schweizerischer Pressefotograf, Zahnarzt, Freund Bardolas, 15

Dykins, Bobby (eigentlich John Dykins, 1918–1966), Lebenspartner von Julia Lennon, 36, 261

Dykins, Jacqueline (1949–), Halbschwester Lennons, 36, 260

Dylan, Bob (1941–), Musiker, Dichter, Maler, 27, 29, 75, 92f., 137, 159, 172, 179f., 182, 198, 200, 239, 253f., 265, 273f.

Dylan, Jakob (1969–), Sänger, Songschreiber, 159

Elizabeth II. (1926–), Königin Großbritanniens, 264, 266, 275, 281

Ellis, Royston (1941–), britischer Autor, 47f.

Ellsberg, Daniel (1931–), amerikanischer Ökonom, Informant des Pentagons und des Weißen Hauses, 102

Elsas, Dennis, amerikanischer Radiomoderator, 211f.

Elsis, Mark R. (1958–), amerikanischer Filmregisseur, 14f.

Epstein, Brian (1934–1967), britischer Geschäftsmann, Manager der Beatles, 15, 27, 44, 61, 70f., 75, 91, 95, 97, 99, 114, 116, 120, 126, 211, 241, 263f., 267f., 275

Evans, Mal (1937–1976), britischer Tour-Manager der Beatles, 95, 276, 282

Farrow, Mia (1945–), amerikanische Filmschauspielerin, 99, 268

Fawcett, Anthony, britischer Autor, Kunstkritiker, 269

Feinberg, Abraham L. (1899–1986), jüdisch-amerikanischer Rabbi, 273

Ferry, Brian (1945–), britischer Sänger, Songschreiber, 182

Fleetwood Mac (Gründung 1967), englisch-amerikanische Rockgruppe, 57

Fleetwood, Mick (1947–), britischer Schlagzeuger, 160

Fogerty, John (1945–), amerikanischer Rocksänger, Songschreiber, Gitarrist, 256

Franklin, Aretha (1942–), amerikanische Sängerin, Pianistin, 28, 200

Frischauer, Willi, jüdischer Journalist, Autor, 150

Frost, David (1939–), Fernsehmoderator, Politsatiriker, 122, 193, 238, 273

Fury, Billy (1940–1983), britischer Popsänger, 262

Gabriel, Peter (1950–), britischer Musiker, 140, 256

Gairdner, Scott, amerikanischer Kabarettist, 12

Vincent, Gene (1935–1971), amerikanischer Musiker, 22, 26, 54, 87, 91, 138

Vollmer, Jürgen (1939–), deutscher Fotograf, 90, 219, 263

Voormann, Klaus (1938–), deutscher Musiker, Graphiker, Gründungsmitglied der Plastic Ono Band, 15, 50ff., 66, 88, 90, 96, 112f., 117f., 127ff., 134, 137f., 141f., 154, 170f., 182, 199, 213, 236, 262, 267, 274ff., 278, 281

Walters, Barbara (1929–), amerikanische Journalistin, Fernsehmoderatorin, 13

Ward, Bill (1948–), britischer Schlagzeuger, 232f.

Warhol, Andy (1928–1987), amerikanischer Künstler, Filmemacher, Verleger, 196, 278, 280

Was, Don (1952–), amerikanischer Bassist, Produzent, 140

Weber, Friedrich (1949–), deutscher Theologe, Bischof, 115

Wenner, Jann (1946–), amerikanischer Zeitschriftenherausgeber, 48, 78, 88f., 91f., 96, 98ff., 152, 156, 172, 277, 286

White, Alan (1949–), britischer Schlagzeuger, 112, 117f., 129f., 274, 276

Wiener, Jon, amerikanischer Geschichtsprofessor, 105, 202

Wigg, David, britischer TV-Journalist, 238

Williams, Allan (1930–), erster Manager der Beatles, 87

Williams, Larry (1935–1980), amerikanischer Sänger, Pianist, Songschreiber, 54

Williams, Taffy, Vater von Lennons Halbschwester Ingrid Pedersen, 36

Winehouse, Amy (1983–), britische Sängerin, Songschreiberin, 129

Winter, Johnny (1944–), amerikanischer Sänger, Gitarrist, Produzent, 55

Wonder, Stevie (1950–), amerikanischer Musiker, Songschreiber, Produzent, 29, 103, 194

Woodall, James (1960–), britischer Autor, 120

Yes (Gründung 1968), britische Rockgruppe, 129

Yogi, Maharishi Mahesh (ca. 1917–2008), indischer Guru, Begründer der Transzendentalen Meditation, 97ff., 120f., 137, 252, 268f.

Zandt, Steven Van (auch bekannt als Little Stephen, 1950–), amerikanischer Songschreiber, Arrangeur, Produzent, Schauspieler, Radiomoderator, 140

Dank des Autors

Dank an DrJazz für Hinweise auf John. Auch ohne Fotos von Dr. Winston O'Boogie ist seine Webseite www.drjazz.ch ein Genuss und bietet von Aerosmith und Eric Clapton über Dave Edmunds und Todd Rundgreen bis hin zu Yes und Frank Zappa außergewöhnliche Bilder von Kollegen und Verehrern John Lennons.

Dank an Michael Krüger, der mich auf den Proustschen Fragebogen aufmerksam machte. Dank an Marianne Zeller, die mir sofort eine Kopie schickte und den Kontakt in die Niederlande herstellte. Dank an den Verleger Jaco Groot in Antwerpen, der den Fragebogen besitzt und mir die Erlaubnis gab, ihn hier zu veröffentlichen.

Dank an Christina und Klaus Voormann für die vielen Infos und die Geduld.

Dank an Bettina Duschl, Lara Hacisalihzade und Anne Rüffer für das sorgfältige Lektorat. Es ist wunderbar, wenn der Autor merkt, dass der Verlag ihm auch in die entlegensten Winkel des Internets gefolgt ist.

Dank an Mladen Jandrlic für die Zündung.

Dank an Lady Beat.

Dank an Vera. Das Wohnzimmer war monatelang ein Lennon-Archiv.

You should have been there.

Weitere Bücher im Römerhof Verlag

Römerhof
Verlag

Wilhelm Uhde
Von Bismarck bis Picasso
Erinnerungen
und Bekenntnisse

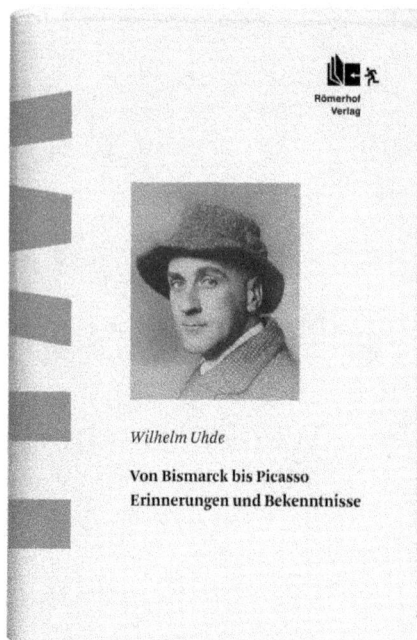

Wilhelm Uhde

Von Bismarck bis Picasso
Erinnerungen und Bekenntnisse

Wilhelm Uhde (1874–1947) war zu Beginn des 20. Jahrhunderts eine der schillerndsten Figuren des Kunsthandels. De Wahlfranzose entdeckte in Paris Künstler wie Henri Roussea und wurde so zum Geburtshelfer der künstlerischen Moder ne. 1928 organisierte der enge Freund und Förderer Picasso für Bauchant, Bombois, Rousseau, Louis und Vivin die erst Gemeinschaftsausstellung unter dem Titel »Maler des Heili gen Herzens«.

Neben verschiedenen Büchern zu Kunst und Kultur verfass te Uhde autobiographische Reflexionen. In zahlreichen An ekdoten und mit selbstironischem Blick erzählt er von de Begegnungen mit herausragenden Künstlern in einer Zeit, i der sich die Kunst der Moderne ihren Weg bahnt.

Mit einem kommentierenden Essay von Bernd Roeck

Leseprobe unter: www.roemerhof-verlag.ch
ISBN 978-3-905894-06-6

Römerhof
Verlag

August Forel
Rückblick auf mein Leben

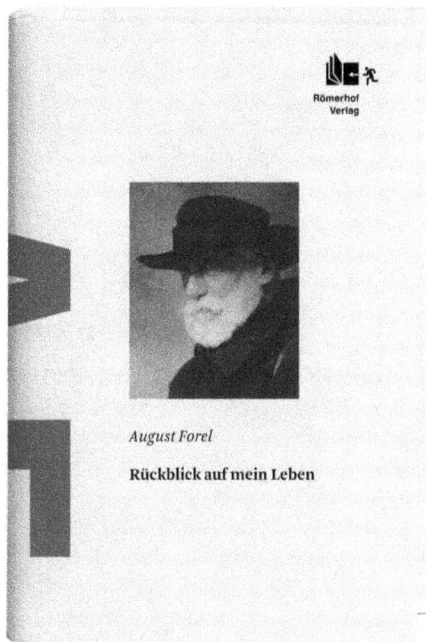

August Forel

Rückblick auf mein Leben

August Forel (1848–1931), Schweizer Mediziner und Insektenkundler, war zeitlebens von unermüdlichem Forschungsdrang getrieben: Er gilt als Vater der Schweizer Psychiatrie und als Vorreiter auf dem Gebiet der Sexualforschung. Als einer der ersten Wissenschaftler setzte er sich intensiv mit Alkoholkonsum und dessen verheerenden Konsequenzen auseinander.

In seiner sehr persönlichen Autobiographie beschreibt Forel zahlreiche seiner thematisch breit gefächerten Studien, etwa die Hirnforschung, seine Sexualreform oder die Untersuchungen über Ameisen, die ihn sein Leben lang begeistern sollten. Eingebettet werden diese Erinnerungen in den Kontext seines Privatlebens.

Mit einem kommentierenden Essay von Richard Müller

Leseprobe unter: www.roemerhof-verlag.ch
ISBN 978-3-905894-05-9

Römerhof
Verlag

Susanne Giger
Hans Vontobel
Bankier Patron Zeitzeuge

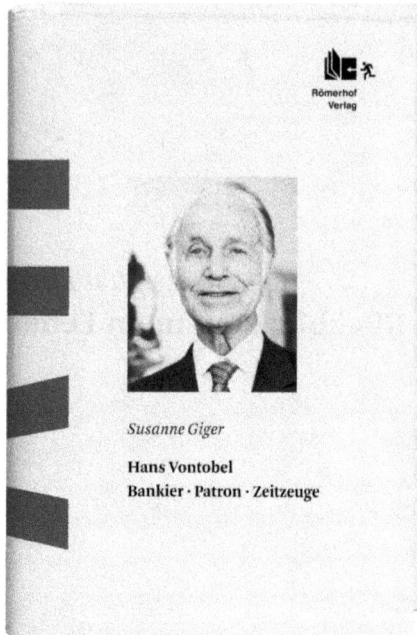

Susanne Giger

Hans Vontobel
Bankier · Patron · Zeitzeuge

Im Gespräch mit Hans Vontobel gelingt es der Wirtschaft
journalistin Susanne Giger, den bedeutenden Bankier von e
ner ganz persönlichen Seite zu zeigen: ein wertvoller Einblic
in den Erfahrungsschatz eines Mannes, der nahezu ein ga
zes Jahrhundert überblickt. Es ist eine unterhaltsame Lektü
über Historisches, Fachliches, Menschen, Geld, Zahlen ur
Weisheiten.

An sieben ausgewählten Schauplätzen blickt der inzwische
93-jährige Patron der renommierten Schweizer Bank Vont
bel auf sein Leben zurück und erzählt von prägenden Erfa
rungen aus seinem Berufs- und Privatleben. Seine Erinneru
gen sind zugleich ein Stück Zeit- und Zürich-Geschichte, ur
sie veranschaulichen den Wandel des letzten Jahrhunderts
in der Finanzwelt, der Politik und der Gesellschaft.

———

Leseprobe unter: www.roemerhof-verlag.ch
ISBN 978-3-905894-01-1

Römerhof
Verlag

Mary Lavater-Sloman
**Lucrezia Borgia
und ihr Schatten**

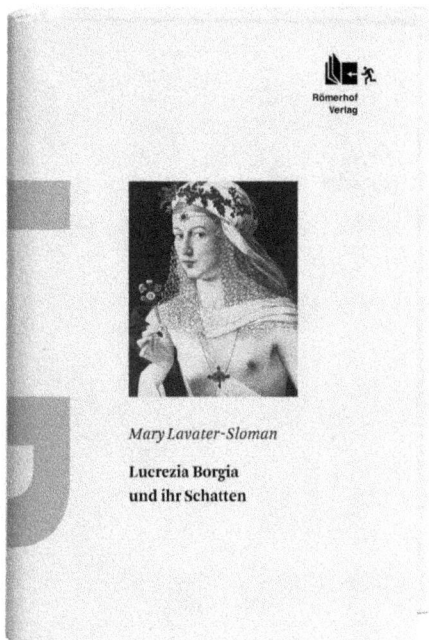

Mary Lavater-Sloman

**Lucrezia Borgia
und ihr Schatten**

Welchen Preis musste eine Frau im 16. Jahrhundert zahlen,
um wirklich frei zu sein? Lucrezia Borgia (1480–1519), Tochter des späteren Papstes Alexander VI., wurde bereits im Alter
von 13 Jahren zum Spielball der großen Politik und der Intrigen ihres Vaters und ihres Bruders. Bewundert und gefürch-
tet, beneidet und als Mitglied des berüchtigten Borgia-Clans
übelsten Verleumdungen ausgesetzt, wurde Lucrezia Borgia
den Ruf einer Giftmischerin und Geliebten des eigenen Vaters bis heute nicht los.

Mary Lavater-Sloman zeichnet ein facettenreiches Bild dieser
außergewöhnlichen Frau. Die Biographie beruht auf sorgfäl-
tig recherchierten Fakten, die aus der Sicht einer fiktiven Figur erzählt werden.

Mit einem kommentierenden Essay von Bernd Roeck

Leseprobe unter: www.roemerhof-verlag.ch
ISBN 978-3-905894-00-4

www.ingramcontent.com/pod-product-compliance
Lightning Source LLC
Chambersburg PA
CBHW070342100426
42812CB00005B/1391

* 9 7 8 3 9 0 5 8 9 4 0 7 3 *